미셸 푸코의 실존의 미학, 내 삶의 예술가 되기

✶

천경의 미셸 푸코 읽기

미셸 푸코의 실존의 미학, 내 삶의 예술가 되기
천경의 미셸 푸코 읽기

2024년 6월 1일 초판 인쇄
2024년 6월 3일 초판 발행

지은이 | 천경
교정교열 | 정난진
펴낸이 | 이찬규
펴낸곳 | 북코리아
등록번호 | 제03-01240호
주소 | 13209 경기도 성남시 중원구 사기막골로 45번길 14
우림2차 A동 1007호
전화 | 02-704-7840
팩스 | 02-704-7848
이메일 | ibookorea@naver.com
홈페이지 | www.북코리아.kr
ISBN | 978-89-6324-202-6 (03100)

값 19,000원

미셸 푸코의 실존의 미학, 내 삶의 예술가 되기

천경의 미셸 푸코 읽기

천경 지음

북코리아

✶

이 책은 프랑스 철학자 미셸 푸코의 말기 저작 《주체의 해석학》(심세광 역, 동문선)을 기본 교재로 해서 실존의 미학, 즉 실존을 예술작품으로 만드는 방법에 대해 이야기합니다.

추천사

당신이 지금 두 손에 들고 있는 이 책은 읽을 만하다. 나는 이 책을 푸코의 '주체화'가 무엇인지, 나아가 푸코의 이러한 생각 또는 방법론을 염두에 두고 사는 삶과 그렇지 않은 삶의 차이를 이해하고 싶은 사람들에게 추천하고 싶다. 이 책에는 푸코의 후기 사상인 윤리의 계보학, '자기의 테크놀로지' 및 주체화의 사유가 오직 천경이 풀어낸 자신만의 말투와 글투로 쉽게 설명되어 있다.

푸코의 연구와 번역에 수십 년의 세월을 바쳤지만, 나와 같은 철학적 언술을 쓰지도, 나와 같은 생각의 역사를 갖지도 않았던, 이 '생각하는 사람'의 참신함을 오늘 여기 대한민국의 독자에게 쉽게 설명하는 일은 쉽지 않은 작업이다. 그런데 천경은 이런 쉽지 않은 과제를 성실하고도 꼼꼼한 푸코 공부를 통해, 결코 권위적이지도 지나치게 난해하지도 않은, 쉽고도 시원시원한 자신만의 글투를 통해 이루어낸다.

철학 함의 주체는 오직 '나'이고, 시제는 오직 '현재'이므로 철학은 오늘 내가 '내 생각의 옷을 지어 입는 일'이다. 철학 함은 남들이 철학 하는 모습을 봄으로써 '철학이 별것 아니며, 나의 일상과 동떨어진 것이 아니고, 따라서 나도 철학을 할 수 있다. 나아가 내가 늘 철학을 하고 있었다'는 사실을 깨닫게 되는 일에서 시작된다. 우리는 행복하게도 천경의 이 책에서 바로 그러한 철학 함, 곧 주체화에 대한 하나의 모범적 사례를 볼 수 있다.

2024년 4월, 철학박사 허경

추천사

천경 작가에 따르면 철학, 철학 함은 잡다한 지식을 습득해 잘난척하기 위한 것이 아닙니다. 내가 나를 어떤 존재로 만들어갈 것인가, 어떻게 변화해 새로운 주체가 될 것인가와 관련된 문제입니다. 변화에는 나의 변화와 더불어 타자와 새로운 관계성을 만들어가는 것까지 포함합니다. 이를테면 경쟁과 무한 증식이라는, 전 지구화된 신자유주의 주체화 방식을 거부하고 삶의 예술가 되기, 자유로워지기, 다른 세상 만들기….

이 책은 철학으로 나와 세상을 바꾸려는 천경 작가의 수행 혹은 리추얼의 결과물입니다. 《주체의 해석학》을 필두로 푸코의 여러 저서를 깊이 읽고 체화하며 쓴 글이어서 푸코 철학의 주요 개념이나 맥락, 흐름을 잡기에 큰 도움이 됩니다. 무엇보다 이 책은 삶을 예술화하는 방법의 기록이자 그 실천의 산물입니다. 철학으로 새로운 주체 되기를 꿈꾸며 먼 길 걷고 계신 분들에게 멋진 길동무가 되어드릴 것이라 믿습니다.

2024년 4월, 대안연구공동체 대표 김종락

머리글

지난 2019년 미셸 푸코의 《주체의 해석학》이라는 책을 접했고, 깊이 매료됐다. 강의를 기록한 내용이라 산만하고 복잡했으나, 며칠간 두문불출하고 단숨에 읽었다. 이후 대안연구공동체CAS에서 이 책으로 세미나도 진행했다. 구원이라는 것이 있다면 이 책이 나를 구원할 것이다! 로고스(언어)의 물질성이라는 이 강력한 메시지를 내 삶에 실험했다. 로고스는 지식의 방대한 축적이나 과시, 시쳇말로 잘난척하기 위한 매체가 아니다. 그것은 인간을 근본적으로 변화시키는 장비(파라스케우에paraskeuê)였다. 책에 나오는 세네카, 에피쿠로스, 마르쿠스 아우렐리우스 등 헬레니즘·로마 시대 영적 스승들의 자기배려를 위한 구도의 삶에도 매혹됐다.

이 시대의 철학, 철학 함이란 '인식의 여정'도 소유의 대상도 아니었다. 철학 함은 주체화 방식과 관련된다. 즉, '나는 나를 어떤 존재로 만들어갈 것인가?'로. 이를 위해 자기배려가 필요하다. 자기배려(자기돌봄)란 말하자면 스스로 만든 '명령적 정언'을 실천하는 것이다. 외부의 가치기준에 기대지 않고, 개체의 고유성과 특이성을 발명하여 역량을 펼쳐내는 삶이다. 여기서 자기와의 관계가 중요해지며, 타자와의 관계 또한 동시적으로 문제시된다. 새로운 주체가 된다는 것은 내가, 나 또는 타자와 새로운 관계성을 만들어간다는 의미기도 하다. 즉, 내가 변화된다는 것은 관계성의 변화와 동시적인 사태인 것이다. 푸코에게 관계들이란 힘의 관계들이고, 힘 관계란 권력관계에 다름 아니다. 삶이란 자기배려로 끊임없이 새로운 주체가 되는 이행 과정이며, 이는 권력관계의 새로운 양태를 발명해내는 행위이기도 하다.

요가, 명상, 공부, 생태학적 연대, 공동체의 실험, 귀농활동 등 다양한 실천이 요즘 많이 눈에 띈다. 무한경쟁과 무한증식이라는 전 지구화된 신자유주의적 주체화 방식을 거부하고, 자기의 품행을 스스로 인도하는 이 실천들이 임계치를 넘기를 간절히 바란다. 물이 임계점을 넘으면 수증기로 전화되듯이, 사소한 삶의 양태 변화가 지구촌 전체를 바꿀 수 있다. 동시에 자기와의 관계에서도 놀라운 차이화가 가능해진다. 힐링 산업이 번성하고 심리치료나 정신분석이 성행한다는 것은 지금 이 삶의 방식이 우리를 번아웃과 정신병으로 내몰고 있다는 방증일 수 있다.

나는 《주체의 해석학》을 읽으면서 스스로 터득한 의례(리추얼ritual)들을 실천하기 시작했다. 그러나 몸은 익숙한 감정과 행동습관으로 자주 돌아가고는 했다. 해서 써야 했다. 써야만 몸에 새겨넣을 수 있었다. 2020년 말부터 내외뉴스통신에 《주체의 해석학》을 기본 교재로 해서 〈천경의 미셸 푸코 읽기〉라는 연재를 시작했고, 이듬해 하반기에 마무리했다. 글을 한 편씩 쓸 때마다 나는 달라졌고 나아졌다고 느꼈다.

그러니까 이 책은 1981-1982년 푸코가 콜레주드프랑스에서 진행한 강의록 《주체의 해석학》을 기본 교재로 해서 연재한 내용을 모은 것이다. 그러나 수정하거나 새로 첨가한 글들이 꽤 된다. 《주체의 해석학》은 푸코의 후기 사유인 '주체의 윤리학' 시기의 작품이다. 앞으로 자세히 언급하겠지만 푸코의 철학은 전기와 중기, 후기 등 세 시기로 구분된다. 전기는 1960년대로 지식의 고고학 시기, 중기는 1970년대로 권력의 계보학 시기, 후기는 1980년대로 주체의 윤리학 시기로 나뉜다. 그러나 이

세 시기는 불연속적이지 않다. 서로 증폭되면서 연결된다.

잠시 철학자 미셸 푸코에 대해 간단히 알아보자. 푸코는 프랑스 출신으로 1926년 출생해서 1984년 58세에 병(AIDS)으로 사망했다. 《광기의 역사》(1961), 《임상의학의 탄생》(1963), 《말과 사물》(1966), 《지식의 고고학》(1969), 《감시와 처벌》(1975), 《성의 역사 1, 2, 3, 4》(1976-1984) 등 많은 저서와 《사회를 보호해야 한다》(1975-1976), 《안전, 영토, 인구》(1977-1978), 《생명관리정치의 탄생》(1978-1979), 《주체의 해석학》(1981-1982) 등 수많은 강의록을 남겼다.

그의 저작들은 '권력-지식'에 대한 획기적이고 새로운 관점을 제공함으로써 생전에는 물론 현재까지도 매우 중요하게 평가되고 있다. 우리나라에서도 그의 영향력과 인기는 대단하다. 거의 모든 저서와 강의록이 국내에 번역되어 있는데, 이는 미셸 푸코라는 철학자의 위상과 관심을 반영한다. 니체의 계보를 잇는 푸코의 철학과 방법론은 현재에도 여러 인접 학문에 큰 영향을 미치고 있다.

그는 범죄자, 광인, 동성애자, 정치범 등 사회적 소수자의 편에 서서 철학적 정신을 삶으로 연결하고 실천한 학자였다. 예를 들면 감옥정보그룹(G.I.P.)을 결성하여 수감된 죄수들의 열악한 인권과 처우 개선 활동을 벌이는 등 앎과 삶의 일치를 위해 부단히 노력했다.

대표적인 저서로 알려진 《감시와 처벌》은 국내에도 많은 독자층을 확보하고 있다. 범죄자를 다루는 처벌권력의 방식과 근대적 개인에게 교묘히 가해지는 규율권력의 전략전술의 상관관계를 밝힌 이 책은 전 세계적으로 반향을 불러일으켰다. 18세기 이후 자본주의 발전과 함께 형성된 이 근대 권력은 폭력적이지 않으며, 비가시적이고 자동으로 작동한다. 이를 통해 근대의 개인은 '순종기계'로 자기의 품행을 정립하게 된다. 또 하나의 걸작《말과 사물》은 어렵기로 소문이 났으나, 당시 프랑스에서 엄청난 인기를 누리며 팔려나갔다.《말과 사물》은 간단히 말해 무의식적인 에피스테메episteme(인식틀)에 따라 특정 시기마다 각각의 특정 '지식-진리'가 구성된다는 것이 주요 논점이다. 이 외에《안전, 영토, 인구》와《생명관리정치의 탄생》은 콜레주드프랑스에서 행한 강의 녹취록으로 통치성에 대해 다룬다. 이 책 제1부의 통치성 관련 논의는 대부분 이 두 권의 강의록에 기초해서 작성됐다.

푸코는 특히 각각의 작품마다 고고학과 계보학적 방법론을 사용하는데, 이 역시 크게 주목받고 있다. 고고학적 방법론은 우리가 자명하게 생각하는 "사유 체계의 현실태"를 다르게 볼 수 있게 해주며, 계보학적 방법론은 "우리를 지배하는 권력체계의 현실태를 파악하게" 해준다. 다시 말해 고고학은 담론형성의 규칙들을 탐구함으로써 각 시대마다 서로 다른 인식틀과 인식내용을 알 수 있게 해준다. 가령 중세와 르네상스 시대의 광인은 하느님의 계시를 전하는 불가사의한 존재로 인식됐으나, 근대에 오면 이들은 병자, 비정상인, 노동할 수 없는 사람들로 배제의 대상이 된다. 계보학은 각 시대마다 그 시대를 형성하고 있는 지층(담론, 지식)들에 작용하는 힘들(권력)의 전략을 사유한다. 예컨대 광인에 대한 인식을 병자, 비정상인 등으로 바꾸게 만든 힘의 변환관계를 추적하는 것 등이다.

후기의 푸코는 '권력-지식론'에서 '주체의 윤리학' 쪽으로 이동한다. 이는 기존의 '권력론'을 더욱 풍부하고 깊이 있게 연구하기 위함이다. 이미 언급했듯 푸코 철학의 세 시기는 서로 연결되면서 증폭된다. 이 시기에 나온 강의록 중 하나가 바로《주체의 해석학》이다. 나는 이《주체의 해석학》을 통해 후기 푸코의 사유인 '주체의 자기배려', 즉 실존의 미학Esthétique de L'existence에 대해 논하려고 한다. 그러나 어렵지 않다. 나의 이 책은 주체의 자기돌봄에 대해 부드럽게 풀어 쓴 에세이라 할 수 있다. 이 책은 쉽고 재미있다. 평소 푸코 철학을 접하지 않은 일반 독자들이라도 제1부만 넘어가면 재미있게 읽을 수 있다.

제1부는 푸코 철학의 세 시기 중 말년의 '주체의 윤리학' 시기로 이행하는 과정을 더듬는 기록이라 딱딱하게 느껴질 수 있다. 통치성, 주체화, 권력-지식, 생명관리권력, 규율권력, 해부정치, 생명관리정치 등 낯선 용어들이 제1부의 읽기를 방해할 수 있다. 그러나 이 용어들에 주의하면서 제1부를 읽고 나면, 미셸 푸코라는 난해한 철학자의 사유 전반을 수월하게 접할 수 있다. 제2부부터는 자기돌봄의 윤리라는 푸코의 후기 사유와 즐겁게 만날 수 있다. 제2부부터는《주체의 해석학》에 한정해서 일상에서 잘사는 방법에 대한 이야기들이 전개된다. 신자유주의 생명관리권력의 손아귀에서 놀아나지 않는 삶을 위한 실천들과 금언들이다. 나의 존엄과 타자의 존엄함, 그리고 새로운 세상의 전망에 대해 함께 생각하며, 나의 현실태에 대해 질문하고 스스로 답하는 여정이다. 지금과 다른 실존의 방식을 자발적으로 찾는 방법론적 모색이라 할까.

양해를 구할 것이 있다. 이 책은 체계를 따르지 않았다. 철학자 니체는 체계를 신뢰하는 정신을 신뢰하지 않는다고 말한다. 니체의 아포리즘들은 종종 나를 놀라게 하고 손뼉 치게 한다. 나는 체계를 세우고 구조에 맞게 퍼즐 조각을 맞추듯이 글을 쓰지 않는다. 그냥 자유로운 흐름에 따라 쓴다. 그래서 방만할 수 있다. 일목요연한 분류체계와 수학적 계산이 없는 전개가 거슬릴 수 있다. 이전의 책《니체의 아름다운 옆길》도 그렇게 쓰였다. 그날의 기분에 따라 쓰고 싶을 때 쓰고 싶은 내용을 쓴다. 글은 자신의 호흡과 흐름이 있어서 자기가 가고자 하는 방향으로 갈 뿐이다. 다만 나는 글들이 펼치는 향연에 참여했을 뿐이다. 그리고 마음의 갈피갈피에서 흐르던 일렁임을 적고 싶을 때 적었을 뿐이다. 그 일렁임이 독자에게 전해지기를, 독자를 건드리기를 바란다.

한 가지 더 말하고 머리글을 마칠까 한다. 이 책은 앞서 밝혔듯이 2020년 말에 연재를 시작하여 이듬해 하반기 즈음 마무리했다. 그런데 한동안 이 글의 더미를 잊고 있었다. 마음에 들지 않은 탓일까?

정확히 말하면 이렇다. 이 책은 누구를 겨냥한 것일까? 내가 공감한 만큼 독자들도 공감할까? 까다로운 몇몇 용어 때문에 일반독자는 재미없어할 것이고, 전공자들이 읽기에는 산만한 에세이일 뿐이 아닐까? 도대체 글을 어떻게 써야 할까? 철학 같은 어려운 공부가 인간을 변화시킨다고 나는 절절히 느낀다. 그러나 철학에 대한 일반적 표상은 '어렵고 현실과 유리된 것'으로 비친다. 일반대중의 삶과는 관계없는 고원한 사변으로 인식되곤 한다. 그런데 그 사변적인 것을 체험하는 순간 놀라운 힘이 된다. 이 전율할 만한 오지의 세계로 사람들을 초대하고 싶었다. 그래서 가능하면 부드럽게 쓰려고 했다. 그러다 보니 이것도 저것도 아닌 것이 탄생하곤 한다. 전공자와 일반인 모두에게 이상한 글. 일반인에게는 '주체의 해석학'이라는 말 자체가 낯설고, 전공자들에게는 일상의 언어로 쓰인 날라리 같은 문장이 마음에 안 들 것 같다. 양쪽 모두에게 외면받는 글을 써서 뭐하지?

생각 없이 시간을 흘려보내다가 생각했다. 이 글을 털어내야 다음 글을 생산할 수 있다! 푸코의 《주체의 해석학》의 맥락과 흐름, 푸코 철학의 어떤 개념을 알고 싶은 이들에게 이 책은 잘 읽히고 도움이 될 것이다. 일반 독자들에게는 약간의 도전이 되겠지만, 그 도전이 자신의 경계를 훌쩍 넘게 할 것이다. 일반인이라도 조금만 마음을 내면 읽는 데 큰 지장은 없을 것이다! 일어나자! 나는 글을 써야 한다! 살면서 사람들은 종종 회의에 빠진다. 그동안 내가 그랬다. 해서 이 책을 밖에 내놓는 것은 나 스스로 어떤 두려움을 극복한다는 의미기도 하다. 좁은 자아 수준의 불안을 넘어 좀 더 넓고 포괄적인 존재로의 이행이랄까.

내가 자주 주장하듯, 내가 쓴 글이 모르는 타자들로부터 온 것이라면 이 책을 '내가' 생산했다고 할 수 있겠는가? 그렇다면 '내 책'의 독자층에 대한 걱정이 왜 필요한가? 내가 생산한 '내 책'이라는 좁은 틀에 갇혀 있을 때만 그것은 두려움이 된다.

이제 아무것도 아닌 이 이야기들을 떠나보낸다. 어디로 가든지 부디 뭇사람과 섬세하게 만나기를 기대한다.

—

감사할 분들이 많다. 나는 2018년 하반기부터 대안연구공동체에서 서양철학 및 인도철학(불교 포함) 세미나 등을 진행하며 동서양의 사유를 공부하고 있다. 2020년 코로나19 팬데믹 이후로는 줌으로 진행하고 있다. 이 책의 막바지 퇴고 작업 때문에 서양철학 세미나는 잠시 중단한 상태지만 곧 재개된다.

대안연구공동체에는 인생 후반기에 인문학 공부를 시작하는 분들뿐 아니라 논문 준비를 하는 대학생과 대학원생들, 타 분야의 대학교수

및 강사분들, 정부 연구기관의 연구원, 대학병원 교수님, 목사님, 스님, 주부 등 다양한 직업군의 사람들이 찾는다. 어떻게 보면 이들은 자기 분야에서는 일가를 이룬 분들이라 할 수 있다. 그러나 인문학이라는 낯설고 새로운 공부를 시작하는 이분들의 얼굴에는 초등생 같은 호기심이 가득하다. 모르는 것을 배워 알게 되는 일이 얼마나 놀랍고 기쁜 일인지 이분들의 얼굴을 보면 안다.

대안연구공동체는 대안적 공부 공동체로서 권위와 명성이 높은 곳이다. 동서양 철학 강좌가 주 종목이지만, 미술, 문학, 어학, 음악, 명상 등 여러 분야를 망라해서 국내외 전문가들의 수준 높은 강의가 이루어진다.

기라성 같은 박사님들의 강의가 이루어지는 이곳에서 나는 여러 분야를 통섭하는 세미나를 진행한다. 당연히 나의 세미나는 인기가 없다. 인기 없는 나의 프로그램이 명맥을 유지하는 것은 김종락 대표님의 배려 덕분이다. 귀찮을 법도 한데 조금도 귀찮아하시지 않는다. 오히려 믿어주고 격려해주신다. 코로나19 이후에는 거의 대안연에 방문하지 않았으나 프로그램 공지를 보내면 어제 본 사람인 듯 반갑게 긴 답신을 하신다. 전에도 매주 의례적인 인사만 하고 지냈으나, 줌 세미나로 바뀌면서 수년째 얼굴 한번 못 뵈었다. 그러나 나는 이분과 친하다고 생각한다. 만나지 않고도 친할 수 있는가? 그렇다고 생각한다. 대안연이라는 곳 자체가 서로 좀 무관심한 공동체다. 나는 이 무관심을 무관심한 관심이라 생각한다. 이 느슨하고 무관심한 관심이 나는 참 좋다. 무관심한 관심을 나는 다정한 무관심이라고 본다. "다정한 무관심"이란 카뮈의 《이방인》에 잠깐 등장하는 말이기도 하다. 다정한 무관심이 폭력적인 관심보다 낫다는 건 말 안 해도 다 아실 것이다.

대안연은 다른 인문학 교육공동체에 비해 수강료도 저렴하다. 공부하러 오는 여러 계층 사람들의 주머니 사정을 고려한 것이다. 그래서 항상 간당간당하게 운영된다.

나의 세미나에 참여하는 사람들이 한결같이 하는 말이 대안연이 있어서 참 좋다는 것이다. 2018년 내가 공부 세미나를 진행하겠다고 제안했을 때, 대표님은 흔쾌히 수락하셨다. 거의 처음 보는 사람에게. 그는 누구에게도 문을 활짝 열어놓고 반겨주고 응원해주신다. 이 책은 그동안 내가 진행한 세미나의 결실이라 할 수 있다. 감사하다.

푸코 철학의 권위자 허경 박사님께 감사드린다. 2015년 말 인문학 공부를 시작했고, 몇 년 후 대안연과 인연을 맺게 되었는데, 그때 허경 선생님을 만났다. 선생님에게 철학 하는 태도와 세상을 바라보는 관점들에 대해 배웠다. 직접 뵌 건 몇 번 안 되지만, 나는 그에게서 큰 영감을 얻곤 했다. 그는 참신한 시선과 어떤 통찰을 주신다. 선생님은 푸코뿐 아니라 동서양 철학 전반, 문학, 미술, 음악, 글쓰기 등 다양한 강의를 하신다. 지루한 삶의 순간, 번개를 맞은 듯 전율하고 싶은 분들에게 선생님의 강좌를 추천한다.

남편과 딸에게도 감사하다. 늦게 본 딸은 고3이 됐다. 다 컸다. 공부를 잘하고 착하기만 하던 아이는 뒤늦게 사춘기를 톡톡히 치렀다. 아이는 최근 공부를 접고 보컬학원에 다닌다. 인생이 이렇게 빠르다. "엄마 나랑 놀아줘! 놀아줘!"라며 귀찮게 하던 아이가 지금은 되레 엄마와 놀아주지 않는다. 나랑 안 놀아주는 아이에게 한동안 섭섭했는데 이제 괜찮다. 남편을 나는 '남편이라는 작자'라고 부른다. 남편이라는 작자에게도 감사하다. 옛날에는 나에게 독박육아를 시켰다. 그때 하던 말이 "나는 내가 더 소중해!"였다. 그러면서 자기 일에만 열중하던 위인이었다. 그런데 요즘은 이렇게 말한다. "돈도 안 되는 일 그만하시지! 책 읽고 글 쓰면 돈이 나오냐, 밥이 나오냐?" 뭐라고 대꾸할 말도 없다. 소박한 한 끼 밥도 되어주지 못하는 그걸 왜 시간 날 때마다 붙잡고 있는지 이해가 안 되는 모양이다.

이런 남편에게도 감사하다고 생각하게 됐다. 남편은 자식 다 키우고 할 일이 없을 때 돈을 안 벌고 책이나 읽는 것이 못마땅한 것이다. 살벌한 경쟁 체제에서 효용가치가 없는 짓을 하니. 요즘은 아이 다 키운 주부들이 집에 있는 경우가 드물다. 다들 뭐를 하든 한다. 하다못해 요즘은 중·고생들도 알바를 뛴다. 누구나 돈벌이를 해야 먹고사는 추세이니 남편이 비웃을 만하다.

그런데 남편은 가끔 한마디씩 할 뿐이다. 나는 이 '가끔'에 방점을 찍는다. 또 '가끔' 비웃기만 할 뿐 구체적으로 간섭하거나 방해하지 않는다. 얼마나 감사한가? 이 작자는 이 일이 나에게 얼마나 소중한지 관심이 없으니 알 리도 없다. 무관심한 것이다. 무관심! 나는 이 무관심이 좋다. 나는 이것 역시 다정한 무관심이라고 생각하기로 한다. 앞서 말했듯이 나는 "다정한 무관심"이 폭력적인 관심보다 낫다고 생각한다. 내가 뭘 하든 관심이 없다. 가끔 농담 삼아 "왜 돈도 안 되는 짓을 하나?"라고 툭 던질 뿐이다. 내 일에 관심을 가지고 일일이 조언하고 훈계한다면? 지독하게 관심을 갖고 "지금 읽는 책은 재미있냐?", "오늘 글은 많이 썼냐?", "오늘 뭐 했냐?" 이러는 것은 딱 질색이다. 관심과 사랑은 종종 폭력적인 개입을 불러올 수 있다. 그것이 폭력인 줄 모르고 사랑이라고 주장하는 무지함보다야 얼마나 고마운가? 자식에게도 나는 관심이 너무 많아서 문제였다. 열렬한 관심과 사랑의 시선으로 보면 잔소리하고 간섭할 일이 너무 많아진다. 그리고 그 모두가 사랑과 관심이라고 믿는다. 남편을 변호하는 궁색한 변명으로 들리시는가? 어쨌든 남편에게도 감사하다!

감사의 인사말 하다가 너무 멀리 왔다. 책을 내주신 북코리아 출판사 이찬규 대표님과 편집자 김지윤 님에게 감사드린다. 이 대표님과 알고 지낸 지는 벌써 20년이 다 됐다. 온화한 성품에 유머 감각까지 갖추고 계셔서 몇 년 만에 통화해도 반드시 폭소하게 된다. 감사하다. 그동안 내 책이 잘되어야 하는 이유 중 하나가 이분이라고 생각하곤 했다. 원고를 게재했던 내외뉴스통신과 김광탁 대표님께도 감사드린다. 김광탁 대표님 역시 수년 전 한 번 뵌 후 지금껏 만나지 못했으나 전화하면 어제 본 사람인 듯 반갑게 맞아주신다. 그동안 나의 세미나에 참석했던 대안연 도반들에게도 감사를 전한다. 벗들과 지인들에게도. 내가 지금 이렇게라도 살아가는 것은 내가 만나거나 만나지 못한 무수한 사람들의 희생과 보시의 공덕 때문일 것이다. 모두에게 감사하다.

차례

| 제2부 | '실존의 미학':《주체의 해석학》읽기

| 제3부 |

주체화의 기술들: '자기돌봄 실천의 방법들'

서문:
통치성이란 무엇인가?

산길을 걷고 있다. 빽빽한 초록색 나무들이 재잘거린다. 새들도 지저귄다. 태양이 갸웃갸웃 고개를 디밀고 있다. 태양은 궁금했나 보다. 초록색 광선들이 쏟아진다. 숲은 두둥실 떠오른다. 태양의 양기가 나에게 스며들어온다. 자연의 작품을 관람하고 있다. 고요하고 평화롭다. 활발발하다. 시끄럽다. 뜨겁다. 산은 위험하다. 숲은 위험하다. 숲의 에너지에 나는 감전된다. 무상의 증여, 그 강렬한 기운의 장場이 나를 휘감는다.

내 몸에 초록물이 든다. 나는 지금 산속 호수에서 나룻배를 타고 유영하고 있다. 흐르고 흐른다. 조각배는 나를 싣고 흘러간다. 숲의 연주 소리가 들린다. 나는 어디론가 떠나고 있다. 멀리 흰 구름이 보인다. 일상의 질서는 해체된다. 시간은 탈구된다. 부호들과 글자들, 구획과 경계가 무너진다. 존재의 근원인 무한한 에너지만이 교교히 흐른다. 카오스다. 이상한 힘에 이끌린다. 내 몸이 전달하던 낡은 메시지들이 사라진다. 나는 몸을 비튼다. 젖은 걸레를 짜면 나오는 구정물처럼 내 몸의 여러 상징이 지워진다. 여자, 동양인, 한국인, 누구 엄마, 어느 지역 출신, 나이… 이것들을 정체성이라 해야 할까? 나는 자유를 느낀다. 무한의 카오스에 나의 작은 카오스도 덧대어본다. 삶은 이렇게도 깊게 인간을 분절하고 분해하고 있었구나. 카오스를 해체해서 인공의 단위로 재조립했구나. 근대 '권력-지식'은 인간을 분류하고 해부해서 새로운 인간으로 탄생시켰다고 푸코는 말했던가. 내 몸이, 의식이 모두 거대한 조립품이었나. 누더기 조립품으로 기우뚱기우뚱 살아왔구나. 나는 몸으로 동작으로, 태도와 표정으로 세상과 권력의 규율과 규범을 구현하며 살고 있구나.

이제 상상의 나룻배에서 내려온다. 조망권이 바뀌면 세계는 다른 모습으로 나타난다. 근거리에서 보면 나무는 욕망으로 부풀어 오른다. 나무는 욕망한다. 태양의 빛에너지를 받아 물과 이산화탄소로부터 탄수화물과 산소를 생산한다. 나무의 광합성작용은 나무의 생명을 높게 높게 끌어올린다. 나무의 욕망은 자신과 타자를 살린다. 욕망하려면 적어도 나무처럼 욕망하자. 고유의 힘을 실험하는 욕망, 승자독식과 무한경쟁이라는 신자유주의적 코드의 재생산에 복무하지 않는 욕망. 자기의 꽃과 열매를 남에게 주려는 욕망. 남에게 모두 퍼주면서도 천수를 누리는 나무들.

세계는 지금 아프다. 너무 욕망해서 그렇다. 동일자만 욕망하면 모두 아프게 된다. 그런데 이 아픔은 환상幻像이 아닐까? 정신이라는 감옥과 신체라는 감옥은 권력작용이 만든 실재하는 가상이 아닐까?

푸코의 책《주체의 해석학》을 접하자마자 느낌이 왔다. 이 책이 나를 구원할 것이다! 그 즈음 자아, 의식, 내면 등으로 표현되는 나라는 존재에 대해 생각이 많았다. 정신없이 책을 읽었다. 필요가 앎의 의지를 자극한 탓일까? 잘 읽혔다. 푸코의 다른 저서에 비해 비교적 쉽다.

글을 쓰기 시작했다. 2020년 말부터 연재를 시작해 이듬해 하반기까지 썼다. 그때 프롤로그를 쓰면서 소망했다. '연재를 마칠 즈음에는 나도, 글을 읽는 독자들도 불현듯 성장했으면!'이라고. 간절했다. 그래, 글을 마친 지금 나는 성장했나? "그렇다!"라고 말한다. 당시 "이 글은 나를 위해 쓴다"라고 프롤로그에서 고백했듯이 나는 변하기를 원했다.* 변화의 구체적인 내용이 무엇이었는지는 명확하지 않다. 다만 변화를 '성장'이라고 표현했다. 성장이라는 단어로 지칭한 것은 달라지는 것, 나아지는 것 정도였다. 나는 나아졌는가? "그렇다"고 대답한다. 내 글이 내 스승이다. 물론 내 글에 불만이 많다. 내 글은 울퉁불퉁하고, 유아적이고, 세련되지 못하다. 내가 내 글에서 배운다는 말은 훌륭해서가 아니다. 내 글은 내가 가장 잘 이해할 수 있다. 그 글을 쓸 때의 호흡과 단어의 느낌, 감정과 정서를 인지하고 있기 때문이다. 그 문장을 쓰던 순간의 기분 상태, 쓰고 싶던 열망 등. 나는 글이 탄생하는 순간의 나와 밀착돼 있었기에 그 글의 살내음을 잘 알고 있다.

다른 한편 내가 쓴 글은 내가 쓴 글이 아니다. 글을 쓰는 순간 나는 더 이상 존재하지 않는다. 나는 접신한 듯 다른 존재였다. 나는 그 순간 우연히 탄생하는 신체와 정신의 산물을 열심히 쏟아낸 것이다. 그런데 이 순간 나에게서 쏟아져 나온 문장들에는 내가 잘 모르는 무엇이 있다. 무

---

*　이 책 제2부 프롤로그 참조.

의식이라 해도 좋다. 이때, 나는 과거의 기억정보와 조우하고 현재의 햇살과 공기, 습기와 분위기에 연결된다. 방안의 온갖 잡동사니의 파동과도 알게 모르게 만난다. 도래하지 않은 미래의 무엇과도 연결된다. 그러니까 그 순간 내가 만들어내는 문장은 나의 능력이나 일상을 넘어서는 경험들이기 쉽다. 그것은 다종의 이형접속의 결과물들이다. 이 리듬들은 그 순간에만 고유한 것이어서 지나고 나면 동일한 문장을 쓸 수가 없다. 다음 순간 혹은 다른 날 쓴 글은 다른 얼굴과 두께와 부피로 다른 질감으로 나타난다.

다시 말해 글은 내가 썼지만 내 것이 아닌 셈이다. 그것은 이런저런 여러 사건과 사물의 병치, 수수께끼 같은 유희들의 모음집이며 나를 넘어서는 어떤 능력들의 집합적인 신체다. 그렇게 탄생한 글은 나에게 먼저 깨달음을 준다. 그러니까 나의 글은 나의 놀이의 산물이다. 그것은 어떤 실험이다. 내 삶이 외부의 규범성에 붙박이지 못하게 막는. 나는 이 유희의 공간에서 성장한다. 나는 전복적인 불온한 존재가 되고 싶다. 내겐 그것이 '성장'이다. 매 순간 체제와 고정된 합리성의 틀들을 전복하는 놀이 즐기기. 놀이는 가볍다. 삶이 놀이가 되기를, 계속 새로운 놀이를 발명하기를.

지금 이 글은 어디로 튀고 있는 중인가? 아차! 내 글에서 내가 배운다는 말을 하고 있었지! 《주체의 해석학》을 읽고 글을 썼고, 내가 쓴 글들에 힘입어 내가 성장했다고 말했다. 좀 더 명랑해졌고 덜 불안해졌으며 나를 사랑하게 된 만큼 타자들에게 사무치게 공감하게 됐다. 《주체의 해석학》을 만난 덕분이다. 그러니까 삶의 모든 행위는 연결이고 만남이다. 마주침이 삶이다.

내가 자주 무거워진 것은 마주침의 미숙함 때문이 아니었을까? 나는 익숙한 대상과 익숙한 방식의 만남에만 익숙했던 것이 아닐까? 글은 나에게 말하고 있었다. 쓰기는 마주침이야. 네가 쓰는 글은 이질적인 대상들과 잘 만나잖아! 그게 삶이어야 하지 않을까? 글을 쓰면서 나는 누구와도, 어떤 대상에도 열려 있다. 글은 잘 모르는 것들을 만날 때, 다른 존재의 경이로움을 배운다. 삶 역시 그렇다. 잘 모르는 존재들과 예기치 않게 닥친 불운이나 위험 등과 어떻게 관계 맺어야 할지를 배워야 한다. 이 능력을 성장으로 정의하기로 한다. 이 능력이 커지려면 가벼워져야 한다. 배운 것을 버리고 가진 것을 줄이고 편견을 내려놓아야 한다. 예측 밖의 사건들, 입체감 넘치는 생성소멸의 강렬한 힘들과 희로애락과 간난신고를 겪어낼 능력이 필요하다.

《주체의 해석학》에 꽂힌 건 나의 어떤 무능력함에 대처할 힌트를 얻어서인 것 같다. 감정의 습관과 행위의 양태를 바꾸기 위해 필요한. 《주체의 해석학》은 이에 대한 통찰을 준다. 그러나 편안한 당의정은 분명히 아니다. 난해하고 재미없는 덤불숲을 헤매고 다니다가 불현듯 아! 하고 멈추게 된다. 이 순간 책은 생각과 행위, 사물에 대한 표상과 정념을 바꾸라고 명령한다. 사유방식과 존재방식을 바꾸라고.

그러니까 관계 맺기에 어려움을 겪는 것은 다른 관계의 가능성에 서툴다는 말이기도 하다. 나는 나와 다르게 마주할 방법을 모른다. 타인들과도, 저 별들이나 태양과도. 알고 싶지도 않고 그런 한가한 소리 하고 싶지도 않고 일단 바쁘다! 이런 생각이 신체를 병들게 하고 병원을 찾게 한다. 당장 저 나무와 만나는 방식부터 바꿔보자! 그러면 몸이 아프지 않고 마음이 평온해질지도 모른다. 그런데 이 모든 관계 맺기의 능력이란 나와 어떻게 관계 맺을 것인가로 수렴된다. 자기배려로 귀결된다. 자기인식이란 이를 위해 필요할 뿐이다!

《주체의 해석학》의 핵심 단어인 '자기배려(자기돌봄)'를 나는 이렇게 정의한다. 감정이나 인식이나 진실이나 관계나 성공이나 돈이나 이런 것을 대하는 태도 바꾸기. 즉각 행동 바꾸기. 다시 말하지만 자기와의 관계를 바꾸는 것이 문제다. 《주체의 해석학》은 그 방법을 고대 그리스와 헬레니즘·로마 철학자들의 실천 기법들을 통해 알려준다. 나는 이들의 금언과 실천 테크닉들에서 많은 도움을 얻었다. 나는 알게 됐다. 내가 변하면 세상이 덩달아 변하는구나! 세계는 이렇게 얽혀있구나! 나는 나만 변화시킬 수 있다. 그러니 나는 예외로 하고 세상만 변하기를 바라지 말자!

통치, 통치성이란 무엇인가

푸코는 통치, 통치성을 품행의 인도라는 의미로 사용

《주체의 해석학》을 만나기 위해 통치성gouvernementalité 개념을 간략히 이해하도록 하자. 곧 시작될 이 책의 제1부는 통치성 개념을 중심으로 푸코 철학의 맥락을 짚어간다. 거듭 말하지만 제1부를 공들여 읽고 나면, 제2부부터는 쉽고 재미있게 푸코의 후기 사유를 만날 수 있다.

통치성은 《주체의 해석학》에는 거의 언급되지 않는다. 그러나 푸코의 후기 철학을 이해하기 위해 매우 중요한 개념이다.* 통치le gouvernement라는 말은 초기 그리스도교 사목권력의 통치기술에서 유래한다. 사목의 영혼의 통치술을 교부들은 "기술 중의 기술, 지식 중의 지식"이라고 극찬했다. 사목권력의 통치란 "요람에서 무덤까지, 무덤 이후 구원까지 양들을 책임지고 보호하며 그들의 행동과 태도, 영혼의 상태까지 통제하고 관리하고 인도하는 방식"이다. 이 사목권력의 통치기술은 종교개혁 등으로 사목권력에 위기가 닥쳐오면서 차츰 세속국가의 통치로 이동한다. 사목권력이 위기를 겪게 되면서 16세기가 되면 여러 층위의 '통치들'이 나타난다. 군주의 통치, 아동의 통치, 판사의 통치, 지사의 통치, 가정의 통치 등. 통치의 대상이 '가정', '어린이', '인구', '영토' 등으로 외연이 넓어진다. 군주의 통치는 이런 통치 중의 하나였다. 통치의 정의를 보자. 통치란 "사람들을 적절한 목적으로 이끌기 위해 사물을 올바로 배치하는 일"이다.** 좁게 말하면 인간의 품행을 인도하는 "숙고된 행위나 절차 혹은 방식의 총체"라고 할 수 있다. 즉 통치란 목자든, 부모든, 친구든, 가장이든, 이웃 사람이든, 자기 자신이든 행위에 개입해서 그의 품행을 인도하는 것이다. 즉, 통치자가 원하는 대로 상대의 품행을 바꾸는 개입 행위다. 앞서 언급했듯 여러 층위의 통치들이 있었으나 16세기 이후가 되면 국가가 개인-인구를 인도하는 방식이라는 좁은 의미로 사용된다. 일명 국가 통치다.

통치라는 말의 어원을 보자.

---

* 이 책 제1부 '통치성과 주체의 자기배려' 참조.

** 《안전, 영토, 인구》, 오트르망(심세광 · 전혜리 · 조성은) 역, 난장, 146쪽.

"16세기 이후 완전히 정치적 의미를 갖게 되기 전까지 '통치하다'는 말이 공간에서의 이동, 운동, 물질적 생필품의 조달, 개인에게 부과되는 치료나 약속된 구제, 늘 헌신적이면서 적극적이고 호의적인 지휘나 명령의 실행 등 매우 넓은 의미의 영역을 포괄하고 있었음을 알 수 있었습니다. '통치하다'는 자신이나 타인, 타인의 신체, 더 나아가 그 영혼이나 행동방식에 행사될 수 있는 지배를 지칭하기도 합니다. 마지막으로 '통치하다'는 교류, 개인들끼리의 순환과정이나 교환과정도 지칭합니다. 아무튼 이 모든 의미를 통해 분명해지는 것이 있습니다. 거기에 국가가 통치된다는 의미는 없습니다."*

이때까지는 국가 통치라는 의미는 없다는 것이다. 그러던 것이 16세기 이후 정치적 의미를 갖게 되는데, 이때부터 사목권력의 통치기술은 군주의 세속국가 통치로 이동한다. 국가의 통치는 중상주의와 중농주의를 거치면서 조금씩 변형을 거쳐 현대의 신자유주의 통치성에 이르게 된다. 푸코가 통치성 개념에 주목하는 것은 '국가의 통치성'이라는 것이 개인-인구의 주체화 방식을 '주어진 상수'로 부과하기 때문이다. 즉, 국가 통치술이란 인민의 방정한 품행을 설정하고 인도하는 예속화 기술이다. 말하자면 개인과 인구의 삶에 개입해서 "콩 놔라! 밤 놔라!" 하며 일상생활을 통째로 제 구미에 맞도록 관리·조절하는 전략 전술의 총체다. 그러나 무식하게 대놓고 하지 않는다. 장場에 개입해서 장을 바꾸는, 말하자면 무의식적 개입술을 쓴다.

예를 들면 현대 신자유주의의 통치성은 경쟁하는 인간, 성과제일주

* 위의 책, 178쪽.

의, 경제동물 등으로 우리의 주체성을 양식화한다. 여기에 적응하지 못한 자는 루저가 된다. 우리가 기를 쓰고 성공하려고 자기를 닦달하는 삶의 방식은 나도 모르게 거대하고 획일적인 통치성에 예속된 증거일지 모른다.

즉, 국가의 통치란 예속화된 인간을 만들어내는 메커니즘의 총체라는 것이다. 생명관리권력과 유사한 개념인 '통치성'은 여타의 지식과 안전장치라는 도구로 옴짝달싹할 수 없게 우리의 품행을 인도하고, 권력의 입맛에 맞는 주체를 만들어내는 것을 목표로 한다. 때문에 개인은 국가의 통치 이성의 구미에 맞게 자기주체성을 구축하게 된다. 이것에 우리는 저항할 수 있으며 대항품행을 고안할 수 있다는 것이 푸코의 주장이다. 국가의 통치성에 맞서 자기를 통치하기, 이 자기통치가 다름 아닌 자기배려다.

자기통치로 자유를 실천하기, 지금과 다른 주체로 자기를 구성하기. 즉, 새롭고 능동적인 자기형성이란 새로운 관계성의 생산에 다름 아니다. 국가가 인도하는 일방향이 아닌 다른 방향으로 자기를 인도하는 불복종, 이를 푸코는 '자유의 실천'이라 말한다. 일명 '대항품행'이다.

그러니까 나를 '방정한' 품행으로 인도하는 국가권력의 통치성은 이에 항거하는 대항품행의 실천과 불가분의 관계에 있다. '품행의 인도'와 '대항품행'은 언제나 동시적으로 발생한다. 개인은 국가의 통치에 대항해 스스로를 주체화할 수 있다. 자기통치의 주체 되기가 후기 푸코 사유의 핵심이라 할 수 있다.

이렇게 될 때야 타자통치 또한 제대로 할 수 있지 않겠는가? 공자의 "수신제가 치국평천하修身齊家治國平天下"와 유사하다. 동서양을 막론하고 예전에는 타자를 통치하는 자는 우선 자기를 잘 통치해야 했다. 자기수행이 제대로 된 자者만이 정치에 입문해서 타자를 잘 통치할 수 있다는 것이다. 후기의 푸코는 이 통치성 개념을 사용함으로써 자기통치와 타자통치 등 자기돌봄의 윤리를 구축하게 된다. 윤리와 정치는 구분되는 것이 아니다.

자기돌봄의 윤리는 지금과 다른 나의 품행을 양식화하고 다른 삶을 꿈꾸는 자들의 윤리다. 나를 당신 같은 자들에 의해 통치되도록 내버려두지 않을 거야! 나는 당신 같은 자들이 요구하는 방식의 성과주의, 자기계발, 1인 기업의 경영자로서 자신과 타자를 착취하는 삶을 살진 않을 거야! 나는 다른 통치자를 선택할 거야! 나는 당신들이 원하는 '훌륭한' 품행의 소유자가 되진 않을 거야! 삶의 스타일을 내가 창조할 거야! 내가 원하는 삶을 내가 원하는 방식으로 가꾸기. 나의 주권을 내 몸에 새기기.

나는 산길을 내려오고 있다. 잠시라도 다른 권력관계에 머무는 이 시간이 소중하다. 자기배려하기란 일상을 떠나는 것이 아니다. 일상을 다른 힘의 관계로 매일 인도하는 것이다. 매번 유동하는 나와 나, 나와 타자와 세계의 힘 관계의 장에서 어떤 순간 힘을 빼야 하는지, 어떤 통치성으로 나를 다스려야 하는지, 어떤 예속의 힘에 굴복하지 말아야 할지 우리는 직면한다. 이 책을 읽는 동안 다른 통치를 발명해보자. 그리고 개인적·집단적으로 지금과 다른 삶을 고안하자.

제 1 부

미셸 푸코 철학 총론, '통치성과 주체성'

실존의 미학, 내 삶의 예술가 되기

✶

예술의 사전적 정의는 "미적 작품을 창조하는 인간의 활동 및 그 산물과 그 산물의 감상, 향유"까지를 포함한다. 문제는 이 '미적인 작품'에서 미美, 즉 아름다움을 어떻게 규정할 것인가다. 아름다움이란 무엇일까? 하이데거는《니체 1》*에서 "미학은 아름다움과 관계할 때 인간의 감정 상태를 고찰하는 것이며, 인간의 감정 상태와 관계되는 한에서의 아름다움에 대한 고찰"이라고 말한다. 이어 "아름다움 자체는 자신을 드러내면서 이러한 [감정] 상태를 산출하는 것 외에 다른 것이 아니다"라고 설명한다. 즉, 아름다움이란 어떤 고양된 감정 상태를 산출하는 것일 뿐이다. 다음 문장에서 하이데거는 "아름다움은 자연미일 수도 있고 예술미일 수도 있다"고 말한다. 그렇다면 보편적인 아름다움이란 존재할까? 그렇다고 대답할지 모른다. 그러나 보편적인 아름다움을 상정할

* 박찬국 역, 도서출판 길.

때 '보편'이라는 폭력에 갇히기 쉽다. 즉, 보편적인 아름다움의 기준과 형식에 맞추기 위해 고투하게 된다. 예술 혹은 미술의 역사를 보면 늘 당대의 '보편'적인 미 개념을 바꾸려는 예술가들의 숱한 시도를 읽을 수 있다. 우리가 잘 알고 있는 피카소, 고흐, 고갱, 모네, 마네, 프랜시스 베이컨, 마그리트, 벨라스케스…. 이들의 시도를 생각해보시라. 이는 예술에만 국한되지 않는다. 철학의 역사 또한 기존의 철학을 넘어서려는 시도였다고 봐도 무방하지 않을까? 잘 알려진 스피노자, 니체, 푸코, 들뢰즈, 데리다 등등. 이들은 기존 '보편' 개념의 거부를 모토로 했다. '보편적인 아름다움'이라는 허구를 넘어서려는 무수한 창조적 행위를 나는 예술이라고 정의한다. 다시 말해 예술의 사전적 정의 중 "미적 작품을 창조하는 인간의 활동", 즉 예술 창작 행위에 초점을 맞춰서 논의를 진행하려고 한다.

예술 창작 행위는 문학, 음악, 미술, 무용이라는 좁은 영역에 한정되지 않는다. 우리는 삶이라는 재료로 예술 행위를 하고 있다. 나에게 예술이란 자유로워지기다. 무언가에 갇힌 것은 자유로울 수 없다. '보편'에 얽매인 아름다움의 개념이란 어떤 보편 안으로 예술을 욱여넣는 것이다. 그래서 이 보편을 새롭게 갱신하려는 시도들이 거듭 실험된다. 아름다움이란 어떤 틀로 규정되지 않는 자유로움이다. 이 자유로움이 아름다움이다! 마르셀 뒤샹의 〈샘〉을 생각해보시라! 일정한 격자 속에 들어가지 않으려는 분방함, 기존 '아름다움'의 개념을 넘어서려는 열망이 엿보이지 않는가. 그것을 "미적 행위"라고 생각하기로 한다. 종국에 가서는 '아름다움과 추함'의 개념을 넘어서는 자유, 그것을 예술이라고 정의하자. 그러니까 예술가들은 기존의 방식과 다른 프리즘으로 창조하려고 실험하는 자들이다. 그런데 이 자유롭고자 하는 소망은 마음만으로 되지 않는다. 고된 시도로 무수히 넘어지는 연습을 거쳐야 한다. 그것이 예술 행위의 본령이 아닐까? 삶의 예술가 되기 또한 다르지 않다. 뒤샹이 변기를 '샘'이라 이름 붙이고 전시하기까지 어떤 형태로든 숱한 훈련을 거쳤을 것이다. 느낌을 버리고 관점과 시선을 변환하는 많은 실전을 치렀을 것이다. 작가가 무수한 파지를 내고 난 후 작품을 완성하듯.

예술작품이란 땀의 흔적, 고통의 기록

예술작품이란 땀의 흔적이며 고통의 기록이다. 규정에 갇히지 않으려는 해방의 몸짓이다. 예술가란 감각의 다른 문을 열기 위해 끝없이 도전하고 연습하는 자들이다. 지금과 다른 지각의 펼침을 모색하고 그것을 몸에, 목소리에, 화폭에, 문장에 기입하는 자들. 일상성과 동일성에 머물지 않기 위해 예술가는 몰입한다. 그것은 낡은 '보편'을 깨기 위한 작업이다. 몰입은 일순간 자기의 기존 감각 방식이나 신경회로 밖으로 나가는 고행이다. 그 숱한 고행은 지금 이 오감의 세계에 매몰된 자기를 구원하려는 것이다. 심하게 말하면 기존의 감각 회로나 신경 체계를 고장 내고 변형시킬 정도로 수련해서 다른 문을 열고 다른 리듬을 만들어 그것을 대상에 구현하려는 것이다. 해서 뼛속까지 내려가 자기를 만나려는 몰입의 창조 행위는 낯선 힘을 받아들이고 공명하는 능력이다. 그런데 쉽지 않다. 지금 이 순간의 안정성을 찌그러뜨리고 생명 에너지의 장을 바꾸는 훈련이니. 그러나 이때 비로소 다른 차원의 세계가 열린다.

삶의 예술가 되기란 살아지는 대로 살지 않으려는 의지다. 자기라는 작품을 부단히 새롭게 조형하기다. 고대 로마인과 그리스인이 수행했듯이 자기의 실존을 돌보는 것이다. 살아지는 대로 살아가는 것은 삶이라는 작품을 거들떠보지 않는 것이다. 이대로 살지 않으려는 무수한 수련이 생을 예술작품으로 상승시킨다. 내 삶을 돌본다는 것은 조건화된 감각의 논리에 따라, 사회시스템의 파인 홈을 따라 삶이 흘러가게 내버려두지 않는 실천이다. 감각의 논리는 탐진치에 복종하고 습관에 구속되어 안일함과 편안함을 최고의 가치로 해서 흐른다. 술을 마시면 내 감각은 알딸딸한 기분에 쾌락을 느낀다. 맛난 음식을 먹으면 내 혀의 미각은 행복하다고 느낀다. 새로운 시도를 하려 해도 잘 안 된다. 좋은 것이 좋고, 습관대로 사는 것이 안정감을 준다. 대체로 감각 시스템은 생각하거나 변화시키려는 훈련을 좋아하지 않는다.

'이렇게는 살 수 없어!'라고 생각하는 순간, 몸과 마음은 이를 집요하게 거부한다. 인간은 뇌에 기입된 기억 정보와 습속에 따라 살도록 프로그래밍되어 있다. 그런데 그런 삶은, 즉 당장의 감각적 쾌락의 논리에 따라 자기를 돌보지 않는 삶은 다름 아닌 이 감각에 큰 불쾌를 가져온다. 이 순간의 감각적 쾌락이 다음 순간 감각의 불쾌로 변해버리는 것이다. 우리 몸이란 감각과 정신이 연동되어 있기 때문이다. 오해하지 마시라! 푸코는 엄숙주의를 권하는 것이 아니다. 삶의 쾌락은 능동적으로 구축해야 한다. 이것이 자기돌봄이다.

자기돌보기는 당장 즐거움을 가져다주는 편협함에 복종하지 않는다. 매일 대항감정 습관과 대항행위 습관을 만들어가자. 이것은 내 신체라는 질료에 무수한 가능성을 입히는 것이다. 자연 혹은 우주의 흐름과 리듬에 참여하는 숱한 창문들이 내게 있다! 섬세한 수련으로 다른 창들이 열릴 때 다른 것들이 눈앞에 보인다. 획일화되고 길들여진 기존 감각의 회로를 변경하거나 활짝 열어젖히는 것이 문제다.

따라서 다른 질감과 깊이의 세계를 만나려면, 사유와 수련이 선차적이다. 새 앎을 위한 배움과 성찰이 필요하다. 몸을 써서 공부해야 한다. 피아니스트가 되기 위해서는 악보 보는 법을 배워야 하고, 실제로 피아노를 쳐야 한다. 음악과 연주에 대한 지식을 공부해야 한다. 회화도 마찬가지이며, 문장을 짓는 작가도 그렇다. '나'라는 유기체와 타자들 간에 공통성(스피노자의 공통개념)을 형성해야 한다. 그 리듬과 앎을 몸에 새겨야 한다. 이 순간 우리는 새로운 쾌락을 경험한다. 만족스러운 작품을 완성한 순간의 짜릿한 쾌락을. 실존이라는 작품은 계속 완성되고 다시 완성되는 과정이다. 이때 맛보는 쾌락들이란 내가 주체적으로 일궈낸 것이다.

예술작품은 현상세계의 산물… 니체, 현상세계 '긍정'

하이데거는 위의 책《니체 1》에서 "예술의 장은 감성적인 것, 즉 감각-가상"이라고 말한다. 이때 가상이란 초감성적인 플라톤의 이데아 세계가 아니라 가시적인 이 세계를 말한다. 또 "예술적인 것은 창조하고 형성하는 것"이며 "그것이 형이상학적 활동 자체를 구성한다면, 최고의 행위인 철학의 사유까지도 포함하여 모든 행위는 예술로부터 규정되어야만 한다"고 말한다. 즉, 하이데거에 따르면 니체는 철학의 사유까지도 예술로부터 규정돼야 한다고 본다. 니체는 "예술을 생의 가장 큰 자극제"로 본다. 예술적인 것은 "창조하고 형성하는 것", 즉 물질성을 띤 가시적인 무엇이다. 그런데 이렇게 "창조하고 형성"한 그것이 "형이상학적인 활동 자체를 구성"한다. 즉, 예술품이라는 것은 사유를 촉발하고 구성한다.

하이데거가 펼치는 니체의 예술론에 따르면 니체는 플라톤적 진리, 이데아, 초감성적인 세계에 대항해서 이 현상의 세계, 가상과 오류의 세계를 긍정한다. 예술작품이란 이 현상세계의 산물이다. 때문에 니체는 "철학의 사유"도 예술로부터 규정되어야 한다고 말한다. 진리가 무엇인지는 플라톤적인 이데아가 아니라 예술이 결정한다고 보는 것이다. 그래서 니체는 말한다. "가상에의, 환상에의, 기만에의, 생성과 변전에의 의지는 진리에의, 존재에의 의지보다도 더 깊고, 더 '형이상학적"이다."* 여기서 "형이상학적"이라는 말에 주의해야 한다. 하이데거는 설명한다. "니체가 진리나 존재라는 것으로 염두에 두고 있는 것은 플라톤의 의미에서의 참된 것, 즉 그 자체로 존재하는 것, 이데아, 초감성적인 것이다. 이에 반해 감성적인 것과 그것의 풍요로움으로의 의지는 니체에게는 '형이상학'을 추구하는 것으로서의 의지다. 따라서 감성적인 것에의 의지는 '형이상학적인' 것이다. 이러한 '형이상학적' 의지가 예술에서 현실적으로 존재한다."**

그러니까 니체적 의미의 '진리'가 있다면 그것은 예술로부터 규정되는 진리다. 그래서 하이데거는 니체에게서 예술은 '진리'보다 가치가 있

* 위의 책, 93쪽.

** 위의 책, 93쪽.

다는 명제를 이끌어낸다. 나는 여기서 예술작품에도 '형이상학적인' 의지가 있다는 니체의 진술에 주목한다. 즉, 예술작품도 사유를 촉진한다는 것이다. 물론 예술작품은 느낌의 산물이다. 느낌이란 감각이나 감정, 기억에서 발생한다. 그런데 느낌의 중요한 요소인 기억 역시 정신작용의 산물이다. 때문에 니체는 예술에의 의지에 흐르는 '형이상학적인' 것을 본 게 아닐까. 느낌의 출력물이 예술이지만, 이 느낌에는 사고작용 또한 개입한다는 것이다. 여하튼 이렇게 산출된 예술품은 타인의 감각과 감성에 다가간다. 이렇게 해서 발생한 예술적 경험은 질문하고 생각하게 한다. 좋은 영화를 봤을 때를 상상해보시라! 마음이 벅차오르거나, 단말마의 고통이 느껴지기도 한다. 그때 다른 생각을 하게 된다. 다른 존재 방식을 고민하게 된다. 때문에 니체는 철학적 사유도 눈에 보이는 이 세계라는 예술작품의 규제를 받아야 한다고 말한다. 지상에 없는 피안의 세계를 사유하고, 이 현상세계를 폄하하는 플라톤 철학에 대해 니체가 반기를 드는 이유다. 니체에게 예술의 위계가 대단하다!

삶을 작품으로 만들기 위해 자기돌봄이 필요

요컨대 예술작품이란 수련의 산물이다. 삶이라는 작품을 위해서도 자기수련askêsis이 필요한 이유다. 수련이란 자기라는 질료를 예술작품으로 변조하는 행위다. 그래서 자기수련이란 예술 행위다. 예술은 어떤 허구를 생산한다.

이렇게 생산된 허구가 인간을 충만하게 한다. 나의 새로운 실존을 만들어내는 행위는 예술 행위의 지위를 갖는다. 인간이 만들어냈다는 의미에서 그것은 허구나 환상의 세계라고 할 수 있다. 이렇게 보면 예술도, 삶도 허구를 생산하는 일련의 행위라고 할 수 있다. 이 새로운 허구들의 존재가 인간을 숨 쉬게 한다. 인간 역시 고정된 실체가 아니다. 현대 과학과 철학에서 인간, 주체, 객체 같은 것을 실체가 아닌 허구(가상)로 보는 것도 같은 맥락이다. 지금 내가 보고 있는 세계는 인간이라는 감각신경 체계가 만들어놓은 환상일 뿐이다. 존재는 우주의 어느 순간, 어떤 원자들의 배열 상태를 잠시 고정한 사태에 불과하다는 것이 니체의 계보를 잇는 현대 철학의 입장이다. 불교의 무아도 그렇다. 양자역학 이후 현대 과학에서 인간 존재는 무수한 관계 중의 관계가 잠시 출현한 사건이다. 인간-원자의 배열이란 관계들의 관계들인 자신을 반성할 수 있는 종種이라는 특성이 있을 뿐이다. 이처럼 자아란 현대 과학뿐 아니라 불교에서도 환상에 불과하다고 하지 않는가? 그것은 잠시 현상하는 사건에 불과하다.

어찌 보면 우리 인간은 니체가 말했듯이 생존하기 위해 기만과 오류를 만들며 살아왔다. 허구와 가상들의 세계 말이다. 이 세계에서 철학이나 과학은 개념으로 새로운 가상의 세계를 창조한다. 예술은 감각적 조형물로 세계를 창조한다. 인간의 담론 행위를 통한 일체의 활동이란 거대한 환상의 세계다. 우리는 더 나은 가상, 더 나은 허구를 만들기 위해 살아가는 게 아닐까?

요컨대 예술가가 예술품을 산출하기 위해 긴 수련을 하듯, 삶이라는 작품의 예술가가 되기 위해 우리는 어떤 앎을 몸에 새기는 예술 행위를 한다. 이 앎이란 자기에 대한 앎이며, 세계와 타자에 대한 앎이고, 이 관계성에 대한 앎이다. 푸코의 파레시아스트parresiastes는 그 앎이 삶이 되어 자기와 진실 간에 거리가 사라진 존재다. 이는 이렇게 통치당하지 않을 자유를 스스로 확보한 존재의 자기실천이기도 하다. 삶의 예술가는 다른 존재가 되기 위해 매 순간 삶의 기예를 배우고 실천하는 파레시아스트다.

타성에 갇혀 찰나적인 쾌와 불쾌에 탐닉한 채 하루를 매번 동일하게 살아낼 때, 권태와 무기력과 슬픔이라는 감정이 나타난다. 우리 앞에 있는 감각의 대상들을 다르게 만나게 되면 다른 느낌의 세계와 만나게 된다. 이런 감각과 감정의 역량을 키우기 위해 공부해야 한다. 그리고 공부한 내용을 삶에 적용해야 한다. 푸코가 자기배려를 '실존의 미학'이라고 말한 것은 이 실존을 미학적으로 변화시키는 테크닉이 자기배려이기 때문이다.

최근 다시 읽고 있는《티벳 사자의 서》*는 흥미롭다. 이 책에 따르면 인간은 죽은 후 49일간 바르도Bardo라는 사후세계에 머문다. 이때 윤회의 사슬을 끊고 대자유의 길로 해탈하는 존재가 있는가 하면, 대부분은 다시 세상으로 내려온다. 다시 환생하는 것이다. 흔히 업業이 윤회한다고 말하는데, 이때 업이란 탐진치貪瞋痴로 구성된 의식체라고 볼 수 있다. 죽어서 몸은 자연으로 돌아가지만, 이 의식체(혼)는 49일간 바르도 상태에 머물다가 다시 인간의 자궁으로 들어간다. 축생으로 윤회하기도 하지만, 이는 드문 일이라고 한다. 이렇게 인간은 윤회의 삶을 거듭한다. 재미있는 점이 있다. 종종 자신의 전생을 알고 싶어 하는 사람들이 있

---

* 파드마삼바바, 류시화 역, 정신세계사.

다. 전생이라는 것이 있을까? 있다면 당신도 전생이 궁금한가? 그런데 책의 맥락을 잘 따라가다 보면 전생을 궁금해할 필요가 없다. 지금 나의 삶을 들여다보면 된다. 지금 나의 모습이 바로 그대로 전생이었다! 또한 미래에 도래할 환생의 삶 역시 지금의 나를 들여다보면 된다. 즉, 미래의 나 역시 지금과 유사한 모습으로 수만 겁의 삶을 윤회할 것이다!

이렇게 살고 싶지 않은가? 그렇다면 "결단하라"

그러니까 나는 지금 이 모양으로 전생에도 살았고, 지금도 살고 있고, 후생에도 이렇게 살 것이라는 "예언"이다. 왜냐하면 이미 언급했듯이, 업이 윤회한다고 할 때 업이란 의식체의 습관이며, 탐진치로 구성된 바로 그 의식체에 다름 아니기 때문이다. 몸은 사라졌으나 의식체는 그대로 동일하게 윤회한다. 그러니 전생을 알아볼 필요도 없고, 미래의 생을 궁금해할 필요도 없다. 지금 나의 삶을 잘 들여다보면 된다. 지금 이런 모습, 이런 삶을, 나는 영원히 동일하게 살게 된다! 당신은 지금 만족스러운가? 혹은 끔찍한가? 니체의 영원회귀 사유가 떠오른다. 니체는 말한다. 동일한 것이 영원히 반복된다고. 당신의 이 삶은 영원히 동일하게 반복된다! 그러면서 니체는 한마디 더 한다. 당신은 지금 이 삶을 영원히 반복하고 싶은가? "예!"라고 즉각 답변할 수 없다면 "지금 이 순간 결단하라!"고. 지금 당장 결단하라! 이는 내가 나에게 하는 조언이기도 하다! 결단하는 순간 다른 업이 형성되고 다른 삶을 살게 된다.

붓다의 전생담을 수록한《본생경》에 나오는 한 대목을 인용하며 글을 맺는다.

"마치 분뇨 속에 몸을 담그고 있는 사람이, 그곳에서 멀리 떨어져 있는 다섯 빛깔의 연꽃으로 가득 찬 커다란 연못을 바라보며, '어느 길을 택해야만 그곳에 가 닿을 수 있을까' 하면서 그 연못을 모색하는 것은 당연하다. 만약 그가 연못을 찾지 않는다면 그것은 연못의 잘못이 아니다. 마찬가지로 번뇌의 때를 씻은 불사不死의 완전한 깨달음의 경지라고 하는 연못이 있음에도 불구하고, 그곳에 이르는 길을 찾지 않는다면, 그것은 불사의 위대하고 고요한 상태인 연못의 잘못이 아니다.

또한 만약 도둑들에게 포위당한 사람이 달아날 길이 있음에도 불구하고 달아나지 않는다면, 그것은 길의 잘못이 아니라 순전히 그 사람의 잘못이다. 그와 같이 심신을 어지럽히는 것들로 둘러싸여 있는 사람이, 고요한 상태를 향한 안전한 길이 있음에도 불구하고 그 길을 찾으려 하지 않는다면, 그것은 길의 잘못이 아니라 순전히 그 사람의 잘못이다.

또한 병든 사람이 병을 고쳐줄 수 있는 의사가 있음에도 불구하고, 그 의사를 찾아가 병을 치료하려 하지 않는다면 그것은 의사의 잘못이라 할 수 없다. 마치 좋지 못한 마음의 작용인 번뇌라는 병에 시달리고 있는 사람이, 번뇌를 잠재울 방법을 알고 있는 스승이 있음에도 불구하고 그 스승을 찾지 않는다면 그것은 순전히 그 사람의 잘못일 뿐, 번뇌를 소멸시키는 스승의 잘못이 아니다."*

---

* 불전간행회,《본생경》1, 이미령 역, 민족사, 19-20쪽.

통치성과 주체의 '자기배려'

✶

통치성, 자기통치란 저항과 자유의 실천

삶의 예술가 되기와 국가의 통치성은 상반되는 지점에 위치한다. 우리는 푸코가 말하는 통치성gouvernementalité에 대해 좀 자세히 알아볼 필요가 있다. 약간 딱딱하지만 조금만 인내심을 발휘해보자.

푸코는 콜레주드프랑스에서 1977-1978년 《안전, 영토, 인구》와 1978-1979년 《생명관리정치의 탄생》* 을 연이어 강의하면서 통치성 개념을 고안한다. 통치성 개념을 도입하자, 푸코의 권력론은 타자통치와 자기통치로 외연이 확대된다. 이것은 후기 푸코의 사유에서 '주체의 윤리학', 즉 자기통치로 이행하는 계기가 된다. 사실 '통치le gouvernement'란 주권자가, 혹은 정부의 행정기구가 행하는 지배의 영역에 한정되지 않

* 오트르망(심세광·전혜리·조성은) 역, 난장.

는다. 통치란 이 책의 머리글에서 잠깐 언급했듯이 많은 층위의 통치술을 거느리고 있다. 자기통치, 가톨릭교의 영혼·행실의 통치, 유아의 통치, 군주의 국가 통치, 가정의 통치, 공동체의 통치 등. 여기서 군주의 국가 통치가 돌출해나온다. 이로써 정치 영역에서 통치성 개념을 전유하게 된다.

프랑수아 르 모트 바이에르의 텍스트《군주의 교육법》* 에 따르면 국가를 통치하는 자는 자기를 먼저 다스릴 수 있어야 한다. 또 가족, 영지, 재산을 통치할 수 있어야 한다. 거꾸로 국가가 잘 통치되면 가장들은 자기를 잘 통치하고, 가족을 잘 통치하며, 재산과 영지와 그 구성원들을 잘 다스리게 된다는 논리다. 서로 동시적 관계성을 지닌다.

통치의 대상은 인간이지만 인간과 연루되어 있는 부, 자원, 식량과 연동된 인간이다. 이때 인간은 "풍속, 습관, 사유 방식"과 관계하고 있는 인간이며, 식량난으로 인한 기근이나 전염병으로 인한 죽음과 삶 등과도 관계 맺고 있는 인간이다. 통치는 "인간과 사물의 착종으로 이해되는 사물을 대상"으로 하는 것이다.**

통치의 대상이 인간-사물 일체라면, 통치란 "사람들을 적절한 목적으로 이끌기 위해 사물을 올바로 배치하는 일"이다. 사람을 적절한 목적으로 이끈다는 것은 어떤 의미일까? 이는 개인, 그의 재산, 부의 증식은 물론 그들의 사망과 건강, 기근과 출생까지, 개인적이고 전체적으로 총체로서 관리·조절하는 것임과 동시에 특정한 방향으로 인도하는 것이다. 특정한 방향이란 통치권력이 원하는 방향임은 두말할 필요도 없

* 《안전, 영토, 인구》, 오트르망(심세광 외) 역, 난장, 147쪽.

** 위의 책, 147쪽.

다. 말하자면 개인의 소소한 일상생활이 모두 통치의 대상이 된다. 그러므로 통치한다는 것은 인간-사물 등 존재자들의 전 영역을 통치의 가시권 내에 몰아넣고 요람에서 무덤까지, 인간 삶의 세세한 일상까지 개입하는 사태를 의미한다. 말하자면 판옵티콘Panopticon 일망 감시체제처럼 국가의 통치성이 가동된다. 한 치의 틈도 없는 인간-사물의 통치를 위해서는 사물의 배치가 중요해진다.

삶의 전 영역에 개입해 품행을 양식화하는 통치권력

또 제대로 된 통치를 위해서는 관련 지식이 필요했으므로 통치와 지식은 불가분의 관계를 갖게 된다. 이에 따라 정치경제학을 필두로 소위 오늘날의 인간과학이 탄생한다. 푸코가 인간과학이라고 명명하는 것은 오늘날 인문사회과학의 전체 영역을 포괄한다.

한편 국가 통치란 개개인의 이익과 인구의 이익을 목표로 한다. 이는 국가의 임무이므로 통치술의 전략과 전술이라는 기예가 요구된다. 이 통치술이 서구에서 16세기 중반 이후 18-19세기에 걸쳐 탄생하고 다듬어져 오늘에 이른다.

여기서 푸코는 16세기 중반 이후부터 18-19세기를 거쳐 현재까지의 흐름을 '통치사회'가 규율사회나 전통적인 주권사회를 대체했다고 보아서는 안 된다고 강조한다. 근대 이후 현대에도 맹위를 떨치는 신자유주의는 "주권-규율-통치"가 중층적으로 작동되고 있다는 것이다.

통치성 개념에 대해 좀 더 자세히 알아보자. 푸코는 '통치성'이라는 용어를 세 가지 의미로 사용하고 있다.

> "첫째 인구를 주요 목표로 설정하고 정치경제학을 주된 지식의 형태로 삼으며, 안전장치를 주된 기술적 도구로 이용하는 지극히 복잡하지만 아주 특수한 형태의 권력을 행사케 해주는 제도, 절차, 분석, 고찰, 계측, 전술의 총체를 저는 통치성으로 이해합니다. 둘째 통치라고 부를 수 있는 권력 유형, 한편으로 통치에 특유한 일단의 장치를 발전시키고 다른 한편으로 일련의 지식을 발전시킨 이 권력 유형을 서구 전역에서 꽤 오랫동안 주권이나 규율 같은 다른 권력 유형보다 우위로 유도해간 경향, 힘의 선을 저는 통치성으로 이해합니다. 마지막으로 저는 중세의 사법국가가 15-16세기 행정국가(내치)로 변하고 차츰차츰 통치화되는 절차, 혹은 그 절차의 결과를 '통치성'이라는 말을 통해 이해할 필요가 있다고 생각합니다."*

푸코의 통치성이라는 개념은 위의 세 가지 의미를 모두 가지고 있다. '통치성' 개념이 만만찮다. 《생명관리정치의 탄생》에서는 위 첫째와 둘째 의미로서의 통치성을 분석한다. 즉 "(…) 아주 특수한 형태의 권력을 행사케 해주는 제도, 절차, 분석, 고찰, 계측, 전술의 총체로서의 통치성"과 "(…) 다른 권력 유형보다 우위로 유도해간 경향, 힘의 선"으로서의 통치성이다. 지금 언급되고 있는 책 《안전, 영토, 인구》에서는 세 번째 의미의 통치화 절차 및 결과 등을 주로 다룬다.

더 쉽게 풀어보면 《생명관리정치의 탄생》은 "특수한 형태의 권력"을

---

* 위의 책, 162-163쪽.

행사할 수 있게 해주는 총체로서의 통치성, 즉 국가 통치성에 대한 분석에 집중한다. 생명관리권력으로서의 국가는 이제 개인을 넘어서 인구의 층위로 밀고 들어온다. 그런데 여기서 푸코는 생명관리권력 대신 통치성이라는 개념을 사용한다. 이 개념이 중요한 이유는 통치성 개념을 경유할 때 저항과 자유를 사유할 수 있기 때문이다. 통치성 개념은 권력 개념보다 폭넓은 사유를 가능하게 한다는 것이다. 통치성 개념의 도입으로 국가의 통치, 자기통치와 타자통치, 그리고 자기와 타자, 국가에 불복종하는 자유를 갖게 된다. 위에서 언급했듯이 이 통치성 개념은 그리스도교의 사목권력에서 유래하며, 매우 다양한 층위의 다수의 의미망을 지니고 있다. 세 번째 의미의 통치성은 언급했듯이《안전, 영토, 인구》에서 주로 다룬다. 여하튼 핵심은 이렇다. 규율권력이나 생명관리권력 등 권력 개념은 운신의 폭이 좁기에 푸코는 후기에 '통치성' 개념을 발명해낸 것이다. 그리고 이제 자기통치와 타자통치, 국가의 통치에 대해 일사천리로 나아가게 된다. 주체의 자기통치 사유가 가능해지는 지점이다. 통치성 개념은 윤리적 차원의 도입을 가능하게 한다.

푸코는 국가가 오늘날처럼 현재의 형태로 존재하는 것은 이 통치성 덕분이라고 본다. 그래서 국가를 이해하기 위해서는 통치성을 이해해야 한다.

푸코는 16-17세기에 등장한 이 통치술이 사목권력에서 유래하지만, 사목과는 다른 모델을 스스로 찾아나섰다고 설명한다. 이 통치술은 스스로 "통치합리성"이라는 것을 발견했다. 사목적 통치도 아니고 전통적인 군주권도 아닌 통치술을 발명한 것이다. 이는 신 중심의 중세적인 사회에 과학적 세계가 등장한 것과 맥을 같이한다. 즉, 신이 아닌 인간이성이 중시되는 근대적 흐름에서 탄생한 것이다. 이 합리성은 신을 퇴장시키고, 스스로의 이성으로 국가를 통치하는 근대통치국가를 탄생시킨다. 문제는 이 통치합리성이 개인과 인구와 부속하는 모든 지상권 영역에 작용하면서, 인간의 신체와 정신을 조각조각 분해하고 조립하는 것과 함께 집단으로서의 인구 전체에 개입하여 세세한 부분까지 조절·통제·관리하게 된다는 것이다. 이는 의식적·무의식적 층위에서 이뤄진다. 이 통치합리성의 질서에서 인간은 옴짝달싹할 수 없는 신세가 된다.

나는 자유야! 그러나 부처님 손바닥 안 손오공 신세

권력이 펼쳐놓은 장에서 인간은 울고 웃고 기계처럼 작동한다. 삶의 방식, 취향, 생각, 여가, 의식주 등 모든 것, 정체성이라는 것 자체가 예속된다. 내가 능동적이라고 자부하면서 행위 할수록 예속화가 강화되고, 자발적인 선택을 하면 할수록 수동의 늪으로 깊게 빠져드는 아이러니. 내가 지금 욕망하는 구조와 방식, 감각하는 방식은 조건화된 것이 아닐까 자문해야 하는 이유다. "나는 자유야!"라고 외치고 싶지만, 부처님 손바닥 안의 손오공 신세다. 열심히 살려고 발버둥 칠수록 거대한 손아귀 안에서 부속품의 삶을 살게 되는 아이러니. 우리는 지금 사회적 코드의 생산에 복무하고, 시스템과 권위에 순종하며, 감각적인 쾌락들을 행복으로 번역하면서 살고 있지는 않은가. 이 코드에서 벗어나는 순간 실패자, 낙오자, 비정상, 일탈자가 된다. 지금의 규범과 시스템의 바깥은 상상할 수 없다. 이는 국가의 통치합리성이 만들어놓은 품행이다.

그런데 무엇을 성취해도 기쁘지 않다. 자존감은커녕 허무감이 늘어난다. 하나를 이루면 다른 하나가 맹렬히 달려들고, 다시 스스로를 채근한다. 소위 사회적으로 성공한 자들이 멈추지 못하는 이유다. 새로운 목표물이 유혹한다! 이때 내가 어떤 삶을 선택하는 것은 바로 정치적 행위가 된다. 정치와 윤리는 뚜렷한 경계가 그어지지 않는다. 신자유주의의 국가 통치사회에서 나의 일상에 스며든 '보편적인 가치'는 사회적·선험적으로 구성된 것이기 때문이다. 이때 일상을 다르게 배치하는 것, 삶의 가치를 다르게 설정하는 것이 바로 정치적 행위다. 정권을 향한 투쟁 같은 '거창한' 행위만 정치가 아니다. 삶의 에토스를 바꾸는 실천, 자기에게 질문하는 불편함, 일상에 삼투해 있는 선입견과 상식을 거부하라고 자기에게 내리는 명령, 나처럼 이 삶에 염증을 느끼는 사람들과 친구 되기. 이것은 모두 정치적인 행위다. 윤리가 정치다. 이것은 또한 예술적 행위이기도 하다. 이것이 실존의 미학이다! 삶의 예술가 되기는 내 삶을 다루고 변화시키는, 말하자면 지속적인 탈영토화하기다. 코드 밖으로 나가 무수한 타자들과 조우하는 신체 되기. 그러니까 정치와 윤리와 미학은 분리된 것이 아니다. 삶의 예술가 되기! 그것을 향한 실천은 정치적이고 윤리적이며 미학적인 삶의 실천이다!

헬레니즘·로마 시대 철학자들의 자기 자신에게로 은거하기는 세상과 단절하고 고립을 선택하는 행위가 아니다. 붓다가 숲에서 고행을 선택한 것은 시끄럽고 더러운 세상과 작별을 고하려는 것이 아니듯이. 지금 내가 이 현실 너머를 상상하거나 다른 삶으로 작게라도 방향을 트는 것은 세상과 더 잘 관계 맺고, 자기 자신과 더 잘 만나기 위한 실천이지 루저가 되는 것도, 세상을 초월하는 것도 아니다. 삶의 예술가 되기는 마음과 몸의 변화를 요구한다.

곰곰이 생각해보자. 나는 외부에 의해 침윤된 품행과 윤리의 늪에서 허우적거리고 있는 것은 아닐까? 푸코의 조언을 참조하자. 자기의 테크놀로지들을 고안하자. 이 비정한 경쟁대열로 맹렬히 달려가지 않는 삶을 낙오자의 삶으로 등치 시키지 말자. 새로운 주체화란 새로운 관계성의 창조에 다름 아니다. 이것은 또한 정체성 고착화에 대한 저항이며, 들뢰즈식으로 말하면 자기 차이화를 향한 지속적인 운동이라 할 수 있다. 삶의 예술가 되기란 예속화 상태에 저항하는 자기창조다.

정치가와 경제학자, 그리고 근대 영혼의 탄생

✶

근대 감시 사회, 영혼은 육체의 감옥

푸코는 특정한 시기마다 그 시대의 에피스테메episteme, 즉 인식론적 틀이 있다고 본다. 푸코의 《말과 사물》*에 따르면 르네상스 시대의 인식론은 유사성이다. 대우주와 소우주처럼 저 하늘의 세상과 이 지상의 세상은 닮은 꼴이라는 인식이다. 그러므로 신을 닮은 소우주인 인간은 신의 뜻에 따라 살아야 하며, 군주는 신의 지상권을 세계에 펼치는 존재다. 르네상스의 에피스테메인 유사성은 신을 중심으로 한 거대한 위계 체계다. 목적론의 세계다. 또한 신을 정점으로 해서 인간이 상층부에 놓여있는 인간중심주의의 사유다.

푸코는 《안전, 영토, 인구》**에서 "세계는 펼쳐진 책이다!"라는 토마

---

*　이규현 역, 민음사.

**　326쪽.

스 아퀴나스의 문장을 인용하는데, 이 구절이 나의 뇌리에 맴돈다. 유사한 구절을 연암 박지원의 글에서도 읽은 듯하다. 자연을 만나고 돌아온 연암은 자연이라는 책을 참 잘 읽었다고 했던 것 같다. 기억이 흐릿하다. 세계는 책이다. 그것도 펼쳐진 책이다! 세계는 신의 암호와 기호와 계시로 가득하다. 세계는 책을 품고 있다. 인간은 신이 내려준 이 세계의 암호와 진실들을 해독해야 한다. 이 세계에는 신의 말씀이 가득하다. 공원을 산책하다 보면, 문득 '이 세계는 무지한 내가 해독해야 할 진리들로 가득하구나'라고 생각한다. 르네상스의 에피스테메를 내가 특별히 긍정한다는 말은 아니다. 푸코 역시 특정한 각 시기는 불연속을 특징으로 하는 지층을 형성하고 있다고 설명할 뿐 특정 시대에 대한 선호는 없다.

> "완전히 목적론적 세계, 즉 목적인의 세계, 인간중심주의의 세계, 기적과 경이로움과 기호로 가득한 세계, 유비와 암호로 가득한 세계, 이런 세계가 신에 의한 세계의 사목적 통치의 명백한 형식을 이루고 있습니다. (…) 그러니까 고전주의 시대 에피스테메가 설립된 후 이 세계는 사라지게 됩니다. 실로 기존의 세계는 사라졌습니다. 혹은 이렇게 말할 수 있다면 목적인이 점차 잊히고 인간중심주의가 문제시되는 인지 가능한 자연, 기적과 경이로움과 기호가 제거된 세계, 더 이상 유비와 해독이 아니라 수학적·분류학적 형태로 인지 가능해진 세계가 펼쳐지게 됩니다. (…) 우주(세계)의 탈통치화 dégouvernementalisation라고 부를 만한 것에 상응해 이런 일이 발생하게 된 것입니다."*

* 위의 책, 326쪽.

르네상스 시대의 우주론적 신학의 관점은 고전주의 시대에는 급속히 쇠퇴한다. 르네상스 시대의 세계관에 따르면 군주의 통치란 신의 통치의 연속이어야 했다. 그러므로 거대한 우주를 다스리는 섭리인 신의 가르침에 따라 지상의 왕들은 신민을 지배했다. 신의 뜻을 지상에 실현하며. 그런데 16세기 이후부터 이런 신관, 세계관, 인식론에 균열이 생기기 시작한다.

일명 정치가들이 등장한 것이다. 이들은 중세나 르네상스의 사유, 즉 자연과 세계의 연속성, 하느님과 왕의 연속성 등은 일단 논외로 한다. 이들은 하느님이나 자연이나 우주에서 '국가'라는 차원을 절단한다. 국가이성이라는 돌출부가 튕겨져 나와 '국가'를 절단하는 것이다. 국가이성과 국가가 동시에 출현하는 것이다. 국가이성이란 달리 말하면 통치이성 혹은 통치합리성이다. 국가라는 소여(주어진 바)를 통치하는 합리성이 국가이성이다. 이제 "영혼의 사목에서 인간의 정치적 통치"가 시작되는 것이다. 물론 소여로서 국가란 푸코에게는 선험적으로 존재하는 실체가 아니다. 통치 실천의 결과물로 국가가 나타나는 것이다.

르네상스 시대의 세계관 균열… 정치가 등장

국가이성은 신과 자연에서 '국가이성의 통치술'이라는 영역을 분리해낸 후, 분리된 이 영역의 특수성에 대해 사유하기 시작한다. 어떤 합리성에 의해 국가이성이 작동돼야 하는지를 연구하기 시작한 것이다.

이들이 정치가들이다. 푸코는 이들을 당시의 지배적인 사유의 흐름에서 이탈한 근본적인 이단아들이라고 말한다. 당시로서는 신을 논외로 하고 통치성을 논하는 것은 종교적인 신학과 단절하는 이단이었다! 이것은 르네상스와 중세의 전통에서 엄청난 사건이었다. 신을 배제한 국가 통치술이라니! 언급했듯이 이들이 신을 부정했다는 말은 아니다. 신을 자기 자리에 얌전히 모셔둔 채, 국가이성은 자체의 합리성으로 작동하는 통치술을 찾는다. 계산 가능하고, 분류 가능하며, 통제 가능한 내치술을 발명한 것이다. 이들에서 비롯된 것이 17세기 내치국가다. 그래서 내치국가는 도시에서 상품의 거래가 잘되고, 외국과의 통상을 통해 국부를 증강하는 등 통치성 고유의 영역을 연구한다. 이것을 잘해야 나라가 부강해지고 인민이 행복하게 잘살 수 있다. 신의 힘에 호소하지 않고 국가의 번영과 인간의 안락한 삶을 위한 합리적인 통치술을 발명했다는 말이다. 이들은 이제 인민의 삶의 전 분야에 개입하고 통제하고 규율을 기입한다. 내치국가는 통치합리성 자체만으로 통치하는 것이다. 신의 뜻 같은 것은 없다!

정리하면 이제 신이라는 초월적 심급이 사라진 국가가 탄생한 것이다. 고전주의 시대가 시작된 것이다. 즉, 신과의 거대한 연속체로서의 세계가 사라진 것. 국가는 국가이성이 돌보아야 한다! 이것이 국가 통치술이다. 앞서 말했듯이 이 통치술은 신 아닌 인간 자신의 이성으로 국가를 통치하는 것이다. 그러니까 국가를 유지하고 관리하는 기술, 혹은 실천의 총체가 국가이성의 통치술이다.

"중세의 전통, 르네상스의 전통에서 적절한 통치, 즉 제대로 정리되고 있는 왕국이란 신이 원했던 세계의 일대 질서 중 일부를 이루는 것이었다. 결과적으로 적절한 통치는 이 거대한 우주론적 신학의 틀 안에 기입되어 있었다. 이 자연적 질서와 관련해 국가이성이 도입한 것이 절단이다. 이 급진적인 절단 자체가 국가였다. 이 국가가 출현했고, 이 국가의 출현은 고유한 합리성을 수반하는 새로운 현실을 출현시켰다. 그러므로 중세의 정치사상에 틀을 부여하고 있던 저 오래된 자연성과의 단절이 발생한다. 그것은 비자연성, 소위 절대적인 인공성이다. 아무튼 그것은 저 오래된 우주론적 신학과의 단절이다. 이 단절은 무신론이라는 비난을 불러일으켰다. 이 내치의 통치성은 인공주의이다. 국가이성은 인공주의의 것이다."*

새로운 이단 탄생 '경제학자라는 중농주의자들'

그런데 18세기에는 정치가에 이어 새로운 이단이 탄생한다. 푸코는 이들을 "경제학자라는 종파"라고 말한다. 이들 경제학자는 '중농주의자'라고도 불린다. 이들은 말하자면 위의 정치가들에 대해 이단이다. 정치가들은 17세기의 일명 내치국가를 발명한 사람들이다. 그런데 여기에 반기를 들고 나타난 자들이 경제학자들이다. 이들이 발명한 새로운 통치술은 내치국가의 국가이성에 '경제학'이라는 새로운 합리성을 들고나온다.

이들은 내치국가의 통치이성과는 다른 메커니즘의 '자연성'을 강조

* 위의 책.

한다. 앞서 언급했듯이 내치국가는 인간의 복지와 국력 증강을 위해 전 분야를 통제·감시하고 규율을 행사했다. 그러나 이제 중농주의 이후 경제학자라는 종파가 등장하면서 각각의 '자연성'이 작동하도록 국가의 개입을 최소화해야 한다고 말한다. 그러니까 이들 경제학자는 "인간의 공통된 실존 특유의 자연성인 사회"라는 영역을 출현시킨다. 이 영역은 그 자신의 메커니즘으로 작동되는데, 이 메커니즘을 '사회적 자연성' 혹은 '실존 특유의 자연성'으로 명명한다. 쉽게 말해 애덤 스미스의 '보이지 않는 손' 같은 개념이다. 시장의 원리에 따라 굴러가게 내버려둬라! 개입하지 마라! 꼭 개입해야 한다면 이 '자연성'(고유한 작동 시스템)이 원활히 굴러가도록 최소한의 개입만 해야 한다! 꼭 개입해야 한다면 인민의 안전과 국가의 안전에만 개입해야 한다!

이것이 18세기 중농주의자들의 출현과 더불어 시작된 자유주의의 시작이다. 이들은 17세기에 출현한 정치가에 대해 이단인 셈이다. 이 자유주의는 19세기와 20세기를 거치면서 신자유주의의 이름으로 지금까지 현대인의 삶을 쥐락펴락한다. 오늘날 우리는 이 신자유주의의 에토스에 따라 살아가는 중이다. 신자유주의의 주체화 방식에 따라 우리는 열심히 우리 자신을 만들어가고 있다.

정치가와 경제학자가 이단이라는 말이 재미있지 않은가? 정치가나 경제학자라는 말의 기원으로 가면 이들의 '이단성'이 드러난다. 이제는 전문가의 영역이 된 정치학자, 경제학자라는 단어가 이단이라는 딱지를 붙이고 출현했다. 신과 합일된 세상, 신의 거대한 섭리로서 신의 대리 자격이던 왕에게서 신의 자리가 없어진 것이다. 왕은 이제 국가라는 새로운 기구의 통치자가 된다. 즉, 신의 지상권의 연장이며 신과의 유비 속에서 인식되던 왕권은 행정기구의 통치권으로 한정된다. 이제는 합리성을 바탕으로 한 '과학적인 세계'가 나타난 것이다. 왕권신수설의 왕의 지배가 아니라 이성과 합리성의 원리로 국가를 통치해야 한다.

이제 목적론적인 신학의 세계를 비집고 근대 권력이 빠르게 들어온다. 정치가와 경제학자의 탄생으로 통치성은 변형을 거쳐 근대와 현대에 이른다. 즉, 생명관리권력이 탄생한 것이다. 생명관리권력의 한 축이 종으로서의 인구에 작동한다면, 다른 한 축은 개인의 신체에 작동한다.* 개인의 신체에 작동하는 소위 규율권력은 근대적 감옥의 탄생과 궤를 같이한다. 물론 근대적 감옥의 탄생 이전에도 중세 수도원이나 군대 등에는 이미 규율이 존재했으며, 이 규율의 도식과 접목하면서 새로운 '근대적 규율'이 탄생한다. 여하튼 감옥의 근대적 처벌방식은 신체를 겨냥하면서 영혼을 길들인다. 감옥은 신체를 감금하고 자유를 박탈하지만, 그것이 겨냥하는 지점은 정신(영혼)이다. 감옥은 영혼의 교정을 목표로 하지만 실패한다.

감옥은 정신의 교정을 통해 수감자를 사회로 돌려보내지 않는다. 오히려 적극적인 배제를 실천함으로써 범죄자를 실체화하고 계속 생산한다. 감옥은 정신의 교정과 개심, 갱생에는 실패하지만, 인간과학의 지식과 규율권력의 형성을 가능하게 했다. 즉, 규범에서 일탈하여 저항하는 자들에 대한 관찰과 감시의 결과로 여타 인간과학들이 탄생했다는 것이다. 또한 감옥 안에서의 노동을 통해 규율권력은 순종하는 신체를 생

* 이 책 제1부 '푸코의 권력론 그리고 주체의 윤리학' 참조.

산한다. 전과기록 등을 통한 감옥의 배제 실천은 감옥 안에 상시적으로 범죄자들을 들락거리게 하고, 이들에 대한 감시와 통제는 인간과학과 규율권력을 탄생시킨다. 말하자면 범죄자의 생산과 규율권력과 인간과학은 동시적인 상관물이다. 감옥의 규율권력 시스템은 학교와 병원, 공장, 병영 등으로 확장된다. 규범화는 동시에 일탈자를 생산하고, 일탈자들은 감옥에서 인간과학들에 지식을 제공한다. 이제 사회 전체가 거대한 판옵티콘의 세계가 된다.

근대의 개인은 거대한 팝옵티콘의 세계에서, 비가시적인 권력관계의 가시권 내에서 감시와 통제를 받는 근대적 주체로 탄생한다. 규율권력과 근대적 개인이 동시적으로 구축된 것이다. 이 근대적 개인의 영혼은 권력-지식의 전략에 의해 길들여진 주체화의 양식을 부여받는다. 이로써 영혼은 신체의 감옥이 된다.

거대한 판옵티콘의 세계

푸코는 "처벌 권력의 이 '미시 물리학'의 역사는 근대 '정신'의 계보학을 만들기 위한 한 요소가 될 것"이라고 말한다.* 푸코가 보기에 영혼은 "환영이나 관념적 결과"라고 할 수 없다. 푸코는 "정신은 실재하며, 그것은 하나의 실재성을 갖고 있고, 정신은 신체의 주위에서, 그 표면에서, 그 내부에서 권력의 작용에 의해 끊임없이 만들어지는 것"이라고

* 《감시와 처벌》, 오생근 역, 나남, 60쪽.

말한다.* 정신이 실재한다고 할 때, 이 정신은 기독교에서 표상되는 정신과는 다르다. 태어나면서부터 원죄를 지은 죄인으로서의 영혼이 아니다. 푸코에게 영혼이란 "처벌, 감시, 징벌, 속박 등의 소송절차를 거쳐 생겨나는 것"이며, 실재하지만 "실체적인" 것은 아니다.

영혼은 권력과 지식의 효과로 구성되는 것이며, 지식-권력의 공모를 가능하게 해주고 강화해주는 "어떤 톱니바퀴의 장치"다. 흔히 말하는 인간이란 "그 인간보다 훨씬 깊은 곳에서 행해지는 복종화의 성과"라는 것이다. 인간이란 "복종화의 성과"다! 이 복종화의 성과인 영혼은 근대 인간의 생존방식을 구성하고 양식화하며 "권력이 신체에 행사하는 지배력 안의 한 부품"이다. 때문에 푸코는 영혼을 "정치적 해부술의 성과이자 도구"이며 "신체의 감옥"이라고 말한다. 영혼이란 정치 해부술의 성과로 탄생했지만, 동시에 정치 해부술을 가능하게 한 도구다. 예속화된 영혼의 무시무시한 힘이, 복종화의 성과로 출현하는 영혼의 도구적인 힘이 오싹하게 다가온다. 이제 영혼은 신체의 감옥이 된다.

소크라테스는 《파이돈》에서 신체는 영혼의 감옥이며, 신체를 떠난 혼의 불멸성을 주장한다. 때문에 소크라테스는 신체를 벗고 자유로운 혼이 되어 저승에서도 무지를 깨우치기 위해 가르치는 일을 계속하겠다고 말한다. 마치 소크라테스를 패러디한 것 같은 푸코의 이 언술이 재미있다.

---

* 위의 책, 61쪽.

감옥은 영혼 교정 실패… 인간과학 탄생

정리하자. 다시 강조하지만 감옥의 탄생으로 인간의 신체가 감금되면서 자유가 박탈되어 영혼이 감금되고, 이 규율권력의 테크닉에 의해 마침내 법을 내면화한 영혼이 탄생했다는 말은 아니다. 규율권력의 테크닉에 의해 영혼은 교정되지 않았다! 푸코가 보기에 감옥은 신체를 매개로 해서 정신을 교정하는 것, 즉 개인 교정을 목표로 했으나 실패했다. 왜냐하면 수형자들은 감옥의 권력에 저항했으며, 교정은커녕 재범을 거듭하며 영혼 교정이라는 규율권력의 기획을 무산시킨다. 이는 앞서 언급했듯이 규율권력이 당초의 계획처럼 교정을 통해 수형자를 사회로 돌려보내지 않고, 전과기록을 삭제하지 않음으로써 그들의 사회복귀를 막고, 앞장서서 배제를 실천한 것과도 관련이 있다. 말하자면 감옥은 교정을 통한 사회복귀가 아니라, 배제를 통해 사회적 타자를 생산하는 역할을 했다. 이 사회적 타자들의 존재함이 권력의 존립을 정당화한다!

그런데 감옥의 이러한 실패로 인해 오히려 규율권력의 기술들과 인간과학의 지식들이 가능하게 되었다는 것이다. 감옥의 실패가 다른 어떤 생산을 가능하게 한 것이다. 즉 규율권력은 감옥의 실천을 통해 인간의 신체에 자본주의 노동력에 적합하도록 동작, 행동, 몸짓, 태도 등에 개입하게 된다. 이로써 노동자적 신체 길들이기에 성공한다. 이는 학교, 군대, 공장, 병원 등으로 확산된다. 또한 감옥은 수형자 한 사람 한 사람을 개별화해서 감시, 관찰, 조사함으로써 이 데이터들은 인간과학을 구축하는 가능조건이 된다. 인간을 지식의 대상으로 한 인간과학은 영혼을 겨냥한다. 이 근대에 탄생한 인간과학들은 지식이지만 그 자체가 권력으로 작동한다. 이에 따라 비정상인, 일탈자, 신경증자, 성도착증자 같은 병리적 대상들을 대량 생산해낸다. 그러니까 인간과학과 비정상적 주체들은 동시적으로 발명된다. 근대 인간과학이 탄생하기 전에는 인간과학들이 문제시하는 일탈적인 인간은 존재하지 않았다. 인간과학은 "자신의 절차와 진실에 따라" 인간과학의 내부에 들어올 수 있는 자들과 일탈자들을 구별하는 분리를 실천하면서, 정상인과 비정상인을 생산하는 도구로 작용한다. 이제 인간과학과 규율권력, 즉 지식-권력은 신체와 영혼의 감옥으로 기능한다. 이전에 없던 병든 대상들이 이 시기 대거 생산되는데, 이는 지식-권력의 탄생과 동일한 과정을 거친 것이다.

근대인은 신학적 우주론과의 단절과 동시에 지식-권력에 의해 해부·분할·조립된 신체이자 영혼이다. 우리는 여전히 예속과 자기착취의 메커니즘에 노출된 채 거대한 자본주의 생산양식의 기계 부품처럼 살고 있는 게 아닐까? 세인의 시선에 자기를 맞추려고 감옥이 된 영혼, 자기라는 기업의 생산성 향상을 위해 자기와 결투를 벌이고 있는 것은 아닐까? 푸코의 문장을 인용한다.

> "한 영혼이 인간 속에 들어가 살면서 인간을 생존하게 만드는 것이고, 그것은 권력이 신체에 대해 행사하는 지배력 안의 한 부품인 것이다. 영혼은 정치적 해부술의 성과이자 도구이며, 또한 신체의 감옥이다."*

---

* 위의 책, 62쪽.

이렇게 통치당하지 않을 기술

비판적 태도와 자기의 포에시스

이미 알고 있듯이 통치성은 사목권력에서 유래한다. 그런데 사목권력의 통치는 중세 후반부터 위기를 겪게 된다. 사목권력의 통치에 저항하는 흐름이 안팎에서 나타난 것이다. 외부에서 나타난 것으로는 1215년 라테란 공의회의 고해성사와 관련한 저항이 있다. 고해성사 의무에 대해 일반인이 반발하고 나선 것이다. 또 주술이나 마법 등 그리스도교가 이단으로 규정한 온갖 이단들도 성행했다. 그리스도교와 대척점에 서는 흐름들이다. 정치권력과의 관계에서도 이런 흐름들이 나타난다.

그러나 푸코는 사목권력 내부에서 일어난 저항이나 반란, 공격의 형식들에 주목한다. 사목이 인간의 품행을 인도하는 권력이라면 이 품행의 인도에 대한 저항과 불복종 운동이 바로 사목의 영역 자체에서 일어난 것이다. 여기서 푸코는 품행(콩뒤트conduite)이라는 단어의 양의성에 주목한다.

"사목이 그야말로 인간의 품행을 목표로 삼는 권력이라면, 저는 이런 사목권력만큼이나 특이한 몇몇 운동, 저항과 불복종의 운동이 출현했다고 생각합니다. 이런 운동은 품행과 관련된 특이한 반란이라고 불릴 만한데, 여기서도 콩뒤트(품행)라는 단어는 여전히 양의적입니다. 이 운동은 상이한 품행을 목표로 삼았습니다. 다른 인도자나 다른 목자에 의해 다른 방식으로 인도되고 싶다거나, 다른 목표나 다른 형식의 구원을 향해 다른 절차와 다른 방법으로 인도되고 싶다는 것이었죠. 특히 경우에 따라서 이런 운동은 타인에 의해 인도되는 것에서 벗어나 각자가 처신하는 방식을 스스로 정하려고도 했습니다. 바꿔 말하면 저는 품행상의 거부, 반란, 저항의 특이성이 사목의 역사적 특이성에 대응하는 것은 아닌지를 알아보고 싶습니다. 정치적 주권을 행사하는 권력에 맞서는 저항의 형태가 다양하듯이, 경제적으로 착취하는 권력에 의도적으로 맞서는 저항이나 거부의 형태가 다양하듯이, 품행에 개입하는 권력에 맞서는 저항의 형태도 다양하지 않았을까요."*

품행conduite이란 어떤 품행으로 인도하는 것과 품행으로 인도되는 것이라는 양의성을 지닌다. 그런데 이때 각자는 상이한 품행을 목표로 삼기에 다른 인도자나 다른 방식, 다른 목표나 다른 형식의 구원으로 인도되고 싶을 수도, 타인의 인도에서 벗어나 스스로 품행을 정할 수도 있다. 그러니까 품행은 타인에게 인도되기도 하고, 타인의 인도를 벗어나

---

* 《안전, 영토, 인구》, 오트르망 역, 난장, 270쪽.

스스로를 인도하는 품행까지를 포함한다. 또한 다른 방식의 인도를 요구할 수도 있다. 사목적 품행이라는 특이성은 이런 식의 사목적 품행을 거부하는 반란이나 저항의 형태까지를 함의한다. 그리스도교 사목권력의 탄생과정 자체가 흥미롭다. 이 사목적 품행의 인도는 2-4세기 중동의 영지주의의 특정 종파에 맞선 일종의 대항품행으로 구성됐다는 것이 푸코의 주장이다. 그러니까 사목적 품행이란 그 자체가 대항품행으로 탄생했다는 설명이다. 눈여겨볼 만한 대목은 사목권력의 품행이 형성된 후 이에 대한 대항품행이 발생한 것이 아니라는 점이다. 언급했듯이 사목권력 자체가 영지주의라는 종교적 도취에 대한 대항품행으로 탄생했으며, 사목적 품행은 사목적 품행에 대한 대립과 반란, 적대관계와 동시적으로 형성된다는 설명이다.

요컨대 근대국가 통치성의 '기원'인 사목적 통치성은 그 자체가 대항품행이었고, 사목적 품행의 형성은 이에 대한 반란이나 불복종운동과 동시적인 흐름이었다. 어쨌든 이 사목권력은 그리스도교의 지배적인 권력 형태로 유지되어왔다. 그러다가 중세 후기부터 사목권력의 통치성 내부에서 여러 형태의 저항이 나타난다. 대표적으로 잘 알려진 루터의 반란을 들 수 있다. 이 외에도 12세기 여성 수도원 등 품행상의 반란은 각각 특수성을 지니고 발생했다. 17세기가 되면 품행상의 반란은 경제문제와 계급투쟁 등과 연계되어 복잡하게 전개된다. 18세기에 사목적 품행은 국가 통치성의 실천으로 이동하게 된다.

이로써 국가의 통치성이 품행의 인도를 맡게 된다. 이렇게 되면서 품행에 대한 대항품행의 운동도 종교에서 정치권을 대상으로 하게 된다. 즉, 국가 통치에 대한 대항품행이 일어나는 것이다. 품행들의 충돌이다.

국가에 대한 대항품행으로 푸코는 군대 병사의 불복종-탈영, 음모나 혁명 등 정치적 목표를 갖는 비밀결사, 정권쟁취를 목적으로 하는 정당활동, 근대적 의학 시스템에 반대하는 전통의학 등을 열거한다. 이때 전통의학이란 이단적 치료활동으로 분류된다. 그리고 이 모두를 푸코는 품행상의 반란 또는 거부, 즉 대항품행으로 명명한다.

그러니까 이런 대항품행은 근대국가에만 나타난 특권적 현상이 아니며, 바로 이 대항품행들이 중세 후기에 사목권력의 위기를 불러왔다. 사목권력의 품행의 인도에 내재하는 대항품행으로는 수덕주의, 공동체, 신비주의, 종말론, 성서 등을 들 수 있다. 그러나 이런 대항품행의 핵심요소들은 그리스교와 완전히 대척점에 있지는 않았다. 그리스도교는 이런 요소들을 참조해서 적극 이식하고 도입한다. 어떤 것은 배척했다가 차용하기도 한다.

요는 사목의 통치성이 대항품행이라는 저항과 품행의 인도에 대한 거부를 포함하고 있다는 점이다. 16세기 이후 점차 사목의 통치성을 전유한 국가 통치성에 대해 '이렇게 통치당하지 않기 위한 기술'로 "비판적 태도"를 가져야 한다고 푸코는 말한다. 즉, '16세기 이후 국가의 통치화는 어떻게 이렇게 통치받지 않을 것인가?'라는 물음과 불가분의 관계에 있다는 것이다.

이 비판적 태도의 기원을 앞서 언급했듯이 푸코는 중세 후반기 루터 등의 종교개혁 운동과 대항품행으로서의 수덕주의, 신비주의 같은 영적 활동에서 찾는다. 특히 종교개혁 훨씬 이전부터 사목을 둘러싼 여러 갈래의 투쟁이 존재했다는 이야기다.

푸코가 말하는 '비판적 태도'란 칸트에게서 힌트를 얻은 것이라고 한다. 비판적 태도의 요체는 "진실에 대해서는 그 진실이 유발하는 권력 효과를, 권력에 대해서는 그 권력이 생산하는 진실 담론을 문제 삼을 수 있는 권리를 주체가 자신에게 부여하는 것과 관련된 활동"으로 "진실을 둘러싼 정치라고 부를 수 있는 활동 속에서 탈예속화를 그 본질적 기능으로 갖는 것"이다.*

푸코는 이 비판적 태도의 적용지점 세 가지를 설명한다. 이 역사적 적용지점들은 첫째는 성직자의 권위를 거부하고, 성서 속에서 진실을 찾으려는 저항과 함께 '성서는 진실인가?'라고 묻는 갈래다. 두 번째 적용지점은 부당한 여러 법을 용납하지 않으려는 의지다. 이 법들이 "본질적으로 비정당성을 숨기기 때문"이라고 푸코는 말한다. 통치자가 최소한 지켜야 할 "불가침의 보편적 법 권리", 즉 자연법을 준거로 해서 부당한 현행법을 고발하고 비판했다는 것이다. 셋째는 학문이든 권력이든 아버지든 스승이든 어떤 권위가 진실이라고 말했다고 해서 무비판적으로 받아들이지 않겠다는 의지다. 즉 역사적으로 비판의 적용지점은 성서, 부당한 법제도, 독단적 권위 등이었다.

그래서 푸코는 통치화가 "사회적 실천의 현실 속에서 진실을 주장하는 권력 메커니즘을 통해 개인을 예속화하는 문제와 관련된 활동이라면", 비판은 그 반대항으로 존재한다고 본다. 즉, 비판은 "자발적 불복종의 기술, 숙고된 불순종의 기술"이다.

통치성은 항상 "어떻게 이런 식으로, 그들에 의해, 그러한 원칙의 이름으로 통치받지 않을 것인가"와 연동되어 있다. 푸코에게 비판적 태도

---

* 《비판이란 무엇인가: 자기수양》(이하 '비판, 자기수양'), 오트르망(심세광·전혜리) 역, 동녘, 47쪽.

란 국가 통치술의 반대편에 있다. 통치술의 반대항으로서 비판적 태도란 "이런 식으로 이런 자들에게 이런 방식으로 통치당하지 않을 기술"이다. 그런데 위에서 언급했듯이 이런 비판적 태도란 거슬러 올라가면 사목권력의 통치에 저항하는 대항품행과 만나게 된다. 즉, 대항품행이 비판적 태도의 '기원'이라 할 수 있다. 그러니까 비판이란 자발적으로 "권력, 진실, 주체의 연루관계를 분석·해명"함으로써 국가통치에 대항하는 기술이라 할 수 있다.*

우리 자신의 역사적 존재론

그런데 비판을 실천하기 위해 선행되어야 할 것이 있다. 푸코의 용어를 빌리면 "우리 자신의 역사적 존재론", 즉 우리의 현실태를 진단해야 한다.

푸코는 〈계몽이란 무엇인가〉라는 논문에서 계몽과 관련해 칸트에게 힌트를 얻어서 "우리 자신의 역사적 존재론"이라는 현실태의 문제를 제기한다. 이전까지 서구의 역사는 무시간적이고 초월적인 '보편'에 대해 논의했으나 이제 시간과 장소가 나타난다. 특정한 시간과 특정한 장소, 즉 '지금 여기에'라는 문제가 중요해진 것이다. '지금 여기에' 있는 우리는 어떻게 현재의 우리가 되었는가 하는 문제가 대두된다. 이 말은 추상적인 보편주체로서 인간이 아니라 시간과 장소를 갖는 역사적 주체

* 위의 책, 47쪽.

가 문제시된다는 것이다. '역사적 주체로서 나는 무엇인가?', '우리는 무엇인가?'라는 물음이다. 현실태를 파악하고 진단해야 나와 현실이 관계 맺는 방식과 양태를 변화시킬 수 있기 때문이다. 우리가 진리·진실과 관계 맺는 방식, 우리가 권력이나 타자와 맺는 관계를 파악함으로써 우리는 현실태를 진단하게 된다. 내가 오늘의 나로 형성된 과정에는 이들 바깥의 힘들과 맺는 관계가 결정적이라는 것이다. 이 관계 방식 중 우리 자신과 맺는 관계가 매우 중요해진다. 여기서 푸코의 자기의 포에시스poiesis 개념이 탄생한다. 에토스 제작적인éthopoétique 자기관계가 여타 바깥의 힘과 맺는 관계에 결정적인 영향을 준다. 현재를 다르게 상상하고 다른 형태의 삶으로 변형시키는 자기의 포에시스poiesis는 자기 삶의 변형뿐 아니라 더 넓은 바깥의 변형을 초래한다. 자기 에토스의 창조는 거대권력의 통치성에 의한 규범이나 가치의 고착화를 막는다. 그래서 영속적인 자기돌봄이란 자기 에토스ethos의 영속적인 재창조, 활성화와 연결된다. 이는 사유 방식이나 존재 방식을 바꾸는 실천 행위라 할 수 있다.

이것은 개인적이지만 사회적이고 집단적인 가치를 갖는다. 그래서 내 삶의 작은 변화 하나가 그토록 중요해지는 것이다. 푸코는 화가가 그림을 그리면서 그림에 의해 자기가 변화되고, 글 쓰는 자가 글을 쓰면서 글에 의해 변형된다고 본다. 현재 내 삶의 양태에 대해 질문하는 것은 현재의 가치에 대해 질문하면서 주류가치를 위반하는 힘을 내게 가져다준다. 그것은 미래의 나를 형성한다.

"이렇게 통치당하지 않을 권리"는 비판적 태도를 가지고 우리 자신의 현실태를 파악하고 현재의 삶에 질문함으로써 가능해진다. 그것은 개인적인 차원과 집단적인 차원에서 동시적으로 이루어질 수 있다. 신자유주의가 우리에게 집단적으로 강요하는 주체성을 거부하고 각자의 삶을 작품으로 창조할 것을 푸코는 주문한다.

신자유주의 통치성에 대한 대항품행 필요

그런데 우리의 획일화된 정체성을 강요하는 신자유주의에 대해 조금 주의할 필요가 있다. 신자유주의는 현재 우리 삶의 영역에 지배적인 영향을 미친다. 푸코는 분명히 신자유주의의 통치성을 강도 높게 비판하지만, 이 또한 양의적이다. 즉, 신자유주의의 통치성에는 긍정적인 부분도 있다는 것이다. 이렇게 통치당하지 않을 기술이 '비판'이라면 신자유주의는 국가 통치성을 매우 무력하게 할 수 있는 어떤 장치들을 보유하고 있으므로 "이렇게 통치당하지 않을 기술"의 힌트로 활용할 수 있다.

푸코에 따르면 자유주의자들은 "국가의 억압으로부터 경제를 해방시켜야 한다"는 원칙으로 국가의 시장개입을 제한한다. 즉, 주권자의 권력을 제한한다. 그러나 신자유주의자들은 주권자의 권력을 제한하는 데 머물지 않는다.

"호모 에코노미쿠스를 법권리 주체로 환원하는 것의 불가능성은 주권자의 문제와 주권권력 행사의 문제에 중요한 변화를 야기합니다. 실제로 호모 에코노미쿠스와 직면했을 때의 주권자의 입장은 법권리 주체와 직면했을 때의 입장과 다릅니다. 법권리 주체는 실제로 적어도 어떤 종류의 사유 방식 내지 분석에서 주권권력의 행사를 제한하는 것으로서 나타날 수 있습니다. 이에 비해 호모 에코노미쿠스는 주권자의 권력을 제한하는 것만으로 만족하지 않습니다. (…) 호모 에코노미쿠스가 주권자의 권력을 실추시키는 것은 그가 주권자 곁에 본질적인 무능력, 주요하고 중심적인 무능력, 즉 경제적 영역 전체의 지배와 관련한 무능력을 출현시키기 때문입니다. 총체로서의 경제적 영역, 경제적 장에 직면해 주권자는 맹목적일 수밖에 없다는 것입니다. 경제절차의 총체는 중심적 시각, 전체화하는 시각, 돌출적 시각이고자 하는 시각을 벗어나지 않으려야 않을 수 없다는 것이죠. 그것은 이제 더 이상 신의 의도나 법이 아니라 경제적 영역의 미궁과 그 사행입니다. 그러한 한에서 호모 에코노미쿠스라는 관념의 출현은 주권자에 대한, 절대주의적이든 그렇지 않든 간에 전통적인 사고방식, 사법적인 사고방식에 대한 일종의 정치적 도전을 현시하고 있는 것입니다. 즉 법권리 주체가 자신의 법권리를 포기하거나 다른 누군가에게 양도하는 변증법을 통해 다른 법권리 주체의 통치로 통합되는 반면 호모 에코노미쿠스 쪽은 양도나 뺄셈, 포기의 변증법에 의해서가 아니라 자연발생적 증식의 변증법을 통해 스스로 그 일부를 이루는 경제학적 총체로 통합된다는 것입니다."*

이것은 명백히 해방적인 측면이다. 신자유주의에서 긍정적인 부분은 '어떻게 하면 덜 통치당할 것인가?'라는 문제와 관련된다. 신자유주의자들의 국가 혐오는 이들이 국가를 실체로 보지 않는다는 점과도 관

* 《생명관리정치의 탄생》, 오트르망 역, 난장, 400-401쪽.

련된다. 이들에게 국가는 말하자면 우리의 실존을 유용하게 하는 도구일 뿐이다. 개개인의 이익과 시장의 이익이 중요하며, 국가란 이 실존의 유용성을 위한 도구이기 때문에 국가라는 도구는 이 실존의 필요에 따라 변형되거나 수정되어야 한다. 국가는 보편적인 것도 어떤 실체도 아니다. 국가는 "다수의 통치성 체제가 불러일으키는 유동적 효과에 불과"* 하다.

인간은 이해관계에 따라 움직이기 때문에 경제가 국가구축의 준거가 되어야 한다는 것이 신자유주의자들의 주장이다. 이런 점에서 푸코는 신자유주의에서 긍정적인 무엇인가를 본 것이다. 즉 신자유주의를 완전히 긍정하거나, 신자유주의 통치성, 무한경쟁과 무한증식과 무한자기착취의 시스템을 찬성한 것이 아니다. 단지 신자유주의가 국가 통치성을 무력하게 하는 측면이 있다는 점을 긍정한 것이다.

혹자들은 푸코가 신자유주의 통치성의 옹호자라고 주장하기도 하는데, 이는 사실과 다르다. 다만, 거듭 언급하지만 "이렇게 통치당하지 않을" 유용한 힌트를 얻을 수는 있다.

> "호모 에코노미쿠스는 한 경제절차 내부에서 가능한 합리성의 유일한 작은 섬이며, 경제절차의 통제 불가능성은 호모 에코노미쿠스의 원자론적 행동양식의 합리성에 대해 이의를 제기하기는커녕 역으로 그것을 기초하는 것입니다. 이렇듯 경제적 세계는 그 본성상 불투명한 것입니다. 그것은 그 본성상 전체화가 불가능한 것입니다. 그것은 근본적으로 그리고 결정적

---

* 위의 책, 116쪽.

으로 다양한 관점으로 구성되어 있으며 그 다양성은 그것이 결국 자연발생적인 수렴을 보증하는 만큼 한층 더 환원 불가능해집니다. 경제학은 무신론적 학문이라는 것, 경제학은 신이 부재하는 학문이라는 것, 경제학은 전체화할 수 없는 학문 분야라는 것, 경제학은 통치해야 할 국가의 전체성에 대한 주권적 관점이나 주권자의 관점이 그저 단순히 불필요할 뿐만 아니라 불가능하기도 하다는 것을 표명하기 시작하는 학문인 것입니다. 경제학은 한 국가 내부에서 스스로 주권을 행사하는 주권자의 법률적 형식을, 한 사회생활에 있어서 본질적인 것으로 출현하는 것, 즉 경제절차로 대체합니다."*

경제학은 전체화하거나 질서 구축을 위한 획일성이나 통일성을 거부한다. 즉, '전체화 불가능성' 또는 '호모 에코노미쿠스의 원자론적 행동양식의 합리성' 등은 국가이성의 통치를 매우 무력하게 만든다. 통치성의 대항품행으로 볼 수 있는 측면이다. 그러나 오늘날 신자유주의가 지구촌을 뒤덮고 있는 행태를 푸코가 보았다면 뭐라고 했을까? 경제동물로 전락한 지구촌은 신자유주의라는 단 하나의 통치성으로 덮여 있다.

이제 우리는 신자유주의 통치성에 대한 대항품행을 실천해야 하는 시점이다.

---

* 위의 책, 392쪽.

푸코의 권력론과 주체의 윤리학

신체와 인구에 작동하는 생명관리권력

지식, 권력, 주체는 동시적으로 탄생

이제 푸코의 권력론을 정리해보자. 푸코에 따르면 근대 권력은 신체와 인구집단에 동시에 개입한다. 즉, 개별화와 전체화를 함께 행한다. 신체에 작동하는 규율 테크닉과 종으로서의 인구집단에 행사되는 조절 테크닉을 '생명관리권력(생명권력)'이라고 지칭한다. 전자를 '해부-정치', 후자를 '생명-정치'라고 한다. 그러니까 생명관리권력은 개인과 인구라는 '생명'이 문제시되는 권력이다. "죽게 하든가 살게 내버려두는" 엉성한 전통 권력과 달리 이 권력은 '생명'을 에워싸고 "생명과 생명의 메커니즘을 계산의 영역으로 편입"* 시킨다. 이로써 근대 권력은 감시하고 통제하고 평가하고 분해하고 재구성한다. 동시에 출생률과 사망률, 이주와 건강과 섹슈얼리티(성현상)까지 조절하고 규범화한다. 이 근대 권력의 기술 안에서 개인과 인구는 재조립·재배치된다. 생명관리권력에서 인구란 "살아있는 개인들로 이루어진 하나의 집단"으로 "생물학적 과정이나 법칙에 의해 관통·조작·통제되는 생물들"이다. 즉 인구를 구성하는 개인들이란 생물학적 메커니즘에 지배되는 신체로서의 개인들이며, 권력-지식에 의해 조절·관리될 수 있는 "살아있는 종으로서의 육체"들이다. 이 부분은 뒤에서 좀 더 세밀히 다룰 것이다.

자기배려란 자기변형을 위한 실천

푸코의 '자기배려'란 타자가 아닌 자기에 의한 자기통제 혹은 자기변형을 위한 실천이다. 이는 푸코 후기 사유의 핵심 개념이라 할 수 있는데 한마디로 품행의 인도, 즉 정체성 고착화에 대한 저항이다. 푸코에게 저항이란 단순한 반발심이 아니다. 새로운 창조 행위다. 또 권력이란 권력관계들이고 권력작용이다. 권력은 고정되어 있지 않으며 항상 상호작용한다. 때문에 권력이 있는 곳에는 저항이 있다. 권력관계란 지배 상태가 결정화된 비가역적인 것이 아니다. 권력관계란 무수한 자유와 저항이라는 항들을 거느린 사태라 할 수 있다. 자유와 저항의 항이 없다면 권력관

* 《성의 역사 1: 지식의 의지》, 이규현 역, 나남출판.

계 또한 존재하지 않는다. 자유와 저항은 권력의 가능조건인 셈이다. 즉, 권력관계란 다양한 관계들이 작동하는 부정형不定形의 세계다. 이것은 개인 간이나 단체 간, 개인과 사회, 국가 등 어디에도 작동한다. 이 변화하는 작용들 속에서 '다양한 권력의 전략들'이 좌충우돌한다.

푸코의 권력론은 니체의 '힘에의 의지'의 힘 관계 개념에서 가져온 것이다. 니체의 힘에의 의지에서 힘은 더 큰 힘을 확보하기 위한 힘들 간의 쟁투다. 언제나 힘은 힘의 관계들이며, 관계의 장場에서 상승 운동을 한다. 마찬가지로 권력관계에서 작은 힘들은 이 지배적인 권력을 넘어서려고 투쟁한다. 때문에 권력관계에서 개인들의 자유 실천, 상호연대는 항존한다.

본론으로 돌아가자. 생명관리권력의 한 축인 규율 테크닉은 개별 인간의 일상적이고 구체적인 실존 방식에 개입하는 권력이다. 권력은 개인을 정상과 비정상, 병자와 건강한 자, 광인과 광인 아닌 자, 범죄자와 선량한 시민 등으로 분류하고, '훌륭한' 품행의 주체로 변형시키는 교묘한 강제력을 행사한다. 개체들은 권력의 입맛에 맞게 변형되어야 한다. 물론 이 새로운 근대 권력은 권력의 요구를 관철하기 위해 물리적 폭력을 사용하지 않으며, 영리하게도 비가시적인 가시성의 형태로 작동한다.

이 영리한 규율권력은 개인의 신체를 집중공략하는데, 이는 자본주의적 생산성 증대와 연결된다. 즉 권력이 강화될수록 생산성과 효율성이 강화되고, 유능감이 강화될수록 예속화가 강화되는 시스템이다. 신체에 대한 권력의 전략에 따라 개인이 만들어지는 것이다. 말하자면 근대의 개인은 태어나자마자 부단히 재구성되는 과정을 거쳐 오늘의 '나'

로 주체화된 것이다. 때문에 개인이란 "'규율'이라고 명명되는 권력의 특유한 기술에 의해 제조되는 현실의 모습"* 이라고 푸코는 말한다.

푸코에 따르면 규율권력은 근대적 감옥의 탄생에서 비롯됐다. 감옥 수형자들에게 부과되던 규율이 어린이와 노동자, 군인과 환자 등으로 확산되어 사회 전체가 거대한 판옵티콘 감시체제가 된 것이 근대 사회다. 이 규율권력은 감시와 통제뿐 아니라 무엇인가를 생산한다. 공장의 제품 생산뿐 아니라 "학교에서의 지식과 능력의 생산, 병원에서의 건강의 생산, 군대에서의 파괴력의 생산" 등. 규율권력은 근대의 주체를 생산하고, 비정상인을 생산하고, 범죄자를 생산한다. 또 진리와 진실의 체계를 생산한다. 이 진리와 진실의 체계들은 권력을 생산하고 현실을 생산한다. 그러니까 권력-지식 쌍생아는 서로 동시적으로 탄생하고 서로의 버팀목 역할을 하면서 근대 사회, 그리고 현대 신자유주의를 생산한다. 푸코에게 권력은 억압이나 배제뿐 아니라 생산 시스템이기도 하다.

> "이제는 배제한다, 처벌한다, 억누른다, 검열한다, 고립시킨다, 은폐한다, 감춘다 등의 부정적 표현으로 권력의 효과를 기술해서는 안 된다. 사실상 권력은 생산한다. 그것은 현실적인 것을 생산하고 객체의 영역과 진실의 관례들을 생산하는 것이다. 개인과 개인에 대해 취할 수 있는 지식은 이러한 생산의 영역에 속한다."**

---

* 《감시와 처벌》, 302쪽.

** 위의 책, 302쪽.

이렇게 생산된 현실 속에서, 진실들과 진리들의 체계 내에서 우리의 주체성 또한 부단히 생산되고 있다. 즉, 권력-지식-주체는 동시적으로 생성된다. 나의 꿈과 가치관, 믿음과 진실의 관례들은 권력이 생산한 현실 영역의 부산물, 혹은 자연스럽게 따라 나온 결과물이기 쉽다. 외양상 우리는 자유롭고, 민주화·문명화된 세계에서 살고 있는 것이 분명하다. 투표를 통해 대통령과 국회의원, 지자체의 장들과 의회 의원들을 선출하고 법 앞에 만인이 평등하다! 그런데 푸코에게는 근대 사회의 이러한 정치적 민주주의란 "비용이 많이 들고 폭력적인 (전통—필자 부기) 권력 형태가 효력을 상실해버림으로써 모든 교묘하고 계획적인 예속화의 기술체계로 대체된 것을 의미"한다.*

규율 테크닉과 함께 또 다른 축인 생명관리권력의 조절 테크닉이 있다. 규율권력이 개인을 주요 타깃으로 해서 신체와 그 행위를 공략한다면, 생명관리권력의 조절 테크닉은 '인구'를 공략의 대상으로 한다. 이 생명관리권력의 테크닉은 생명종을 통제·지배하는 기술이다. 여기서 생명종이란 생명들의 작동시스템이다.

> "구체적으로 생명에 대한 권력은 17세기부터 두 가지 주요한 형태로 전개되었다. 그것들은 서로 상반되는 것이 아니라, 오히려 매개 관계들의 다발 전체에 의해 연결되는 두 가지 전개의 극이다. 먼저 형성된 듯한 극의 중심은 기계로서의 육체였다. 육체의 조련, 육체적 적성의 최대화, 육체적 힘의 착취, 육체의 유용성과 순응성의 동시적 증대, 효과적이고 경제적인 통

* 위의 책, 338쪽.

제체제로의 육체의 통합, 이 모든 것은 '규율'을 특징짓는 권력절차, 즉 '인체의 해부-정치'에 의해 보장되었다. 다소 늦게 18세기 중엽에 형성된 두 번째 극의 중심은 종으로서의 육체, 생명체의 기계론에 의해 검토되는 생물학적 과정에 대해 매체의 구실을 하는 육체, 즉 증식, 출생률과 사망률, 건강 수준, 수명, 장수와 더불어 이것들을 변화시킬 수 있는 조건이다. 이것들을 떠맡는 것은 일련의 개입과 '조절하는 통제' 전체, 즉 '인구의 생체-정치이다'. 생명에 대한 권력의 조직화는 육체의 규율과 인구의 조절이라는 두 가지 극을 중심으로 전개되었다."*

규율이나 조절이나 "둘 다 생명에 대한 권력의 양상"**이지만, 적용 지점이 다르다. 언급했듯이 하나는 신체를, 하나는 인구의 종을 겨냥한다. 이제 근대 권력의 가장 중요한 기능은 "생명을 에워싸는 데" 있다. "죽게 하든가 살게 내버려두는" 전통적 군주 권력에서 "살게 만들거나 죽음 속으로 몰아가는" 근대 권력으로 이행한 것이다. 즉, 이 권력은 개인의 신체와 종의 생명들을 관리한다. 이를 위해 "육체를 제압하고 인구의 통제를 획득하기 위한 다양한 기술이 폭발적으로 증가"한다. 사목 권력에서 유래한 근대 권력은 개별적으로 제압하고 전체적으로 통제·관리한다. 이는 자본주의 발전과 궤를 같이한다. 개인의 신체가 생산의 부속품 혹은 도구로 편입되고, 자본주의 발전 양상에 맞게 인구와 노동력이 조절·확보된다. 때문에 결혼, 건강, 수명, 도시로의 이주 등 인구 일반의 현상을 최대한 효율적으로 관리해야 한다.

* 《성의 역사 1: 지식의 의지》, 이규현 역, 나남, 180쪽.

** 같은 책, 180쪽. 주석 5.

생명관리권력의 조절 테크닉, 인간의 욕망에 주목

특히 '인구'집단의 층위에서 작동하는 생명관리권력의 이 조절 테크닉은 인간의 욕망에 주목한다. 즉, 이 기술은 인간의 욕망을 부추기고 자극해 사회 전체에 이익을 가져오도록 한다. 이것이 이른바 '인구'의 통치다. 공리주의 철학은 이 통치의 도구로 이용됐다. 잠시 인구 개념을 알아보자.

18세기 중농주의 이후 등장한 '인구' 개념은 전통적인 인구 개념과 단절된다. 전통적으로 인구는 생산력으로서 국부의 원리였고, 주권자의 의지에 복종하는 신민의 집합체였다. 그러나 중농주의를 거치면서 이제 인구는 종속적인 지위를 갖는 온순한 법권리의 주체에 머물지 않는다. 인구는 여러 변수에 의존하게 된다. 여기서 인구의 '자연성'이라는 개념이 탄생한다. 그러나 인구의 자연성, 즉 그 자체의 내재적 작동 원리에 따라 움직이는 이 인구라는 집단은 개입을 통해 변형이 가능하다. 늘 변형에 열려 있기에 통제·조절이 가능한 것이다. 즉, 인구는 "설명, 고찰, 분석, 계산, 예측 가능한 것"이라는 조건에서 변형·조절하려는 기술에 열려 있다.

말하자면 어떤 법이 인구의 자연성에 효과적이지 않으면, 즉 자연성의 흐름에 불일치하게 되면 법을 바꾸는 식으로 생명관리권력은 인구에 개입한다. 이로써 인구에 영향을 줄 수 있는 방법과 기술들을 포착하는 통치기술이 등장한다. 이 인구를 움직이는 원동력이 앞서 언급했듯이 욕망이다. 인구의 자연성이란 욕망의 자연성이다. 이 욕망의 자연성이 "인구를 특징짓고 통치기술이 직접 접촉할 수 있는 것이 되는데, 바로 이 욕망이 전체적으로 인구의 일반적인 이익을 생산"* 한다.

중요한 것은 "욕망의 작동"에 주목한다는 것이다. 이에 기반해서 생명관리권력의 통치술이 발명된다. 이 통치술은 개인의 욕망을 자극하여 사회 전체의 이익을 도모한다. 말하자면 신자유주의가 우리에게 경쟁의 가치를 주입하는 것도 같은 이치다. 그러니까 생명관리권력은 인구집단 전체에 대한 통치의 합리적 메커니즘을 만들기 위해 '인구'를 연구·분석·관리하는 것이다. 18세기 동안 진행된 '인간-신체'에 집중하던 해부-정치, 즉 규율권력은 이제 18세기 중반 이후가 되면 '인구', 즉 인간종의 욕망과 '자연성'을 예의주시하게 된다.

앞서 언급했듯이 근대 권력은 개입·통제·관리하면서 뭔가를 계속 생산한다. 신체에 규율을 입혀서 효율적인 개인을 생산하고, 개인에 대한 지식을 생산한다. 즉, 규율의 방식들이 개인에 대한 지식을 만들어낸다. 또한 인구의 조절·통제 측면에서 사회체에 관한 지식을 생산한다. 인구통계학이나 부의 유통과 물품의 교환 등 경제학, 보건과 건강, 수명 등 공중위생학, 유전학, 생리학 등의 지식은 이 시기에 생산된 것이다. 그런데 권력에 의해 형성된 이 지식들은 권력을 강화시킨다. 즉 이들 지식은 권력 강화의 효과를 가져오고, 권력은 새로운 지식의 축적을 가능케 하는 순환이 계속되는 것이다.

가령 학교, 병원, 공장, 감옥, 병영에서의 규율은 예속화의 지식을 끊임없이 생산한다. 여기에 더해 이제 '인구'는 생명관리권력의 또 다른 앎을 구성하는 대상이 되며, 통제·조절의 표적이 된다. 이렇게 18세기

---

* 《안전, 영토, 인구》, 116쪽.

후반에 등장하는 생명관리권력의 생명-정치는 개인과 인구를 대상으로 '객관적이고 과학적인 지식'을 계속 창출하는데, 바로 이것이 중세적 미몽으로부터 계몽주의적 인간의 탄생을 가능하게 한다. 새로운 지식들이 축적될수록 권력은 강화되고 세련된다. 이 지식들을 '인간과학'이라고 일컫는다. "임상의학, 정신의학, 아동심리학, 교육심리학, 범죄심리학, 정신분석학" 등이 규율이라는 도구를 통해 만들어진 지식이라고 할 수 있다. 앞서 언급한 통계학이나 인종주의에 기반한 우생학, 공중위생보건학, 성과학 등은 인구종을 통해 발명된 담론들이다.

푸코는 어떤 지식 담론을 발명하는 것은 인식 주체의 활동이 아니라고 단언한다. 그것은 권력-지식의 상관물이고, 그것이 진리 지식의 지위를 차지하기까지 보이는, 보이지 않는 싸움의 과정을 내장하고 있다고 본다.

그래서 푸코는 권력을 배제한 순수한 지식 따위는 존재하지 않는다고 본다. 권력이 지식을 생산한다고 할 때 주의해야 한다. 이는 "단순히 지식이 권력에 봉사하기 때문에 지식에 혜택을 주는 것"이 아니다. 또 지식이 유용하기 때문에 사용하는 것도 아니다. 권력관계를 배제한 지식은 없다는 것이다. 마찬가지로 "지식과 상관적으로 조성되지 않는 권력관계"는 없다. 또 권력관계가 작용하지 않는 '순수한' 지식은 성립하지 않는다. '진정한' 지식·진리는 권력의 이해관계를 떠나서만 존재한다는 전통적인 사고는 환상에 불과하다. 그러니까 푸코에게 진정한 진리·지식 따위는 없다.

이해관계 초월한 순수 지식은 환상

즉, 권력과 지식은 서로 단단히 얽혀있다. "이해관계를 초월한" 지식은 없다! 권력은 지식과 결합해서 작동한다. 근대 권력은 소유나 계약, 정복 등과 다르다. 또 폭력이나 지배와도 다른 개념이다. 인간 신체와 인구집단의 욕망을 지식의 대상으로 만들면서 인간을 예속화시키는 근대 생명권력은 지식과 함께 작동한다.

여하튼 18세기 동안 진행된 '개인-신체'의 규율과 18세기 중반 '인구'종의 등장과 함께 18세기 후반이 되면 지식의 배치가 전면적으로 변한다. 그야말로 패러다임 시프트paradigm shift가 이루어진다. 고전주의 시대의 자연사(박물학)나 부의 분석, 일반문법 등은 생물학, 정치경제학, 역사문헌학 등으로 새로운 지식의 패러다임이 형성되는 것이다. 그러니까 고전주의 시대의 지식의 지형을 근대적으로 전면 재편한 "조작자"가 바로 "인구" 개념이라는 것이다. "즉, 인간과학들에 의해 고찰되는 인간이란 '인구의 한 형상에 불과하다'"고 푸코는 콜레주드프랑스 강의록《사회를 보호해야 한다》*의 말미에서 강조한다.

그래서 푸코는 이제 "인간이라는 종의 생명에 고유한 현상이 지식과 권력의 영역으로 들어갔다"고 말한다. 즉, 생명이 "정치 기술의 영역에서 다루어지게" 된다. 하지만 이 현상은 생명을 "지배하고 관리하는" 이 기술에 조화롭게 통합되지 않는다. 즉, 생명은 이 기술을 끝없이 초과한다. 인류는 생명관리권력의 생명 메커니즘에 대한 완벽한 계산과 통제

* 김상운 역, 난장.

로 통제되지 않는다!

오히려 이 생명관리권력은 나치즘 같은 절대적 인종주의 국가나 소련형 사회주의적 인종주의를 강화시켰고, 이로써 엄청난 생물학적 위험을 초래했다. 푸코는 생물학적 인종주의가 나치 정권은 두말할 필요도 없고 "구소련형 사회주의 국가들에서 정신병이나 범죄자나 정적 등에 관해 완벽하게 기능하는 것을 발견"하게 된다고 설명한다.* 물론 나치즘이나 블랑키주의 등 극단적 인종주의는 막을 내렸으나 여전히 생명관리권력의 폐해는 자유주의와 신자유주의의 가속화로 이어지면서 이 순간에도 인류 멸망의 길을 재촉하고 있는 형국이다.

이제 우리가 나서야 한다. 생명을 통제하고 해부하고 관리하여 인류 멸망의 '품행'으로 인도하는 신자유주의, 생명관리정치의 '계율'에 맞서야 한다. 전全 인류의 호모 에코노미쿠스homo economicus(경제인)화에 제동을 걸어야 한다. 지금 상황에서는 계란으로 바위 치기로 생각될 수 있다. 그러나 그렇지 않다. 계란들이 많아지면 된다! 철옹성 같은 바위를 깨뜨리려는 의지 넘치는 계란의 숫자가 임계치를 넘어가면 바위는 깨진다. 역사를 통해 우리는 바위가 깨지는 사태를 종종 경험했다. 그렇다. 이제 주체가 문제가 된다. 우리는 우리를 어떤 주체로 주체화할 것인가? 신자유주의의 모범적 주체로? 자기를 배려하는 주체로?

"푸코는 만년의 어떤 논문에서 그때까지 자신의 연구 목적이 권력 현상들의 분석이 아니라 오히려 '우리 문화에서 인간 존재가 주체화할 때의 상

---

* 위의 책, 313쪽.

이한 양태들의 역사를 산출하는 것'에 있었다고 회고했다. 그리고 그는 '제 연구의 전체 테마는 권력이 아니라 주체입니다'라고도 말했다. 물론 이런 발언은 권력이라는 테마가 푸코에게 중요하지 않음을 보여주는 게 아니다. 오히려 그것은 권력과 주체의 깊은 연결에 주의하라고 촉구하는 것을 목적으로 한다. 실제로 푸코는 동시기에 한 강연에서 '이제부터 제가 하는 작업은 〈개체화하는 권력〉이라는 문제와 관련된 정체성의 문제일 것입니다'라고 말한다. 이런 의미에서 만년의 푸코는 주체의 대상화라는 관점에서 권력에 접근함으로써 법과 제도 같은 모델에 기반하지 않고 권력을 생각하려 했다고 볼 수 있을 것이다."*

여기서 핵심은 권력과 주체의 깊은 연결이다! 주체나 대상이 없는 권력이란 있을 수 없다. 권력은 개체화한다. 개인의 일상에 개입해서 권력의 방향성에 따라 주체를 변형한다. 이렇게 형성된 주체를 '예속적 주체'라 한다. 위에서 언급했듯이 후기의 푸코는 '주체의 대상화'라는 관점에서 권력의 형태와 테크닉을 문제시한다.

권력의 계보학에서 주체의 윤리학으로

후기의 푸코가 권력의 계보학 시기(1970년대)에서 주체의 윤리학 시기(1980년대)로 나아간 것을 두고 설왕설래가 많았다. 즉, 권력의 계보학

* 다케다 히로나리, 《푸코의 미학》, 김상운 역, 현실문화, 98쪽.

시기의 논의 구조라면 개인의 자유와 저항은 불가능하다는 것이다. 개인의 사유 방식이나 느끼는 방식, 행동과 습관 등 모든 것이 역사의 특정 에피스테메 내에서 구성된다면 주체의 자유의 가능성은 봉쇄된다는 것이다. 내가 이런 방식으로 행동하고 생각하고, 이런 옷을 입고 이런 언어를 사용하고 이렇게 사는 것은 나의 자유의사라기보다 그 시대의 무의식적 패러다임 내에서 이루어진다. 가령 중세인이 근대인처럼 살 수 없는 것처럼 말이다. 권력지식이 그 시대를 덮어싸고 있으니 그 안에서 개인의 자유는 원천적으로 불가능하다는 것이다. 그래서 푸코는 이제 '정치'에서 '윤리'로 후퇴한다는 것이다. 개인을 에워싸고 있는 편재하는 권력에 탈출구가 없으니 미학적 차원으로 도망간 거라는 오해다.

후기 푸코의 연구중심이 권력에서 주체로 이동한 것은 사실이다. 그런데 이때 주체란 권력과 연결된 주체이고, 통치성의 주체라는 점을 잊지 말아야 한다. 권력의 테크닉이 겨냥하고 있는 바로 그 '주체'로 이동하는 것이다. 푸코에게 권력이란 주체와 연결되어 있는 권력이기 때문이다. 생명관리권력이란 "개체의 구체적인 존재 방식을 문제 삼는 권력"이다. 다시 말해 나의 '품행'을 문제시하며 음흉한 마수를 뻗치는 권력. 이렇게 권력에서 주체로 이동해서 바라보면, 주체는 저항이라는 자유를 실천할 수 있게 된다. 언급했듯이 주체의 자유 실천을 자기통치라고 할 수 있다.

이로써 통치성이나 품행의 인도, 대항품행 같은 개념들이 등장한다. 주체는 적어도 자기 자신은 통치할 수 있다. 나는 적어도 나를 통치할 자유는 확보할 수 있다. 권력의 통치가 타자에 의한 자기정체성 구축이라면, 자기통치란 자기에 의한 자기의 구축이다. 다른 것은 몰라도 나는 내가 통치할 수 있다! 그런데 이렇게 나를 통치하는 행위란 나 자신과 관계 맺는 기술이면서, 타자와 관계 맺는 기술이기도 하다. 관계 맺기는 다른 사람에 대한 행위의 양태로 나타난다. 즉, 내가 누군가와 관계를 맺는다는 것은 다른 사람에 대한 내 행위의 양태들로 구체화된다. 이것이 바로 권력의 행사다. 한마디로 권력의 행사란 일정한 방향으로 품행을 인도하고 관리하는 것이다. '통치'란 것이 바로 자기나 타자, 또는 집단의 품행을 인도하는 것이다!

그러니까 권력관계에서 문제가 되는 것은 통치다! 권력관계에서의 '통치'를 연구하기 위해, 권력관계를 더 촘촘히 분석하고 정교화하여 주체의 자유 생산 가능성을 탐구하기 위해 푸코는 '권력'이라는 무게중심에서 '주체'의 자리로 이동한 것이다. 푸코는 정치 영역을 포기한 것도 아니고 미학적 차원으로 후퇴한 것도 아니다.

다시 말하지만, 주체의 자기통치란 타자통치를 포괄하게 된다. 자기와 어떻게 관계 맺느냐와 함께 타자와 어떻게 관계 맺는가를 자기가 결정하기. 이것이 자기통치다. 자기통치는 자기를 능동적으로 형성하면서 타자와 영향을 주고받는 통치 행위다. 나는《주체의 해석학》이라는 타자에게 영향을 받기도 하고, 지인의 삶에 영향을 받기도 한다. 자기통치란 자기와 타자에 의한 능동적인 주체의 변형이며, 사회적 코드와 규범에 복무하지 않는다. 오히려 코드들을 벗어남으로써 코드들을 해체하고 허무는 자유이며, 무수한 창조의 선들을 향한 시도다. 이것이 실존의 미학이다.

"푸코가 강조하듯이, 권력관계란 사회적인 집합체에 깊이 뿌리박은 것이지, 결코 그 보조적인 상부구조가 아니다. 사회 속에서 살아간다는 것은 뭔가의 방식으로 타자의 행동에 작용한다는 것이다. 이것을 달리 말하면, 권력관계 없는 사회는 존재할 수 없다는 것이리라. 다만 지금까지 거듭 말했듯이, 이것은 현행의 권력관계가 필연적이라거나 불가피한 숙명이라는 뜻이 아니다. 왜냐하면 자유가 권력의 '존재조건'이라면, 거기에는 항상 현행의 권력관계를 변용할 가능성이, 그 배치를 '다른 것'으로 재편할 가능성이 남아 있기 때문이다. 그리고 푸코의 이론에서 이 가능성을 좌우하는 열쇠가 되는 것이 '통치'라는 기술(테크네)과 다름없다고 할 수 있을 것이다."*

앞에서 언급했듯이 푸코에게 권력은 제도나 구조로 고착화된 '지배'가 아니다. 그것은 "힘 관계들의 쟁투", 즉 다양한 힘 관계들의 게임이라 할 수 있다. 그러니까 항상적으로 상호역전 가능하고 변화하는 작용이다. 권력은 '행사되는' 것이다. 더 큰 힘이 더 작은 힘에 행사되는 힘이 권력이다. 권력은 무수한 저항의 힘들과 더불어서만 권력으로 존재하게 된다. 그런데 지배적인 권력의 기술들은 나의 삶에 개입하고 나를 개체화·복종화한다. 주체의 자기배려는 "나의 진실은 내가 생산할 거야!"라고 목청껏 외치고 행동하는 실존의 기법이다.

이 실존의 기법들에 대해 우리는 앞으로 공부하게 될 것이다. 이제 우리는 비로소 푸코의《주체의 해석학》이라는 책을 향해 간다.《주체의

* 위의 책, 121쪽.

해석학》을 읽기 위해 푸코의 권력론을 잠깐 들여다보았다. 일반 독자들이라면 딱딱하고 낯설게 느껴지는 코스를 이제 넘었다. 이제부터는 재미있고 쉽게 이 책을 만날 수 있다.

제 2 부

'실존의 미학': 《주체의 해석학》 읽기

《주체의 해석학》이라는 책

✶

제2부와 제3부에서는 《주체의 해석학》을 중심으로 주체의 '자기배려'에 대해 이야기한다. 즉, 《주체의 해석학》의 중요 테제들을 우리 일상과 접목해서 풀어낸다. 다만 《주체의 해석학》의 내용과 배열이 동일하지는 않다. 이제부터 나오는 이야기들은 누구나 한 번쯤 생각해보았음직한 내용이기에 잘 와 닿을 것이다.

"요컨대 책을 어떻게 읽을 것인가? 어떻게 글을 쓰고 노트할 것인가? 예측하지 못했던 사건들에 직면해 어떻게 처신할 것인가? 지나치게 격노하지 않기 위해서는 어떻게 해야 하는가? 슬픔에 의해 충격받지 않으려면 어떻게 해야 할 것인가? 결국 푸코가 《주체의 해석학》에서 연구하는 것은 경청, 독서, 글쓰기, 자기통제, 의식점검 등과 같이 실존의 테크닉에 해당되는 테크닉과 그것을 습득하기 위한 도식들이다."*

* 《주체의 해석학》, 13쪽.

《주체의 해석학》이라는 책에 대해 간단히 소개한다.《주체의 해석학》은 푸코가 1981-1982년 콜레주드프랑스에서 강의한 내용의 기록집이다. 강의 녹취록인 만큼 복잡한 느낌은 있으나, 어려운 철학서들에 비하면 비교적 쉽게 읽힌다. 이《주체의 해석학》은 앞서 잠깐 언급했듯이 푸코의 연구가 권력에서 주체의 문제로 이동한 시기의 작품이다. 권력이 아니라 "주체화의 상이한 방식의 역사"를 연구한 것이다.

푸코가 보기에 고대인의 주체화 방식, 기독교인의 주체화 방식, 근·현대인의 주체화 방식은 각각 상이하다.《주체의 해석학》은 이 중 고대인의 주체화 방식, 즉 고대 그리스·헬레니즘·로마 시대의 주체화 방식을 다룬다. "철학의 탄생 시기부터 기독교 금욕주의에 이르는 시기"인 기원전 5세기에서 기원후 5세기까지. "너 자신을 알라"는 소크라테스의 정언이 지시하는 자기배려의 함의를 비롯해 헬레니즘·로마 시대의 세네카, 에피쿠로스, 에픽테투스, 마르쿠스 아우렐리우스 등 영적 스승들의 이야기들이 주로 서술된다.

그러니까《주체의 해석학》에 따르면 고대의 철학이란 자기배려와 뗄 수 없는 관계였다. 고대 그리스는 소크라테스, 플라톤 이후 아리스토텔레스로 넘어가면서 이론 분야에 치중한 면이 없지 않다. 그러나 푸코는 고대 그리스의 소크라테스적인 삶의 전통이 헬레니즘·로마 시대에 계승되었으며, 이 시기에 자기배려의 철학이 꽃피었다고 본다. 이 시기의 중심철학은 스토아학파와 에피쿠로스학파의 철학이었다. 이들은 당대에 가장 영향력 있는 철학 학파였다. 기독교의 초월적 세계관과 달리 스토아학파와 에피쿠로스학파는 유물론적 경향을 띤다. 특히 에피쿠로스학파는 극단적인 유물론의 색채를 띠며, 스토아학파 역시 유물론으로 분류된다. 에피쿠로스는 영혼도 물질로 보며, 진리의 기준은 감각이다. 이들 두 학파는 플라톤의 이데아idea나 아리스토텔레스의 형상질료론form & matter을 거부하고 질료, 즉 물질을 가장 궁극적인 것으로 본다. 즉, 세계는 이데아가 아니라 물질로 이루어진 것이다!

그런데 스토아학파의 경우 물질로 이루어진 이 우주를 움직이는 이법·섭리(로고스logos)가 있으며, 인간은 그에 따라 살아야 한다고 본다. 이 섭리, 이 법에 따라 초연한 삶을 살 것을 강조했으며, 이런 삶을 살기 위해 평생 자기수련에 집중했다. 그래서 스토아학파 철학자 중에는 강직하고 멋진 사람들이 많다. 세네카, 마르쿠스 아우렐리우스, 소카토, 노예 출신 철학자 에픽테투스, 플루타르코스 등. 이들은 인간적 나약함, 정념, 분노, 불안이나 쾌락, 고통의 문제를 극복한 현자들로 보인다. 이 스토아적 현자들은 우리에게 용감하고 강인하게 고통을 직면하고 극복하라고 주문한다. 또한 사해동포주의를 내세워서 모든 인간에 대한 차별 없는 사랑을 강조했다. 현실도피가 아니라 현실정치에 참여하고 책임지는 자세를 주문했으며 자신들 또한 그렇게 살았다. 하루를 생애의 마지막 날인 것처럼 살면서 끝없이 자기를 수련했다.

에피쿠로스는 스토아학파와 달리 현실에서 한 발 물러나 '에피쿠로스의 정원'에서 제자들을 가르치며 조용하고 평화롭게 살았다. 험악한 세상과 거리를 두고 안심安心의 삶을 살았다고 할까? 장자의 소요유逍遙遊의 삶과 닮았다. 에피쿠로스는 이 정원을 여성과 노예들에게도 개방했으며, 이른바 '쾌락'을 추구했다. 이때 쾌락이라는 말은 조심해서 사용해야 한다. 현대인이 생각하는 표피적인 쾌락이 아니다. 기쁨, 평화, 고통 없음의 상태 정도로 보면 된다. 고통 없음의 삶, 즉 쾌락의 삶을 위해 앎이 중요했으며 이성적이고 사려 깊은 공부가 중요했다. 에피쿠로스는 학문이 평화롭고 행복한 삶에 도움이 되지 못하면 아무 쓸모가 없다고 본다. 에피쿠로스가 자연학 연구에 열중한 것은 이 앎이 미신이나 잘못된 두려움에서 우리를 구출하기 때문이다. 이는 스토아학파도 마찬가지다. 세네카나 데메트리우스도 학문이란 인간 삶에 유용해야 한다고 본다. 이들 학파는 단순한 교양이나 장식적인 효과를 주는 학문에 대해서는 부정적인 입장을 취했다. 특히 에피쿠로스는 온화한 성품으로 추종자들에게 많은 사랑을 받은 것으로 알려졌다. 그는 또한 우애와 관용을 강조했다.

푸코가 고대의 주체화에 관심을 갖는 것은 이것이 근대와는 다른 주체화 방식이기 때문이다. 푸코는 자기수련을 통해 "어떤 주체가 되는 법"을 배울 수 있다고 본다. 즉 주체는 "글쓰기, 독서의 기술, 자기실천이나 사유와 표상의 점검기술, 자기인식의 기술" 등 이른바 실존의 기술에 의해 만들어지는 것이다. 또한 거듭 새롭게 만들어갈 수 있다. 그래서 《주체의 해석학》에서 푸코는 "역사적으로 포착 가능한 자기관계의 방식들"을 연구 대상으로 삼아 고대인의 실존 테크닉들을 소개한다. 오늘 우리는 여기서 힌트를 얻을 수 있다. 비슷한 시기에 쓰인 《성의 역사 1, 2, 3, 4》 시리즈가 주체가 성과 맺는 관계의 연구였다면, 《주체의 해석학》은 더 넓은 차원에서의 자기관계를 탐구한다. 성은 이들 자기관계의 여러 차원 중 하나다.

이제 책을 읽으면서 지금과 다른 '자기의 생산'을 고민해보자. 낯선 삶을 실험하고 창조하기. 이것이 푸코가 우리에게 바라는 바일 것이다.

제2부 프롤로그:
존재를 변화시키는 글쓰기

✶

이 글은 나를 위해 쓴다. 너무 긴 시간 동안 쓰지 않았잖아! 누군가 속삭인다. 쓸 시간이야! 쓰기라는 행위는 내가 삶을 잘 살도록 일깨우는 즉각적인 효력을 발휘하는 무엇이다. 그러니까 '쓰기'는 주저앉아 있는 내 앞에 내밀어진 따뜻한 손, 혹은 엄격한 스승이 된다. 그것은 어떤 물질성으로 기능한다.

'쓰기'라는 실천을 통해 나는 '관찰의 장'으로 불려 나온다. 쓰는 행위를 통해 내가 자신과 관계 맺고 있는 방식이 드러나며, 쓰는 순간 이 관계는 다르게 변용된다. 또한 타자와 관계 맺고 있는 방식과 패턴이 드러난다. 쓰고 있는 이 순간 나와 나, 나와 타자의 관계는 다른 배치의 장場으로 들어간다. 자기에 대한 새로운 경험을 글쓰는 자들은 한다. 그 경험은 자기를 '초월하는' 경험이기도 하다. 나는 타자가 된다. 탈아脫我. 그것은 나의 다른 가능성의 순간이기도 하다.

그렇지 않은가? 쓰는 순간, 나는 이 순간의 공기와 이 창문들과 이 정오의 햇빛들과 이 공간과 이 노트북과 내 방의 모든 사물을 다르게 경험한다. 다시 말해 쓰기 전의 순간과 쓰는 행위 중에 있는 나는 사물들과 다른 관계를 구성한다. 그것은 종종 나를 고양시킨다. 저 햇빛과 차가운 겨울 하늘, 창밖 아이들의 소리, 자동차의 경적을 다르게 감각하게 된다.

이 순간 내가 더 좋은 사람으로 느껴지거나 마음이 순화되는 경험을 한다. 이 순간은 나를 다른 실천의 장으로 몰아세운다. 위치가 변하면 존재가 달라진다. 말하자면 쓰는 동안은 새로운 존재의 창조 순간이며 이 세상과 처음처럼 만나는 순간이다. 그때 나는 다른 가능성의 자기를 경험한다. 쓰기 전의 나, 쓰고 있는 동안의 나, 쓰고 난 이후의 나는 각기 다른 존재다. 이 느낌을 여러분은 알고 있다. 그래서 쓰는 행위는 자기 수련이 되고, 쓰기라는 도구는 내겐 실존의 필수품이 된다. 또한 살면서 겪게 되는 간난신고艱難辛苦에 우리를 잘 대응하게 하는 도구가 되기도 한다. 나를 강하게 해주고 삶을 더 풍요롭게 해주는.

고대 그리스·로마 시대에는 이렇게 몸에 품고 다닐 수 있는 자기수련의 도구를 파라스케우에paraskeuê(장비)라고 했다. 말하자면 우리의 실존을 강하게 하는 데 필요한 어떤 '실천적 담론의 총체'라고 할 수 있다. 위기의 순간, 바로 내 안에서 꺼내 쓸 수 있는 물질 같은 것이다. 이것은 '진실된 담론'이라고 할 수도 있다. 이때 '진실된 담론'은 '정언명령'이 되어 행위와 더 이상 구별되지 않는다. 그래서 삶에 바로 사용할 수 있는 이 물질 같은 금언들과 이야기들을 당대 사람들은 품에 지니려고 오랜 수련을 했다. 인쇄술이 발달하지 못한 시절이니 기록이 용이하지 않았다. 그리하여 사람들은 자신의 신체 속에 새겨 넣으려고 금언이나 스승들의 말씀을 암기하고 또 암기했다. 몸에 각인하고 있는 물질로서의 장비. 진실된 담론들은 즉각적으로 내 삶에 효력을 발휘하게 된다. 파라스케우에. 나에겐 글쓰기가 이런 효력을 발휘한다.

돌아보면 내게는 '쓰기'가 중요했다. 나뿐이랴! 쓰기는 많은 사람의 삶에 유용한 도구 역할을 해왔을 것이다.

써야 한다! 그것은 어떤 처방전으로 나에게 등장한다. 여러분도 이 글을 통해 지금 즉각 꺼내 쓸 수 있는 삶의 처방전을 꼭 찾아내시길 희망한다. 그것은 이미 주어져 있는 것이라기보다 부단한 노고를 통해 발명해야 하는 무엇이다. 고행 같은 수련 행위들의 실험과 반복적인 노력으로 얻게 되는 변용되는 신체성의 길을 향한 나아감일 수도 있겠다.

〈천경의 미셸 푸코 읽기〉는 그 이야기를 하려고 한다. 거창하게 말하면 내 삶을 예술작품으로 만드는 실존의 기예에 대해. 우리는 각각 자기 삶을 작품으로 빚어내고 있는 중이다. 이 작품, 잘 만들어야 한다. 작품을 잘 만들려면 많은 도구가 필요하다. 그 도구들에 대해 사유하고 그 방법론에 대해 푸코의 도움을 받아 이야기하려 한다. 어느 밤, 잠자리에 누워 "오늘 하루 나의 작품을 잘 만들었나?" 하고 물어보면 "그래, 오늘 쓸 만한 걸 만들었어!"라고 할 수 있기를 바란다. 그 이야기를 하려고 한다. 고대 그리스·로마에서 행해졌던 자기수련 혹은 자기 테크놀로지(자기돌봄의 기술)의 방법론들을.

미셸 푸코라는 철학자의 후기 사유에 속하는 《주체의 해석학》 같은 책을 논한다고 하면 학술적이고 사변적인 글쓰기가 될 것으로 기대하는 사람들이 있을 것이다. 그러나 나는 신변잡담 수준으로 푸코의 철학을 이야기할까 한다.

《주체의 해석학》은 1981-1982년 동안 푸코가 콜레주드프랑스에서 강의한 내용을 녹취해서 출간한 책이다. 푸코의 말기작에 속하는 이 책은 자기수련의 방법적 도구로서 '실존의 테크닉'들에 대해 논한다. 실존의 테크닉이란 지금과 다른 주체를 생산하는 기예라고 할 수 있다. 이 다른 주체는 주체의 외부에 있는 진리들을 자신의 신체에 기입하여 진리와 주체가 만나는 매 순간 탄생한다. 스스로 자신의 주체화 양식을 만들어가는 예술 행위를 푸코는 '실존의 테크닉'이라고 정의한다.

이 책의 글들은《주체의 해석학》을 중심으로 쓰일 것이다. 이 글들이 독자들에게 쉽고 재미있게 다가가기를 바란다. 이를 위해 뮤즈Muse 여신들에게 기도한다. 헤시오도스의《신들의 계보》나 호메로스의《일리아스》는 뮤즈 여신들에게 도움을 청하고 고마움을 표하는 것으로 시작된다. 이제 쓰려는 이 글은 뮤즈 여신들의 도움으로 쓰이는 것이라는 이야기다. 고대 그리스 시대에 뮤즈들(무사이Mousi)은 시가詩歌의 여신들이다. 이는 2020년을 사는 나에게도 해당한다. 글을 쓸 때 모르는 누군가가 도와주고 있다고 느낀다. 그것은 내 안팎에 우글거리는 타자들이다. 내 안팎에서 나를 관통해서 이 순간의 나를 부단히 변용시키는. 이러한 무수한 타자들과 엮여서 나는 변화하고 있다. 이렇게 변화하는 내가 타자들과 조우하며 기록하는 이 글은 내가 아닌 무엇에 의해 기록되고 있는 것이 맞다. 특정 주체에게 회수되지 않는 익명적인 무언가가 내 신체를 중계항으로 해서 드나들고 있다. 이것들은 무수한 비인칭의 신체들을 옮겨 다닌다. 나는 그 익명의 언표들을 순간순간 포착하여 글이라는 형태로 내놓는 것이다.

무한의 우주, 그 우주의 수많은 은하 중 이 은하계, 그중의 한 변방인 지구, 그 지구의 또 다른 변방, 내가 사는 이 소읍에서 나는 거대한 무한과 매 순간 만난다. 이 순간은 매번 흩어지고 생성 · 소멸하지만, 그 한순간을 절단해내서 나는 이렇게저렇게 삶의 이야기를 구성해가는 것이다. 그러니 이것은 진짜인지 가짜인지, 가짜 같은 진짜, 진짜 같은 가짜, 가상, 오류, 거짓들의 성찬들이겠다. 작고 작은 이 웅얼거림은 이런저런 무늬를 만들고, 잠시 형태를 짓고 곧 사라질 것이다. 나는 글을 통해 못난 나를 드러내면서, '그래도 이게 내 삶의 모습인 걸 어쩌겠어?' 하고 중얼거리면서, 내가 조금이라도 변화됐을 때 박수를 쳐주며 살아갈 것이다. 그것이 독자에게 작은 웃음을 준다거나 쓰고 싶은 열망을 일으키면 좋겠다. 또 여러 가지 방식으로 독자들을 촉발한다면! 또한 매 순간이 나를 변화시키려는 의지의 순간이기를, 그리고 지금보다 나아지기를 희망한다. 여러분도 그러하기를!

코로나 사태가 오래 계속되고 있다. 우리나라도 곧 백신 접종이 가능해지고 치료제도 나온다고 한다. 조금만 더 버티자! 그런데 다른 생각을 해본다. 단기 처방전이 마련되면 우리는 새로운 코로나 사태가 도래할 때까지 이 위기를 잊고 살게 될까? 그러다가 새로운 코로나가 도래하는 악순환이 반복될까? 이제 삶의 다른 대안을 사유해야 하지 않을까? 전문가와 석학들이 여러 가지 처방을 제시하고 있다. 슬라보예 지젝의 새로운 공동 삶 방식의 발명, 이를 위한 전 세계적 공조가 인류의 과제라고 본다. 또 기후위기와 자원고갈의 상황에서 새로운 생태학적 상상력을 발휘하는 개개인의 실천적 변화도 필요하다. 미래학자, 생태학자, 철학자들이 제시하는 처방들이 다 중요하다. 그러나 이 위기를 기회로 만들어서 4차 산업혁명 시대의 선도국이 되자고 하고 싶지는 않다. 코로나가 디지털 세상을 앞당기고 있으니 어서 이 방향으로 몰려가자고 말하고 싶지도 않다.

다른 상상력을 펼치자. 뚱딴지같은 몽상이더라도 누구나 그런 사유 실험을 펼치기 바란다. 다양한 탈주를 시도하자. 탈영토화, 들뢰즈의 표현을 빌리면 딱딱하게 지층화된 영토성에서 달아나는 계속적인 탈영토화 실험하기. 물론 우리는 지금 이 방법밖에 모른다. 지금 이 문명을 지탱하기 위해 그 안의 소프트웨어를 조금씩 수정해서 누더기지만 새로 기워 지속가능한 지구를 만들어가야 한다. 그러나 동시에 여러 방면에서 여러 가지 다양하고 엉뚱한 모험과 실험들을 펼치기를. 그리고 푸코가 《주체의 해석학》에서 말했듯이 실존의 새로운 에토스ethos를 각자 발명하기를. 그렇다. 자기 삶을 예술작품으로 만드는 새로운 에토스를 스스로 구축하기. 이와 관련해 나는 푸코가 연구한 고대 그리스·로마의 실천적 방법론들을 소개할 것이다. 그 방법적 도구들을 여러분도 몸에 새기고 실천해보면 좋겠다. 나 또한 그러한 마음으로 이 글을 시작한다. 글을 마칠 때쯤이면 나도 여러분도 불쑥 성장했기를.

내 삶을 예술작품으로 만들기

✶

사람들은 열심히 산다. 요즘은 더 그렇다. 어찌 보면 사람들은 갈수록 열심히 산다. 아이들은 피아노학원, 태권도학원, 미술학원, 보습학원 등을 순례하며 자기계발에 애쓴다. 청소년들은 대학 입학을 위해 청춘의 수많은 충동을 붙들어 매고 산다. 대학생들은 전공 공부를 하며 스펙을 쌓으며 살아간다. 성인들은 바쁜 중에도 자신을 돌보는 데 열심이다. 능력 개발을 위해 시간과 돈을 투자한다. 각종 운동기구와 미용기구를 사들이며 건강과 아름다움도 돌본다. 자기계발서도 열심히 읽고 직업 분야의 공부도 한다. 다들 열심히 어슷비슷하게 산다.

그렇다. 삶이 중요하다. 지금은 코로나19로 일상이 얽혀버렸지만 살아있는 자들은 여하한 상황에서라도 살아야 한다.

그런데 묻고 싶어진다. 이런 일련의 행위들이 타인의 기준에 맞추기 위한 것은 아닐까? 자기 안의 타자의 시선에 부응하기 위한 것은 아닐까? 지금 나와 네 삶의 풍경들에는 초조함이 느껴진다. 자신의 상품성을 향한 피눈물 나는 자기 닦달. 왜? 나는 상품이고 상품은 잘 팔려야 하니까. 소비자인 타인이 만족할 때까지, 소비자인 타인이 그만하면 됐다고 할 때까지, 소비자인 관객의 박수 소리가 들려올 때까지 위험한 곡예를 한다. 타자들의 박수 소리가 나의 욕망이고 타자들의 만족이 나의 만족이며 나의 목표다. 나도 상품이며 너도 상품이고, 서로가 서로에 대해 소비자이자 권력자이며 포식자, 서로가 주인이며 노예다. 곡예사이면서 관객이다. 나 자신이면서 타인이며 나의 시선과 타인의 시선 구별은 의미가 없다. 이때 각자가 느끼는 성취감과 만족감이란 화폐로 즉각 교환되는 것을 전제한다. 어찌 보면 아주 심플하다. 바로 보상으로 주어지는 척도가 있을 뿐이다. 문제는 보상이 불공정하다는 점이다. 또 룰이 너무도 폭력적이고 자기파괴적이라는 것이다. 이 불공정과 탐심의 개선이 인류의 영원한 과제다.

> 아니요! 나는 자유의지에 따라 살거든요. 책을 읽는 것도, 성형을 하는 것도, 운동하는 것도, 명품 옷을 사는 것도 내가 좋아서 하는 거고요. 스펙을 쌓는 것도 내가 한 선택이거든요!

맞는 말이다. 그러나 인간은 시공간의 산물이다. 지금 이런 내 모습에 정당성을 부여하는 것은 지금 이 시공간이 부여한 정당성이다. 나의 선택은 주입된 것이기 쉽다. 조선 시대에 이런 머리 모양, 이런 스커트, 이런 비판의식, 이런 행동을 했다면 공동체에서 하루도 살 수 없었을 테니까. 우리는 시공간에 의해 규제되고 내면화된 규범에 따라 사는 것이다.

이제 물어보자. 이 방식 말고 다른 삶의 방식은 없을까? 나는 하필 이런 방식으로 내 하루를 가득 채우고 있는가? 삶을 다르게 창조할 수는 없을까? 삶이라는 재료로 다른 작품을 만들 수는 없나?

푸코의《말과 사물》의 서문에는 이런 구절이 있다.

> "이 책의 탄생 장소는 보르헤스의 텍스트다. (…) 보르헤스의 텍스트에 인용된 '어떤 중국 백과사전'에는 '동물이 a) 황제에게 속하는 것, b) 향기로운 것, c) 길들여진 것, d) 식용 젖먹이 돼지, e) 인어, f) 신화에 나오는 것, g) 풀려나 싸대는 개, h) 지금의 분류에 포함된 것, i) 미친 듯이 나부대는 것, j) 수없이 많은 것, k) 아주 가느다란 낙타털 붓으로 그린 것, l) 기타, m) 방금 항아리를 깨뜨린 것, n) 멀리 파리처럼 보이는 것'으로 분류되어 있다는 것이다. 이 경이로운 분류에서 누구에게나 난데없이 다가오는 것, 교훈적인 우화의 형식 덕분으로 우리에게 또 다른 사유의 이국적인 매력처럼 보이는 것은 우리의 사유가 갖는 한계, 즉 그것을 사유할 수 없다는 적나라한 사실이다."*

푸코의 위 책은 어렵기로 악명높다. 그러나 신선한 지적 충격을 준다. 위 내용은 분류하기에 대해 말하고 있다. 분류하기는 생명 탄생과 함께 시작된 것일 테다. 무질서, 구획 없음, 구분 없음은 존재 자체를 부정하는 것일 테니. 세계에 어떤 분류도 없다면 모든 것은 액체 상태의 흐름으로만 존재할 것이다. 문제는 가령 동물을 분류한다고 하면 당연

* 미셸 푸코,《말과 사물》, 이규현 역, 민음사.

히 종, 속, 과, 목, 강, 문, 계라는 분류체계에 따른다는 점이다. 이와 다른 분류법으로 분류한다면 웃음거리가 된다. 그러나 동물을 이런 분류체계로 분류한 것은 고작 최근 몇백 년 전, 즉 린네로부터 시작된 근대적 분류법의 산물이다. 그런데 현재 이것이 보편 진리인 양 행세하고 있다.

동물을 위와 같은 가상의 중국 백과사전 방식으로 분류할 때 우리는 혼란에 빠진다. 그러나 경이로운 것은 '그것을 사유할 수 없다'는 점을 보여주기 때문이다. 다시 말해 분류의 전제를 바꿀 때 사유에 혁명적인 충격과 경악을 가져올 수 있다. 그러나 바로 이때 다른 방식의 분류법들이 매우 많다는 것을 알게 된다. 이 말은 지금 이 방식의 삶만 있는 게 아니라는 것이다. 삶을 작품으로 만들기는 다른 방식으로 삶을 구성하는 것이다. 사유의 불가능 속에서 길 잃어보기. '존재의 무질서한 우글거림' 앞에, 그 태초 앞에 서보기.

삶을 작품으로 만들기는 사소한 수준에서도 시작할 수 있다. '자기 자신과 타인, 세계에 대한 태도의 변화'만으로도 가능하다. "사물을 고려하는 방식, 세상에서 처신하는 방식, 행동하는 방식, 타인과의 관계를 설정하는 방식" 같은 "자기에 대한 일반적 태도나 시선의 변화" 수준에서도 시작된다. 이런 사소한 행동의 변화들이 "삶을 변형하고 정화하며 변모시킨다."* 지금까지와는 '다른 분류법'으로 다른 실천을 시작해 보자.

삶을 작품으로 만들기는 팔자 좋은 자들의 전유물이 아니다. 가장 심하게 고통받고 있는 자들에게 절실한 과제다. 지금 우리는 서로의 꼬리

---

* 《주체의 해석학》, 심세광 역, 동문선, 54쪽.

를 물고 무한 악순환의 비자발적 삶을 살고 있는 게 아닐까? 부른 배를 두드리고 꺽꺽 트림하면서 행복해 죽겠으니, 부디 당신들도 나처럼 행복하라고 소리치는 자들도 고통스럽다는 표현을 그런 식으로 하는지도 모른다. 동일한 행복을 향해 달려가지 말자. 공장에서 방금 나온 상품들처럼 소모되기를 갈망하는 자유, '예속을 갈망하는' 자유로운 존재자들 되지 않기.

우리는 보이지 않는 권력의 기술과 전략에 따라 춤추는 인형-기계의 삶을 살고 있는 것은 아닐까. 복종-기계, 유용성-기계 되기를 꿈꾸는 것은 아닐까.

작은 변화를 실행하는 이 순간 불현듯 진실을 만날지 모른다. 그동안 겪었던 고해 수준의 삶이 다르게 다가올지 모른다. 이전의 해묵은 고통들이 용해되고 다른 주체가 될지도 모른다. 자신을 다르게 주체화하는 힘은 나의 몫이다. 삶을 작품으로 만드는 힘이 나에게 있다. 우리는 삶의 예술가들이다!

> "그대들은 그 안에 모든 조각 작품 중 가장 숭고한 것이 잠들어 있는 돌이다. 그대들은 그 외의 어떤 다른 돌도 아니다. 그리고 내 쇠망치가 그대들을 내려치는 것처럼 그대들은 자신을 내려치지 않으면 안 된다! 쇠망치 소리가 잠들어 있는 상像을 깨워서 일으켜야 한다!"*

돌 속에 있는 나를 깨우기 위해 망치를 들어본 적이 있는가? 다른 존

* 《니체 유고》(1882년 7월-1883년 4월 겨울), 박찬국 역, 책세상.

재가 되려고 비싼 대가를 치른 적이 있는가? 가장 숭고한 조각품을 만들기 위해 피눈물을 쏟으며 자신을 내려쳐본 적이 있는가? 존재의 개안을 위해 울어본 적이 있는가?

자기배려와 자기인식

"배운 놈이 더 나빠!"라는 말을 한 번쯤 들어보았을 것이다. 배운 놈은 많이 아는 놈이고, 이 많이 아는 놈은 앎을 자신의 욕망과 이익을 위해 이용한다. 한술 더 떠 타인을 합법적으로 속이고 갈취한다고 생각하곤 한다.

배운 놈은 그 방법들을 잘 알고 있기 때문이다. 때문에 억울하면 출세하라고 말한다. 출세하기 위해 공부해야 한다고 생각한다. 이런 도식이 요즘 깨지고 있는 것 같지만, 실은 그렇지도 않다. 그러니 배운 놈을 만들기 위해 부모들이 자식에게 올인하는 것을 무슨 수로 막겠는가? 억울하게 당하지 않고 사는 길이 그 길밖에 없다고 생각하는 것이다. 많이 안다는 것은 뭘까? 많이 배웠다는 것은 뭘까?

고대 그리스·로마 사회에서 아는 자는 나쁠 수 없다. 아는 자가 어떻게 나쁘게 행동할 수 있는가? 안다는 것은 몸이 아는 것이고, 몸이 하는 실천이기 때문이다. 알기 때문에 그는 앎에서 나오지 않는 한, 즉 모르지 않는 한, 그 앎 안에 있다는 것 자체가 앎의 실천 안에 있다는 논리다. 네가 만약 나쁜 짓을 했다면 그것이 나쁜 짓이라는 것을 모르기 때문에 한 것이라는 논리다. 나쁘다는 것을 알고 있는 자가 어찌 도둑질을 할 수 있겠는가? 안다는 것은 존재가 이미 그 앎의 일부가 되는 것이다. 고대 철학에서 플라톤은 비도덕적일 수가 없다.

고대 그리스·로마에서 철학은 '철학 하기'이며 '철학적 행위의 중심 원리'가 바로 '자기배려epimeleia heautou'였다. 또한 제대로 살고자 하는 사람들의 삶의 중심 원리 역시 '자기배려'였다. 고대 로마의 스토아주의 철학자 에픽테토스는 이렇게 말한다.

> "소크라테스는 매사에 보다 나은 인간이 되기 위해 노력했으며, 오로지 이성만을 따름으로써 완벽한 상태에 이르렀다. 비록 당신은 아직 소크라테스와 같은 철인이 되지 못했지만, 최소한 소크라테스와 같은 철인이 되고자 노력할 수 있다."*

소크라테스 같은 철인(철학자)이 된다는 것은 "보다 나은 인간이 되기 위해 노력"하는 것이며, 삶이 '완벽한 상태에 이르는 것'이다. 설령 소크라테스처럼 완벽한 '철인'이 되지는 못했을지라도 소크라테스처럼 되려고 노력하며 살았다. 즉, 이 시대 사람들은 탁월하고 올바른 삶을 살기 위해 부단히 '자기배려'를 실천했다.

푸코는 고대 그리스·로마 사회에서 삶과 철학을 지배했던 원리를

---

* 《에픽테토스의 인생을 바라보는 지혜》, 메이트북스.

'자기배려'라고 말한다. 여기서 '자기배려'와 '자기인식'이라는 개념의 이해가 필요하게 된다. 푸코의 《주체의 해석학》을 이해하기 위해서는 자기배려와 자기인식에 대한 이해가 중요하다. 푸코의 정의에 따르면 자기배려epimeleia heautou는 "자기 자신에 대한 배려이고, 자기 자신을 돌보는 행위이며, 자기 자신에게 몰두하는 행위"다(41쪽). 그러나 자기에게 몰두하기나 자신을 돌보는 행위는 개인의 이기적인 행복 추구와는 거리가 있다. 자기배려는 "영혼을 부단히 훌륭하게 만드는 일"과 관련된다.

때문에 자기와 적절한 관계를 맺는 '자기배려'는 타자와 적절한 관계를 맺는 것이고, 자기는 물론 타인과 세상의 변화를 가져온다. 즉 재산이나 명성, 이해관계에 대한 '배려'가 아니라 자신의 덕을 '배려'하고, '자기 자신'에게 마음을 쓰는 일체의 "경험, 탐구, 실천 전반"을 일컫는다.

한편 자기인식(gnothi seôauton, 너 자신을 알라) 역시 당시에는 "처신함에 있어서도 지나침이 있어서는 안 됨을 의미"하는 것으로 "자신의 힘을 과신해서는 안 되고 신의 힘과 대적하려고 해서는 안 된다는 것을 환기시키는 원칙"이었다.*

이 말은 이 시대의 '자기인식'은 '자기배려'와 연결되고, 자기배려의 한 부분으로, 자기배려에 '종속된 상태'에서만 의미를 갖는다는 것이다. 그러니까 이 시대의 자기인식이란 자기배려라는 "일반적인 범주의 한 형식"이었다. 다시 말해 '너 자신을 알라'(자기인식)는 "자기를 돌보며

---

* 위의 책, 43쪽.

배려해야 한다는 말”이다. 한마디로 자기인식은 자기배려를 위한 것이었다. 즉, “내 자신을 돌보고 배려하는 한에서만 내 자신을 알려고 애써야 한다는 말”이다.*

자기배려를 해야 하는 이유는 무엇일까? 주체가 ‘진실에 접근할 수 있는 조건’이기 때문이다. 그러니까 주체가 진실에 접근하려면 일련의 자기수련이 필요하며, 이런 자기수련 일체를 자기배려라고 한다. 이렇게 해서 주체가 진실에 접근하게 될 때 주체는 탁월한 존재로 변화하며, 이때 주체는 ‘지고의 복락’과 ‘평정’을 얻게 된다. 이 순간 주체는 완결된다고 본다. 쉽게 말해 고타마 싯다르타가 붓다로 존재의 변형을 겪는 것과 유사하다. 그러니까 자기배려는 완성된 주체로 거듭나기 위해 자기 자신에게 가하는 일련의 ‘작업’이다. 이 작업을 통해 주체는 진실에 접근하게 된다. 주의할 점은 완결 자체가 아니라 완결을 향한 이행 과정이 중요하다.

그러나 근대 ‘데카르트의 순간’에 와서부터 이제 “주체가 진실에 접근할 수 있는 조건이 오직 ‘인식’이 되어버렸다”는 것이 푸코의 논지다. 푸코에 따르면 근대 데카르트는 이 수행, 즉 자기배려를 소거하고 주체가 진실에 도달하기 위한 조건을 ‘인식’의 영역으로 제한해버렸다. 이제 주체가 진실에 도달하는 조건은 인식의 문제가 된다.

철학이 ‘탁월하고 훌륭한 사람이 되기 위한 자기배려’가 아니라 ‘인식의 여정’이 된 것이다. 지식을 축적하고 소유하는 영역이 되어버린 것이다. 이것은 엄청난 문제를 야기한다. 이런 사회는 자기와 타인에 대한

---

* 위의 책, 18쪽.

배려를 잊은 사회다. 앞서 말했듯이 많이 아는 놈, 많이 가진 놈이 장땡이다. 이들이 사회에서 지배적인 위치를 차지하게 된다. 지식으로 무장한 똑똑한 자들에게 우리는 머리를 조아리게 된다. 무지한 주먹 앞에서는 저항하지만 지식화한 권력, 쉽게 말해 누구라도 수긍하는 논리와 과학과 지식으로 무장한 자들에게 무슨 수로 저항하겠는가? 그들의 논리가 속속들이 맞는 말이니! 문제는 그들이 앎을 실천과 연결하지 않는다는 점이다. TV에 등장하는 정치 스캔들이나 엄청난 부정부패 사건 등 거액의 돈으로 문제를 일으키는 자들은 대부분 많이 배운 자들이다! 갑질하는 상류층의 학벌을 보라! 그런데 우리는 그들을 닮고 싶어 한다. 그래서 공부 열심히 해서 대학 간다. 더 열심히 공부해서 더 좋은 대학에 가고, 더 좋은 직장에 들어가서 더 나은 지식·경제공동체의 일원이 되고 싶어 한다. 여기에는 자기배려가 끼어들 틈이 없다.

곰곰 생각해본다. 나는 나를 잘 돌보고 있는가? 나는 나의 주인인가? 나는 나의 지식의 노예는 아닌가? 나는 알량한 '지식권력'을 휘두르고 있는 자는 아닐까? 성공이란 무엇일까?

다른 한편 늘 궁금했다. 나는 이렇게 책을 열심히 읽고, 여러모로 알려고 하고, 이렇게 열심히 살려고 노력하는데 왜 매양 그 자리에 있는 걸까? 같은 패턴의 실수를 저지르고, 같은 상황에서 같은 선택을 한다. 매일 비슷한 행동과 말을 하고, 비슷한 감정을 드러내며, 비슷한 문제의식 속에서 비슷한 고민을 하고, 비슷한 것을 가지고 다투고, 비슷한 것에 대해 비슷한 강도로 화를 낸다. 많이 안다는 것이 삶에 큰 영향을 끼치지 못한다. 아무리 해도 내 삶이 이전과 크게 달라지지 않는다. 아는 것이 많아져도, 나이가 많아져도 버릇과 습관은 그대로다! 머리는 비대해졌으나 삶이 앎을 따라가지 못하고 기우뚱기우뚱 한다. 이러려고 내가 공부했나?

아무리 전공 공부를 해도, 아무리 내 직업 분야를 많이 알아도, 아무리 교양서적을 읽어도, 아무리 신문 사설을 열심히 읽어도, 아무리 영화를 많이 봐도, 아무리 드라마를 열심히 봐도 내가 변하지 않는 까닭은 무엇일까? 아무리 아무리 해도!

그렇다! 존재는 변하기가 어렵다. 사람들은 말한다. “웬일이래? 죽을 때가 됐나?” 즉, ‘인간이 변한다면 죽을 때가 된 게 아닐까?’라고 생각한다. 그만큼 우리는 변하기가 쉽지 않다. 자기를 내기에 걸고 죽을힘을 다해 수련해야 하는 이유가 여기 있다. 인간은 변하지 않아! 이것이 정답인 세계에 우리는 살고 있다. 그러나 고대 그리스·로마에서 제대로 살고자 하는 사람은 누구나 주체의 변모를 위한 적극적인 자기배려를 했다. 이는 ‘인간은 변화하는 거야!’, ‘변화하는 것이 당연한 거야!’, ‘제대로 된 인간이라면 변화를 위해 자기를 돌보며 살아야 해!’라는 것이 전제된 사회였다는 말이다.

나는 혹시 나의 노예는 아닐까? 나의 어제와 오늘은 왜 똑같은가?

존재를 변화시키는 적극적인 힘! 자기배려가 필요한 이유다!

스님과 철학자와 아버지와 아들

✶

젊은 시절, 일간지 광고에서 읽은 어느 스님의 고백이 생각난다. "아무리 공부해도 마음이 변하지 않아서 깊은 산중에서 한없이 울었다." 100% 정확한 문구는 아니다. 당시는 일간지 광고가 신간 홍보의 거의 유일한 방식이었다. 나는 문화면이나 그 아래 광고에서 새 책의 소식을 접하고, 읽을 만한 책을 선별했다. 스님의 책도 신문 하단에 위 카피와 스님의 사진과 함께 소개됐다. 책은 사지 않은 걸 보면 나의 관심과는 거리가 있었나 보다. 그러나 위 고백은 아직도 내게 남아 있다. 그때나 지금이나 나의 과제는 '아무리 공부해도 마음이 변하지 않는 것'일 터다.

나는 평생 책을 읽고 글을 쓰면서 살고 싶었다. 글은 좀처럼 곁을 주지 않지만, 그래도 이 열망으로 산다. 가끔 궁금했다. 책을 읽고 글을 쓰면서 나는 변했는가? 5년 전, 10년 전, 20년 전과 얼마나 달라졌나? 앎은 나를 변화시켰는가? 조금은 변화시킨 것 같다. 그러나 일상생활에서 앎과 삶은 자주 유리되고는 했다. 인식을 향한 궁구窮究가 삶의 윤리적 실천에 영향을 주는 걸까?

공부를 많이 한 어느 철학자의 말을 매체에서 우연히 들었다. 자기는 훌륭한 인품의 소유자가 아니라고. 그러니 자신에게 삶의 도道를 묻지 말라고. 다시 말해 자신은 원저자의 말을 전하는 것일 뿐이라고. 또 유명한 어떤 학자의 경우 "학문적 성취는 높지만 인격은 밑바닥" 등의 풍문이 떠돌 때마다 묻고 싶었다. 왜 공부하는 거지? 출세하기 위해? 어깨에 힘주고 존경받으며 잘난 체하기 위해?

사람들은 되레 물을지 모른다. 왜 앎과 삶이 일치해야 하지? 아는 것은 아는 것이고, 삶은 삶이지. 물리학자는 물리학 많이 알아서 일가一家를 이루면 된 거고, 철학자는 철학 분야에서 큰 성취를 이루면 되고, 수학자는 수학 많이 알면 되지. 그래서 연말에 노벨 물리학상, 노벨 화학상, 노벨 경제학상, 노벨 무슨 상, 노벨 노벨 무슨 상 무슨 상 타면 그만이지. 왜 남의 삶에 감 놔라, 배 놔라 하지? 참 오지랖도 넓네! 그런데 이런 사고방식은 정확히 데카르트 이후의 순간에 정착된 것이라고 푸코는 일갈한다.

그렇다. 뭔가를 많이 아는 전문가라고 해서 삶이 훌륭해지는 것이 아니었다. 많이 안다고 인간이 변하지 않는다. 아니, 조금은 변한다. 생각이 변하고, 사물을 보는 관점이 변하고, 세계관이 변한다. 타인과 내 가족을 대하는 방식, 강아지와 나무와 돌멩이를 대하는 방식이 변한다(알아도 변하지 않기를 선택하는 자들도 많다). 그래도 알게 되면 변하는 것이 인간이다. 인간에게는 나빠지려는 욕망과 좋아지려는 욕망이 공속한다. 해서 알면 변하기는 한다. 그러나 정작 가장 긴급한 시점이랄까. 가장 제어가 필요한 순간, 자신이 변하지 않았음을 깨닫는다. 내가 그렇다!

가령 '딸에게 부모의 욕망을 투사하지 말라!' 이것은 조금 실천한다. 그러나 근본적으로 변하지는 않았다. '딸아이에게 분노를 터뜨리지 말자!' 알고 있다. 그러나 방심하면 화를 터뜨린다. 타인과의 관계도 비슷하다. 물론 타인에게는 더 예의를 지키고 인내심을 발휘한다. 그러나 앞서 말했듯이 어떤 특정한 순간에는 안 된다. 부모니까 '뒤탈'을 염려해 자식에게는 조심하면서 사는 '현명한' 자들이 많다. 알면서도 함부로 처신하는 부모는 바보들이다. 그러나 바보보다 하질下質의 인간은 '뒤탈 염려되는' 자식에게는 조심하지만, '뒤탈 없어 보이는' 아래 직원이나 피고용인, 혹은 사회적 약자에게는 영악하게 갑질하는 자들이다. 인간의 높이와 깊이는 '가장 마구 해도 뒤탈 없는' 대상을 대하는 그의 태도로 가늠할 수 있지 않나 싶다.

각설하고, 본론으로 돌아오자. 언제쯤 나의 앎은 나의 행위를 변화시킬까? 나를 변화시키는 철학이라는 게 있을까? 니체에 따르면 유기체인 인간 안에는 다수의 정념과 충동, 여러 가지 힘과 욕망이 존재한다. 문제는 이러한 요소들의 작동방식이다. 나라는 인간 기계의 작동방식을 들여다보아야 한다.

나는 왜 이런 상황에서 이런 방식으로 작동되는가? 내 안에 각인된 회로를 따라 기입된 명령어에 따라 움직이고 있는 그것. 그것은 나의 의지인가? 사회화 과정에서 주입된 것인가?

이렇게 자동화된 기계처럼 작동하는 나를 들여다보면 안다. 내 의지로 변화될 수 있는 부분과 아무리 해도 안 되는 부분. 물론 어떤 사람들은 변화고 뭐고 필요 없다고 생각하고 그냥 산다. 이런 사람들은 예외로 한다. 그러나 변하고자 하는 이들이라면 전자는 의지적인 노력으로, 후자는 다른 도구들을 찾아봐야 한다.

그런데 이 '변화 가능한 부분'도 방심하는 순간 곧 흐트러지고 이전으로 돌아간다. 몸의 관성의 법칙, 습관의 힘. 해서 습관을 변화시키는 자는 위대하다. 부단히 자기를 점검하고 깨어 있어야 하므로. 문제는 아무리 해도 안 되는 부분이다. 이것이 문제다! 나를 괴롭히는 문제에서 출발해야 한다. 철학 하기란 자기 문제에서 출발한 물음과 실천이어야 한다. 여기서 '자기돌봄'이 시작된다. 나의 문제에 답하기 위한 '실존의 테크닉'을 각자 고안해야 한다. 우리의 존재만큼이나 많은 실존의 기술을 우리는 발명할 수 있다.

이 기술을 푸코는 '자기 테크놀로지'라고 부른다. 자기 테크놀로지란 "자신의 행동 규칙들을 스스로 정하고, 자신의 고유한 존재 내에서 자신을 변화·변모시키며, 자신의 생을 작품으로 만들려고 하는 숙고된 자발적인 실천"이다.* 자신을 변화·변모시킬 자발적인 실천으로서의 자기 테크놀로지 고안하기.

이때 고대의 자기수련 기술들을 소환해보면 참조할 만하다. 그리스·로마 시대에는 글쓰기, 경청, 독서, 사유와 표상 점검, 죽음 수련, 양생술, 자기통제, 각종 정화 의식 등 수많은 '영성'이 실천됐다. 이때 영성의 실천이란 "진실에의 접근을 가능하게 해주는 주체의 존재에 필요한 변형"을 의미한다.** 이를 통해 슬픔을 다스리고, 타인의 시선에 무심해

* 《주체의 해석학》, 84쪽, 주석 5.

** 위의 책, 60쪽.

지고, 모욕하는 자에게 모욕당하지 않으며 분노하지 않는 방법 등을 습득하게 된다. 이 점에서 세네카의 편지 모음을 엮은 인생철학 이야기* 는 많은 시사를 준다.

또 피타고라스주의자들 단체에서 행해졌던 '꿈의 정화적 준비' 등 여러 의식도 참조할 만하다. 피타고라스주의자들은 장수한 것으로도 유명하다. 이들 고대의 여러 자기 수련법 중에는 유혹을 이겨내고, 신체의 요구를 제어하는 테크닉들이 많이 눈에 띈다. 자기통제, 인내력 강화 등으로 몸을 다르게 쓰고, 감정을 재조정·재조율한다고나 할까. 고대의 자기수련 테크노롤지는 이 외에도 많이 있다. 앞으로 이 수련법들도 소개할 계획이다.

몇 년 전 서울 모 노인종합복지관 시니어기자단 카페에 올라온 해외토픽을 읽은 일이 있다. 나는 당시 시니어기자단의 연수교육을 하고 있었다. 내용이 충격적이었다. 어린 시절 학대를 받고 자란 한 남성이 자수성가하여 최고급 승용차를 구입한다. 새로 산 차를 차고에 모셔놓고 행복한 남성. 그런데 그날 어린 아들이 못 혹은 망치 같은 도구로 새 차에 구멍을 내며 놀고 있었다. 이 장면을 목격한 남성은 아들의 손목을 잘라버렸다고 한다. 그리고 남자는 자신의 행위에 놀라 결국 자살했다는 내용이었다.

한동안 멍해졌다. 남성은 불우한 성장기를 거쳤으나 성공해서 가정을 이루고 부인과 자녀와 좋은 차를 사서 잘 살고 있는 것으로 보였다. 그러나 그는 자기돌봄의 삶을 살지 못했다.

---

* 김현창 역, 동서문화사.

자기와의 적절한 관계 맺음은 타자와의 적절한 관계 맺음과 연결된다. 아버지가 자기를 잘 돌보았다면 아들과도 적절한 관계를 맺을 것이고, 그 아들은 세상과 적절한 관계를 맺을 것이다. 어린 아들에게 아버지는 세계이고 우주였을 텐데 그토록 무서운 세계라니! 아들은 트라우마에 시달릴 것이다. 이때 아들에게 필요한 것은 자기배려의 삶 살기다(현대에 와서는 심리학이 이 분야를 맡고 있으나 자기해석, 즉 자기인식에만 집중하는 한 한계가 있다. 또 고백 기계, 예속 기계로 편입되는 이 선택은 존재를 변형시키는 자기배려의 삶과는 거리가 있다는 것이 푸코의 입장이다). 우리는 관계의 삶을 살고 있으니 내가 조금 변한다는 것은 세상을 조금 변화시키는 행위가 된다.

과거의 노예 되지 않기, 타인의 노예 되지 않기, 나의 결단과 선택으로 살기, 자기의 윤리 구축하기, 일상의 주인 되기는 생각보다 어렵다. 타인의 시선과 요구에 부응하는 평균의 삶을 사는 것이 안전하고 편하다. 누구나 가는 길을, 누구나와 함께, 누구나가 되어서 사는 것, 그것이 오히려 파멸이라고 니체는 말한다.

아버지는 아들의 우주다. 내가 남들처럼 잘 살고 있다고 자부할 때, 나를 잘 돌보고 있는지, 자식을 잘 돌보고 있는지, 세상을 잘 돌보고 있는지 물어봐야 한다. 누구누구처럼 좋은 차를 사고 누구누구처럼 좋은 집에 사는 것 말고, 지금 내 삶의 열쇠를 쥐고 있는 자가 누구인지를 살펴보아야 한다.

인간의 죽음, 그 이후

《말과 사물》 읽기

몇 해 전 푸코의 《말과 사물》을 읽을 때 재미있는 경험을 했다. 읽을수록 상상이 쏟아졌다. 서로 다르게 생긴 커다란 통이 여러 개 있는데, 그 안에서 각종 사물-말이 굼실굼실 피어오른다. 삼각형의 통, 원기둥의 통, 별 모양의 통…. 가령 삼각형의 통에서는 크고 작은 무수한 삼각형이라는 틀들과 삼각형 사물-말이 빨주노초파남보 색의 삼각형으로 쏟아져 나온다. 원기둥도, 별 모양의 통들도, 직육면체들도 자기들 틀에 맞는 모양으로 살고 웃고 싸운다.

각각의 통 안에 있는 사물들은 각기 다른 질서와 규칙에 의해 다른 옷을 입고 다른 형태로 생성·소멸하고 있다. 조건화된 질서 내에서 그들만의 세계를 만들면서. 이들 각각의 통에는 자기만의 시스템과 상징 질서가 있는데, 그 비가시적인 구조가 눈에 보이는 듯했다. 《말과 사물》

의 역자는 해제에서 푸코는 자신이 구조주의자가 아니라고 했으니 그 말을 믿어주어야 한다고 했다. 나는 고개를 저었다. 책을 읽으면서 내가 느낀 상상들이 너무 선명했다. 나중에 좀 더 공부하고 나서야 이 시기까지가 푸코 철학 중 '지식의 고고학' 시기로 분류되며,《말과 사물》은 푸코 전공자들도 구조주의의 색채가 농후한 것으로 인정한다는 점을 알게 됐다.

이 책에서 푸코는 인간의 죽음에 대해 이야기한다. "어떤 사건에 의해 그 배치가 뒤흔들리게 된다면" "인간은 바닷가 모래사장에 그려놓은 얼굴처럼 사라질 것이다." 근대의 배치가 균열을 일으킬 경우 인간이 사라질 것이라는 결론이 놀랍다. 그러나 이것은 실존하는 인간의 소멸을 의미하지 않는다. 현재와 같은 인간-형식, 혹은 인간 개념의 사라짐을 의미한다. 근대에 구성된 '인간-형식'이 사라진다는 것이다. 근대 이전에도 '인간'은 존재했다. 르네상스 시대(15-16세기)나 고전주의 시대(17-18세기 초)에도 '인간'은 있었으나 이 시대의 인간 형식은 근대와 달랐다. 그런데 지금 이 '인간-형식'이 사라진다면 앞으로 도래할 '인간'은 어떤 모습일까?

질 들뢰즈는 푸코를 논한 책《푸코》*에서 푸코를 따라 고전주의 시대를 '무한한 재현작용의 세계'로 규정한다. 이 시대 사람들은 인간-형식이 아닌 신-형식이라는 무한을 사유했다. 이 시대 인간은 신과의 관계를 통해서만 바깥의 힘과 관계를 맺었으며, 신-형식이라는 무한의 질서 내에 살았다는 것이다. 따라서 이 시대에는 현재 같은 인간이 존재하

* 들뢰즈, 허경 역, 그린비.

지 않았다. 인간은 신이라는 무한을 중심으로 하는 '무한'의 일부였다.

해서 '개체'나 '개인'이라는 말도 없었다. 개인은 전체의 한 요소에 불과했다. 신이 중심이 된 이 시대에도 분명히 말하고 노동하는 유기체로서의 인간이 있었으나, 이때 인간이란 하느님의 영광을 펼치는 주변부 존재였다. 인간이라는 생명체는 그 자체로 존재하거나 의미 있는 무엇이 아니었다. 전체라는 큰 사슬 안의 미소微小한 고리 같은, 부속물 같은 지위였다. 그러나 신이 죽은 이후 근대에 와서 인간은 사유의 주체이면서 대상으로 전면에 등장한다. 이제 인간은 역사를 주도하는 독립적인 개인으로 우뚝 선다. 근대적 의미의 인간이 탄생한 것이다. 이는 인간이 사유의 중심, 학문과 지식과 삶의 중심이 된 사태를 의미한다. 인간이 인식의 주체이자 대상이 되면서 인간 탐구가 중요한 지식 영역이 되고, 신은 뒤로 물러난다. 요컨대 현재의 '인간-형식'은 근대가 발명한 인간 개념이었다.

그런데 이 인간-형식이 곧 사라질 것이라는 '예언'이 재미있지 않은가? 그럼 이후 어떤 인간 형식이 나타날까? 우리는 어떤 인간-형식을 발명해야 할까? 《들뢰즈가 만든 철학사》* 에서 들뢰즈는 "인간의 죽음이란 인간을 구성하는 힘이 그 이전과는 다른 새로운 조합 속으로 들어가는 것"이라고 말한다. 또 위에 소개한 책 《푸코》에서는 "인간이란 자기 안의 힘들을 바깥의 힘들과 관계 맺는 방식으로 자기를 구성"한다고 말한다. 그러니까 문제는 힘 관계다.

즉, 미래의 '인간'을 구성하는 힘은 어떤 새로운 힘들의 조합을 만들

* 들뢰즈, 박정태 역, 이학사.

어낼 것인가가 문제시된다. 그것이 새로운 형식의 '인간'을 발명하는 것이다. 단순하게 말하면 '인간'이 밖의 힘들과 어떻게 지금과 다르게 관계 맺을 것인가가 핵심이다. 바깥의 새로운 힘들과 다르게 만나면 다른 조합의 '인간-형식'이 탄생한다. 이때 바깥의 힘이란 자기 외부의 힘이기도 하지만, 자기 내부의 외부이기도 하다. 내부에 있는 외부, 즉 무의식 또는 자기의 과거(기억)와 관계하는 방식 역시 다르게 조합할 수 있다. 이 새로운 형식을 들뢰즈는 위의 책 《푸코》에서 니체의 '위버멘쉬' 개념으로 설명한다.

이 미래의 인간을 위버멘쉬로 설정한다면, 위버멘쉬는 어떤 존재일까? 들뢰즈는 여기서 니체의 말을 인용해서 위버멘쉬를 "인간은 생명을 가두어버렸지만, 위버멘쉬란 (…) 인간 자체 내의 생명을 해방시키는 존재"라고 해석한다.

인간이 관계 맺는 바깥의 힘을 '무한성-유한'이라고 들뢰즈는 진단한다.* 무한성-유한에 대해 들뢰즈는 "유한한 수의 구성요소들이 조합상의 무한한 다양성을 산출하는 힘의 상황 전체를 지칭"한다고 본다. 그리고 이 '무한성-유한'을 "언어 속의 낯선 언어", "무정형적" "비문법적" 표현을 향해 나아가는 근대 문학과 유사하다고 설명한다. 이 '무한성-유한'은 니체의 영원회귀와 유사하다는 설명이다.

주체는 바깥의 힘을 자신의 삶을 작품으로 만드는 미학으로 활용할 수 있다. 이때 바깥의 힘은 주체의 필요와 욕망에 따라 활용되고 이용될 수 있다. 우리가 바깥의 힘들과 관계 맺는 방식은 수천, 수만 가지로 다

* 위의 책, 221쪽.

종다양할 수 있다.

그러니까 근대적 인간을 대체할 위버멘쉬란 지금과 다른 형식의 '인간'이 될 것이다. 위버멘쉬는 우리가 놓치고 있는 다른 코드들, 다른 선들, 다른 사유의 무늬들을 포착할 수 있는 새로운 인간-형식이다. 푸코는 '인간의 죽음'이라는 말로 바깥의 힘을 어떻게 실존의 미학으로 이용할 것인가라는 화두를 던진 셈이다. 세계를 바꾸고 자기 생명력을 강화하며 현재에 대항하여 과거와 현재를 사유하는 것, 그것은 미래를 사유하는 것이기도 하다.

《말과 사물》을 읽을 때의 감흥이 아직도 또렷하다. 잠깐 옆길로 새서 내 이야기를 하는 것을 용서해주시기 바란다. 모르는 것이 내 안으로 들어와 나를 흥분시키고, 불안하게 하던 시간들이 선명하다. 모르는 바깥이 나의 동일성 안으로 침략해왔을 때 나는 이상해진다. 나는 그 정체 모를 거대한 힘에 흥분한다. 불안하지만 불안에게 손을 내밀게 된다. 그런다고 모르는 것이 아는 것이 되지는 않는다. 다만 모르는 것을 좋아하는 습관이 나를 공부로 이끄는 힘이다. 나는 줏대가 너무 없는 사람이다. 뭐든 다 그럴듯하게 들린다. 누가 이렇게 말하면 "그래 맞아", 누가 저렇게 말하면 "그것도 맞네", 누가 다르게 말하면 "그것도 좋네!"라고 말한다. 누가 뭐라 말해도 "응응응. 맞아 맞아 맞아" 한다. 공감이 너무 잘되어 선택하기가 어렵다. 사람들이 하는 말이 다 맞다고 느낀다. 책도 그렇다. 니체를 읽으면 니체가 너무 좋아진다. 들뢰즈를 읽으면 그 난해함에 홀딱 반한다. 푸코를 읽으면 푸코의 똑똑함에 빠져 죽고 싶을 정도다. 이 좋은 책을 왜 이제야 읽게 된 거지? 그런데 플라톤이 정반대의 목소리를 내면, 못 말리게 플라톤이 좋다. 어쩜 이런 멋진 청년이 있나? 아니지, 이건 플라톤의 말년 《대화편》이니 청년이 아니지. 혼자서 중얼중얼 "맞아 맞아 맞아" 하며 플라톤에게 박수를 보낸다. 스피노자를 읽으면, "에티카가 뭐야? 이건 수학도 아닌데 뭔 놈의 정의와 증명 따위가 있어?" 그러다가 중간쯤 읽으면 책을 탁 내리치면서 감동한다. "뭐 이런 이상하고, 어이없고, 매력 넘치고, 기가 막힌 책이 다 있나?" 아무리 어려운 책을 읽어도 조금만 지나면, 내용의 정확한 이해와 관계없이 그 난해함과 충격 속에서 나는 함께 춤춘다. 진짜 춤추는 건 아니다. 마음의 파동이 춤추는 것처럼 흐물흐물거리고, 현재라는 리듬을 잃고, 책의 리듬으로 물들고, 책의 목소리에 덩달아 공명한다는 이야기다.

나는 혼자 말한다. '나는 이상한 사람이야. 난해한 책들 속에서 노는 것이 취미가 된 사람이야. 나는 귀가 얇아서 모든 것을 "좋아 좋아"라고 하는데, 이것은 혹시 모든 걸 받아들일 능력이 커서 그런 건 아닐까?' 어쨌거나 어려운 책들에도, 어렵지 않은 사람들의 말에도 나는 전적으로 동화된다. 고정된 내가 없기 때문이라고 나에게 말한다. 고정된 나도, 뚜렷한 정체성도, 소신도 없는 나는 이것도 "응응", 저것도 "응응", 이것도 "예스 예스" 저것도 "예스 예스" 한다.

어느 날 나에 대해 심각한 생각이 들었다. 나는 왜 이것도 좋아, 저것도 좋아, 비판 같은 걸 하기보다 여기에 혹하고, 저기에 혹하고, 대체 왜 갈대처럼 이리저리 휘어지는가? 아주 심각했다. 그런데 그런 나의 특징을 나는 좋게 말하고 있었다. 그러니까 '그것은 내가 개방되어 있다는 것이지'라고. 나는 무아無我라는 것. 들뢰즈나 푸코나 니체나 장자나 노자나 공자나 붓다나 다 함께할 수 있는, 귀가 얇은 것이 능력이라는 것. 무수히 변이하는 능력이 이 삶을 이렇게 능청맞게 살아내는 힘이라고,

그것이 나의 공부 비법이라고. 나는 어떤 책을 읽어도 읽는 동안은 그 책과 사랑에 빠진다. 그런데 '이런 조합 능력이 들뢰즈가 인간에게 요구하는 능력이 아닐까?'라고 문득 생각하게 된 것이다. 위버멘쉬란 자기의 상승 욕구라지만, 변이하는 능력이 상승의 능력이라고 변환해서 해석하기로 한다. 그러니까 나는 뭐든 "좋아 좋아" 하면서 예전에는 문학작품을 읽었다면, 다음에는 "아주 좋아, 아주 좋아" 이러면서 시를 읽고 썼고, 지금은 철학책들을 읽고 "좋아, 좋아" 이러면서 살고 있는데, 남편은 이런 나를 보고 "미친 여편네구먼" 하고 말한다.

하지만 나는 이렇게 한세상을 산다. 글을 읽으면 좋아 미칠 것 같고, 현실로 돌아오면 방금 전에 읽은 구절을 기억하며 설렌다. 그런데 현실은 이런 나에게 "당신 미쳤구먼. 할 일이 그렇게 없어? 뭔 놈의 철학책 읽으면서 좋아좋아 하하호호 그러냐고? 커피나 홀짝홀짝 마시고 집구석에서 뭐 하는 거냐고? 왜 돈도 안 되는 뻘짓을 하냐고?"라고 말한다. 이 소리에 열 받아서 나는 커피를 끊었다. 커피 따위는 끊을 수도 있고, 마실 수도 있다는 것을 나에게 보여주고 싶었다. 커피 안 마셔도 책을 읽으면 웃기고 재미있으니 관계없다. 나는 적어도 커피 따위에는 중독되고 싶지 않으니까(커피야 미안하다!). 나는 지금 들뢰즈의 미래의 인간, 푸코의 인간의 죽음, 니체의 위버멘쉬, 소크라테스의 자기배려, 붓다의 윤회와 보살행, 도가의 양생술, 황제내경과 동의보감 등을 상상으로 펼쳐놓고 웃으며 하루를 보낸다. 내 방의 커다란 통유리창 밖에는 봄이 와 있다. 소나무의 색깔이 아주 짙어졌다. 좋다!

인간의 죽음 그 이후를 생각한다. 인간은 다른 인간을 꿈꾼다. 그것이 인간이다. 인간은 다른 존재가 되고 싶어 한다. 인간의 죽음 이후의 인간은 다른 옷을 입고 다른 노래를 부르고 다른 관심과 다른 장소를 바라볼 것이다. 인간은 인간의 죽음을 꿈꾼다. 모든 존재자는 존재자 자신을 밟고 넘어간다. 인간은 죽는다. 이후의 인간은 다른 존재의 힘을 지닌, 다른 능력을 지닌, 말하자면 아무것도 아닌, 그러나 모든 것인 다른 작품으로 탄생할 것이다. 바닷가 백사장 위에 당신이 써서 새겨놓은 인간은 날이 저물면 사라진다. 그러니 자축하라! 너무 이 시간에 묶이지 말라! 슬퍼 말라! 네 감정인들 변하지 않겠느냐? 그러니까 책을 만나든 무얼 만나든 네가 좋으면 행하라! 네가 좋은 것은 네가 좋은 것이냐? 타자의 기대에 따라 춤추는 좋음이냐? 너의 노래는 너의 것이냐? 부디 너를 넘어가보아라! 나를 넘고, 너를 넘고, 세계를 넘어 단 한순간이라도 무한의 위험과 카오스를 만나라! 만나고 돌아오지 말라! 인간의 죽음은 너의 죽음이다! 너의 죽음을 만나라! 그리고 지금 다시 네 창밖에 푸르러진 나무들을 만나라! 인간의 죽음, 그리고 새로운 인간의 탄생과 영원회귀, 다시 시작이다!

이 글 어디선가부터 내 문장이 변했다. 내 신체가 변했다. 내 느낌이 변했다. 부디 방금 전으로 돌아가지 말기를! 다시 더 나아가보자! 더 나아간다는 것은 동일성의 확장이 아니다. 그것은 나의 공백 만나기다. 혹은 내 밖의 타자와 마주하기다. 타자를 만나려면 나의 빔이 필요하다. 그것이 공부다.

양생, 가정, 연애 그리고 쾌락의 활용

✶

고대 그리스인의 주체화의 세 가지 영역

푸코의《성의 역사 2: 쾌락의 활용》에 따르면 고대 그리스인의 자기배려란 성적 욕구를 지배하는 것과 직결된다. 이 사회에서는 특히 성적 쾌락의 문제가 중요했다. 쾌락의 활용과 관련해서 그리스인은 세 가지 형태의 자기배려 기술을 연마했다. 양생술, 가정관리술, 연애술이 그것.

그러니까 그리스인은 실존의 기술을 성적 쾌락을 다루는 방식에서 찾았다. 어느 사회를 막론하고 인간은 쾌락에 좌충우돌하는 존재 아닌가? 들뢰즈는《들뢰즈가 만든 철학사》* 푸코 편에서 "그리스인의 도덕적 주요 관심사는 한마디로 잘사는 것"이었다고 말한다. "어떻게 하면 잘살 수 있는가?"라는 질문에 대해 "자신을 배려할 줄 알아야"라고 답

* 박정태 역, 이학사.

한다. 그런데 잘사는 것의 핵심이 '자기배려'라면 이 자기배려의 내용은 쾌락을 적절히 관리하는 것이라고 여겼다. 즉, 그리스인에게 '성적 쾌락의 활용'은 자기배려의 특권적 영역이었다.

이 쾌락을 잘 활용하고 관리하기 위해 그리스인은 양생술, 가정관리술, 소년과의 연애술 등 세 가지 자기배려 기술을 스스로 수련했다. 이는 성적 영역에서 도덕적 주체로 자기를 배려하는 세 가지 기술이다.

양생술은 동양에서도 발견되는데, 시기와 내용이 유사한 점이 흥미롭다. 서로 많이 떨어져서 왕래가 거의 없던 고대 그리스와 고대 중국에서 비슷한 양생 기술이 있었다. 무엇보다 정액을 소중히 여기는 점이 양측 모두에서 나타난다. 《동의보감》은 정액을 아기 낳는 데도 아껴야 할 생명의 보배로 기록하고 있다.* 《동의보감》은 16-17세기 허준이 선조의 명으로 고대 중국과 우리나라의 의서를 모아 엮은 것으로, 유네스코 세계기록유산으로 지정된 인류의 자산이다.

고대 그리스에서도 정액의 배출을 몹시 절제했다. 동서양의 양생술은 자기수양 측면에서 다루어지지만, 고대 그리스와 고대 중국의 양생술의 구체적인 목표 지점은 다르다. 동양이 보편적인 양생의 원칙을 말하고 있다면, 고대 그리스의 양생은 각자가 자기 고유의 양생을 발명하는 쪽에 가깝다. 그러나 비슷한 시기에 양생이 화두가 되고, 정액의 배출을 조심했으며, 유사한 자기수련법들이 나타난 점이 흥미롭다. 동서양의 '정액' 조언은 동서고금 남성들의 과도한 성행위 때문이 아니었을까 싶다.

---

* 허준, 《동의보감》, 신완 역, 동의문헌연구실, 법인문화사.

여하튼 고대 그리스의 양생술이란 자기의 신체와 맺는 관계를 말한다. 이 양생술에는 자기 육체를 충분히 배려하는 일반관리법과 각자 적절한 쾌락의 빈도와 시기를 정하는 각자의 쾌락 관리법이 있다. 허용과 금지, 정상과 일탈의 외부 기준은 없다. 스스로 체질과 기후, 신체 특성이나 환경 등을 고려해 성적 욕구를 조절하는 것이 중요했다. 즉, 무절제한 성행위를 알아서 삼갔다는 것이다. 이는 훌륭한 아이를 낳기 위해서도 필요했지만, 윤리적 존재로서 자기돌봄 영역이기도 했다. 그리스 사회는 생식만이 성관계의 목적은 아니었다. 남성 간의 성행위를 더 문제시하지도 않았다. 어느 쪽이든 과도하지 않아야 했다.

가정관리술도 흥미롭다. 가정관리술이란 부인과의 관계에서 자기배려의 기술이다. 이것은 부인을 다스리면서 동시에 자기를 다스리는 기술이다. 동양도 그랬지만 이 시기 그리스도 부인은 남편과 대등한 지위가 아니었다. 가정관리술이란 부인을 대등한 관계로 존중해준다거나, 외도하지 말라는 것이 아니다. 사회적으로 부인은 자손을 생산하는 존재일 뿐이다. 노예보다 조금 나은 처지인 부인의 위치를 인정하면서, 부인 및 하인들과 좋은 관계를 유지하는 것이 가정관리술이다. 부인은 남편에게 순종해야 했고, 남편은 노예나 소년이나 외간 여자 등 '아름다운 대상'과 외도할 자유가 있지만, 훌륭한 자손 생산을 위해 절제해야 했다. 이때 남편의 절제란 스스로 하는 자기배려일 뿐 외부의 법이나 도덕과는 관계없다. 반면 부인은 정숙과 복종이 미덕이었다. 한마디로 남편의 자기배려란 자기절제의 테크닉을 발휘해서 부인이 잘 수용케 하는 능력이다.

《니코마코스 윤리학》에서 아리스토텔레스는 그리스의 자유인 남성들은 '야만인' 페르시아인처럼 부인을 노예 취급하지 말라고 훈시하고 있다. 이 시대 그리스인에게는 그리스를 제외한 다른 지역 사람들은 모두 야만인Bárbaros이었다. 또 지중해에 위치한 그리스가 세계의 중심이었다. 세상은 그리스를 중심으로 돌아간다. 이건 고대 중국도, 고대 인도도 마찬가지다. 중국이, 인도가 세계의 중심이다!

자기배려의 기술로서 연애술은 동양에서는 상상할 수 없다. 연애술은 성인 남성과 소년이 관계를 맺을 때 성인 남성이 자신을 배려하는 기술이다. 이미 말했듯이 이 사회에서는 이성애나 동성애가 모두 허용되었다. 정상·비정상의 구분이 없다. 아름다운 대상에게 끌리는 것이 사랑이었으니 대상이 여성이든 소년이든 관계없다. 그런데 오히려 이성애보다는 '적절한' 동성애에 남성들이 끌리지 않았나 싶다. 여성과는 결혼 후 자손 번식 의무가 있었다. 여성들과의 관계에서는 에로스가 전제되지 않았다. 그러나 소년과의 사랑에서는 에로스eros(성애)가 조건이었다. 재미있는 것은 그리스 사회에서는 성행위 시 수동적인 자세를 매우 수치스럽게 여긴다는 점이다. 자유인 남성이 수동적인 여성 역할을 하는 것을 자연에 역행(파라 퓌신para phusin)하는 것으로 보기에 그렇다.* 그래서 성인 남성 간의 동성애는 가능하지 않다. 대등한 두 성인 남성 중 누군가 여성의 역할을 하는 것은 치명적인 불명예이기 때문이다.

때문에 성장 중인 소년과의 성관계만이 가능했다. 아직 완전한 자유인도 성인도 되지 않은, 그러나 푸르른 나무처럼 아름다운 소년의 몸에 대한 갈망이라 해야 할까? 문제는 소년이란 곧 나라의 미래를 짊어

---

* 미셸 푸코, 《쾌락의 활용》, 나남출판, 326쪽.

질 존재다. 곧 성인 남성과 동등한 자유민이 될 존재다. 이들과 관계할 때 성인 남성은 이 소년들에게 많은 배려를 해야 했고, 소년을 존중해야 했다. 말하자면 아직 어린 소년들이지만, 두 연인은 대등한 관계여야 한다. 오히려 소년이 주도권을 행사하도록 소년의 명예를 고려해야 했다. 연애술의 자기배려 역시 자기를 배려하는 동시에 소년을 배려하는 기술이다. 소년을 존중하면서, 성인 자신과 소년의 상호 윈윈을 염두에 두어야 하는 사랑!

그리스 사회에서는 수동성이 왜 문제가 됐을까? 아마도 이들 사회에서 여성의 지위와 연관된 게 아닐까 싶다. 앞서 언급했듯이 이 사회에서 여성이란 시민도, 자유인도 아닌 자손 생산의 도구 같은 존재였다. 남편의 재산이나 소유물 같은. 그러니까 성행위 시 자유인 남성이 여성처럼 수동적인 자세를 취하는 것은 아주 수치스러운 '사건'이다. 그런데 소년과는 사랑이 인정되었다! 그렇다고 소년에게 수동적인 역할을 마땅히 요구할 수도 없다! 소년을 배려하면서 서로 사랑을 유지하기. 그리고 어른이 되어 수염이 나기 시작하면, 소년은 도시국가의 어엿한 시민이 된다. 이때부터 둘은 우애(필리아philia) 관계로 들어선다. 참 어렵다! 그렇다고 본인 남성이 소년 대신 수동적인 자세를 취할 수도 없지 않은가.

해서 두 남성 모두 최대한 수동적이지 않은 자세의 성행위 테크닉들이 발명되었다. 소년이 성인 남성 파트너에게 완전히 지배받지 않도록 하면서 쾌락을 활용하는 기술! 그 때문에 이 연애는 플라토닉러브로 나아갔고, 로마로 오면서 서서히 쇠퇴한다.

소크라테스의 연인 알비키아데스는 소크라테스와 함께 잠을 자려고 온갖 유인책을 썼다. 소크라테스는 알키비아데스를 사랑하고 잘 보살

펴주었으나 관계를 갖지는 않은 것으로 전해진다.*

그리스의 자기배려 기술이 특히 성적 쾌락 영역에서 다루어졌다는 사실은 흥미롭다. 그러나 곰곰 생각해보면 이 영역이 삶의 핵심이 아닐까 싶다. 인간 삶에서 성적 영역을 제외하면 무엇이 남는가? 그러니 당연히 성의 영역에서 출발했으리라. 부인과의 관계도 그렇고, 자기 몸을 돌보는 양생의 관점에서도 지나친 성행위는 생명의 정기를 빼앗을 수 있다. 극단적으로는 그를 파멸로 이끌 수도 있다는 문제의식이 깔린 것이다. 자손을 생산해야 하는 남성이 과도하게 몸을 '굴리면' 자손에게도 좋지 않은 영향을 미친다. 또 그리스 사회 문화의 한 현상인 동성애 역시 성의 영역이니 성을 잘 다루는 것은 삶을 잘 다루는 것이다! 이는 현대에도 마찬가지다. 정치인 등 유명인들이 성 문제로 한방에 날아간 사건들을 우리는 지켜보았다. 안타까운 일이다. 현대인에게도 부부 관계, 양생(건강), 타인과의 부적절한 성관계 등이 매우 중요하지 않은가. 공자의 "수신제가 치국평천하"가 다시 떠오르는 장면이다.

성의 영역에서 자기를 주체화하는 문제! 이는 현대인에게도 여전한 과제다. 가정과 양생, 다른 여성(남성)과의 관계를 잘 돌보는 사람이라면 절반쯤은 자기배려에 성공한 사람이 아닐까? 때문에 고대 그리스에서 성적 쾌락 행위는 실존의 미학, 삶의 기예 영역이 되었을 것이다. 단, 누차 강조하지만 이는 자율적인 자기돌봄 양식이라는 점을 이해해야 한다. 이 말은 그리스의 자기배려가 적어도 종교, 정치, 교육제도 및 외부의 도덕법칙에 대해 독립적인 영역이었다는 것이다. 자기를 지금과

---

* 플라톤, 《향연》, 천병희 역, 도서출판 숲.

다르게 수정하고, 자신과 새로운 유형의 관계를 설정하는 것은 전적으로 개인의 몫이었다.

영화 〈거짓말〉, 사도마조히즘과 성적 쾌락

성은 억압된 적이 없다

오래전에 본 영화가 떠오른다. 제목도, 배우 이름도 가물가물해서 급히 찾아본다. 장선우 감독의 〈거짓말〉. 1998년 제작, 2000년 개봉됐지만 외설 시비로 여러 차례 등급보류 결정을 받은 문제작이다. 장정일의 소설《내게 거짓말을 해봐》를 원작으로 한.

참 기이했다. 벌거벗은 남녀가 몽둥이로 상대의 엉덩이를 무지막지하게 가격하는 것만 기억에 남는 영화. 그 영화는 TV, 일간지, 각종 잡지 등에 한동안 논쟁거리로 등장했다. 시민단체의 고발로 원작자 장정일 씨가 구속되는 사태까지 벌어졌다. 법정에 들어가던 장정일의 얼굴을 텔레비전으로 무심히 보았다. 감독은 어찌어찌해서 구속을 면했다고 한다.

나는 이 영화에서 끔찍할 정도로 서로 무섭게 때리는 장면의 반복에 충격을 받았다. 시늉하는 것이 아니라 정말로 '무식하게' 두들겨 팬다. 저런 고통이 쾌락이 될 수 있을까? 사디스트가 섹스파트너에게 폭력과 학대를 가해 쾌락을 느끼는 것은 그렇다 쳐도 발가벗겨진 채 죽도록 얻어터지면서 오르가슴을 느끼다니. 주인공 남자가 이상야릇했다. 남자는 계속 더 때려달라고 여성에게 요구한다. 여성 또한 벌거숭이 몸으로 남성의 몽둥이세례를 받는다.

줄거리는 다 잊었다. 한 가지 기억에 남는 것은 남자가 평소보다 더 심하게 몽둥이질하는 장면이다. 여자가 바람피운 걸 알게 되었기 때문이다. 혹은 바람피웠다고 오해한 것일 수도 있겠다. 중요하진 않다. 영화 촬영을 마친 후 인터뷰에서 여자 주인공은 남자 주인공이 정말 미웠다고 말했다. 신인으로 발탁된 19세 여고생 배우는 촬영이 고통스러웠음을 고백하는 듯했다.

영화가 논란이 된 것은 심하게 야하고 외설적이라는 점 때문인 듯했다. 그런데 몽둥이질을 해대는 장면이 거듭될수록 나는 구역질이 났다. 구역질이 성적 느낌을 대체했다. 내가 생각하는 에로물이란 뭔가 성적 쾌감을 주는 것이었다. 그러나 아니었다. 벌거벗은 두 몸이 주고받는 폭력 행위, 사디즘과 마조히즘의 놀이는 참을 수 없이 역겨웠다. 영화를 보는 내내 속이 뒤집혀서 견딜 수 없었다. 중간에 나오고 싶었으나 돈이 아까웠고 전체 줄거리를 알아야겠다는 오기로 버텼다. 그날은 음식을 먹지 못했던 것으로 기억된다.

그때 문득 느꼈다. 성性 소재의 영화가 이토록 성적이지 않을 수도 있구나. 그토록 아름다운 몸의 여배우를 등장시키고도 말이다. 에로티시즘은커녕 구역질이라니. 잔학성과 쾌락의 동시적 감각이라니. 영화 상영 내내 기이했다. 마조히스트의 쾌감에도, 사디스트적인 권력에도 몸이 동하지 않았다.

그로테스크하고 낯선 감흥과 불쾌감, 어지러움. 성을 이렇게 혐오스럽게 포착할 수도 있다! 감독이 이 효과를 노린 것일까? 감독의 의도가 무엇이었든, 나에게 〈거짓말〉은 이상한 충격을 주었다. 그런데 '다른 감각'의 영화라는 생각이 들자, 돌연 감독을 높게 평가했던 것 같다. 흥행을 위해 싸구려 볼거리를 배치한 얄팍하고 저속한 영화라고 사람들은 비난했지만, 어린 배우에게 무지막지한 폭력을 가한 점을 제외하면 나의 성性 관념을 전복한 영화였으니까. 지금 다시 보면 어떤 느낌일지 장담할 수는 없다. 호기심으로라도, 실험을 위해서라도 다시 볼 마음은 없다.

그러나 그런 사도마조히즘의 행위를 통해 자신들의 육체를 탐험·실험하고, 자신들의 새로운 쾌락을 생산한 것이라고 하면 뭐랄 수는 없지 않을까? 내겐 혐오스럽더라도 말이다. 말하자면 권력과 규범이 규정한 '변태적 성행위'라는 분류 도식에 저항하는 자유의 생산이랄까. 자기 몸에 대한 주권을 확립하는 행위라고 한다면? 사회적 장에서는 변태, 성도착 등의 기호로 분류되더라도 당사자들은 그 따위 담론에 신경 쓰지 않는다고 한다면? 개인이란 권력관계의 산물이며 담론들의 작용의 결과물이라고 본다면, 도착이나 변태는 사회적으로 구성된 담론이다. 푸코는 권력관계(권력작용)는 특정 영역에서 무수한 동일성의 체계를 생산한다고 본다. 지금 '나'라는 '주체'도 구성된 주체다. 지금 나의 성적 정체성도 구성된 정체성이다. n개의 성이 존재한다고 사람들은 말한다. 그렇다면 n개의 성 정체성이 존재할 것이다. 이때 정체성이라는 말은 아무것도 나타내지 못하는, 있으나 마나 한 장식어가 될 수밖에 없다. 성적 취향을 범주화해서 개인들을 구별하는 기준으로 삼는 것 자체가 어불성설이 아닐까? 정말로 성적 취향이 내가 누구인지, 어떤 사람인지를 드러낼 수 있을까?

어쨌거나 나를 놀라게 한 것은 주인공들이 환기시킨 낯선 감각이다. 뭐랄까. 그것은 나의 성 규범을 뒤집고 고정관념을 뒤흔듦으로써 나의 '아름다운 성 이미지'를 파괴하는 것 같았다. 그것은 그러니까 "바람직한 섹스 행위, 자연스러운 섹스 행위, 아름다운 섹스 행위라는 너의 관념은 개에게나 줘라!"라고 조롱하는 것 같았다. 나의 에로티시즘적 환상이나 정형화된 성 이미지에 급제동을 걸면서 "이런 쾌락도 있다! 어쩔래?", "이런 사랑도 있다! 어쩔래?"라고. "이것이 사랑이 아니라고 당신은 말하는가? 그것을 왜 당신이 정하는가? 당사자인 내가 사랑이라고 하는데, 무슨 권리로 당신이 아니라고 주장하는가?"라고. 혹은 우리의 이런 쾌락놀이를 굳이 당신들이 쓰는 때 묻은 사랑이라는 단어에 귀속시킬 생각이 전혀 없다고 말할 수도 있겠다.

물론 성을 잔혹한 방법으로 상품화한 것을 비난할 수는 있다. 나는 이 분야에 과문하다. 이보다 더 수위가 심한 것도 있을 것이다. 이 정도에 충격 운운하는 것은 무지함의 발설일 수 있다. 여하튼 확실한 것은 그것이 그들에겐 상호 쾌감을 주는 한 방식이라는 것이다. 가학과 피학 관계의 역동은 그들의 쾌락 혹은 사랑놀이였다! 어떤 창조 행위일 수도 있겠다. 말하자면 뭐라 명명할 수 없는, 미지의 낯선, 모종의 창조 행위. 낯선 감각과 힘들의 세계에 놀랍고 고통스럽던 나의 기억은 규율화·규범화된 유기체의 반사적인 반응일 것이다.

그들의 행위는 푸코가 긍정하는 자기쾌락의 고안 행위일 수 있지 않을까? 푸코는 근대의 생명관리권력(생명권력)을 한편으로 개인의 신체 층위에서 작동하는 규율권력과 종種-인구에 작동하는 조절통제권력으로 나눈다. 성은 이 두 층위 모두에서 작동된다. "한편으로 성은 육체의 규율, 즉 훈련·체력의 강화와 배분, 에너지의 조절 및 경제적 사용과 관계가 있다. 다른 한편으로 성은 인구조절의 영역과 관련하여 모든 총괄적 결과를 유도한다."* 성은 개인과 종種의 생명을 통제·관리하는 수단이었다는 것이다. 즉, 성은 "육체에 대한 미시권력"을 행사하면서 동시에 사회 전체나 사회집단에 개입하는 통로였다. 권력의 입맛에 맞게 그들이 바라는 결과를 유도하는 전략·전술의 도구로 이용된 것이 성이었다.

성과학, 권력과 공모해 탄생한 지식

때문에 생명관리권력은 성(섹슈얼리티)을 끊임없이 말하게 한다. 어서 고백하라고 다그친다. 빌헬름 라이히 등 일군의 학자들은 자본주의가 노동력의 착취를 위해 성을 억압했다는 가설을 세운다. 푸코는 '천만의 말씀!'이라고 말한다. 성은 억압된 적이 없다는 것이다. 억압된 것처럼 보이게 했을 뿐이다! 오히려 성에 대해 "말해야 할 무한한 책무가 부과되었다".** 권력은 고백과 통제·관리를 통해 새로운 성 지식을 만들

* 미셸 푸코, 《성의 역사 1》, 이규현 역, 나남출판, 188-189쪽.
** 위의 책.

어내고, 성도착증 등 주변부 성을 계속 발명해낸다. 즉 권력의 필요에 따라 성이 범람하는데, 이렇게 발명한 성 담론은 새로운 규범이 된다. 새로운 정상과 비정상이 생산되는 것이다. 푸코는 이런 절차와 과정을 거쳐 탄생한 인간과학 중 하나가 성과학scientia sexualis이라고 본다. '성과학'은 과학의 영역인 듯 보이지만 실은 권력과 공모해서 탄생한 지식이라는 것이다. 그런 성 담론이 '과학'이라는 권위를 입고서 정상적인 성을 운위한다. 또 푸코는 '성'이라는 말 자체에 문제를 제기한다. 성은 18세기 이후 만들어진 복합적인 어떤 관념을 지칭한다. 즉, 섹슈얼리티란 최근에 만들어진 개념으로 항구적이고 초월적인 무엇이 아니라 근대의 산물이라는 것이다.

여하튼 근대 권력은 성과학이라는 탈을 쓰고 사적이고 은밀한 영역까지 파고들어와서 인간을 통제하고 개조한다. 정신과 의사에게, 심리학자에게, 신부에게, 친구에게, 혹은 글쓰기를 통해 개인은 자기 성을 고백한다. 학교와 가정에서는 교사들과 부모들이 아동의 자위 행위 등 어린이의 성을 엄격히 조사하고 보고하는데, 이러한 데이터들은 다시 성 담론을 풍부하게 한다. 성과학은 정상적인 육체 행위의 범주를 설정해준다.

> "성적 도착의 증가는 (…) 육체와 육체적 쾌락에 대한 한 가지 권력 유형의 간섭에서 기인한 실제의 소산이다. (…) 그러나 서양은 권력과 쾌락의 상호작용에 대해 새로운 방침을 명확히 했다. 이에 따라 여러 가지 성적 도착의 굳은 얼굴이 서양에서 점점 뚜렷해졌다. (…) 쾌락과 권력은 서로 상쇄되지도 서로에게 등을 돌리지도 않는다. 쾌락과 권력은 서로 뒤쫓고 서로 겹

치고 서로 활성화된다. 쾌락과 권력은 복잡하고 확실한 자극과 선동의 메커니즘에 따라 서로 얽힌다."*

푸코는 근대 성 담론이 규격화해놓은 성 정체성의 예속에서 벗어나라고 말한다. 이는 적극적으로 자신의 쾌락 행위를 발명하라는 주문에 다름 아니다. '성'의 영역에조차 침투해서 정상적인 쾌락의 조건과 범위를 만들어 금을 그어주는 권력이라니!

그러니까 나는 고통이 쾌락과 동의어가 되는 '기상천외한' 영화를 받아들일 수 없었던 것이다. 섹스 행위란 의학과 사회규범이 요구하는 보편적인 기준을 넘어서서는 곤란했다. 성행위란 아름다운 사랑 행위이며, 후대를 잇는 자손 번식 행위이니 조심스럽고 아름답게 연출되어야 한다. 규범에 맞게 단계와 절차를 밟아가는 것이어야 했다. 정해진 절차와 방법이 무엇인지는 모르겠지만 적어도 영화 〈거짓말〉처럼은 아니다. 그들은 '정상'이 아니다!

푸코는 동성애나 양성애, 마조히즘, 사디즘 등 그 무엇도 자기 육체의 탐험이며 실험이 될 수 있다고 보는 듯하다. 과문함 탓에 이 영역을 건드리기가 조심스럽고도 어렵다. 중요한 것은 생각과 행위는 물론 욕망과 쾌락까지도 '이것이 정상적인 것이 맞나?', '이것은 손가락질받을 만한 것이 아닌가?', '이런 행위는 문제 있는 것 아닌가?'라고 검열한다는 것이다. 보이지 않는 감시자를 모시고 사는 것이다. 그러니까 푸코는 '바람직한' 성의 표상 바깥에서 자기쾌락을 구성하라고 말한다. 그것은

---

* 위의 책, 66-67쪽.

어떤 예속을 비웃는 '정치적' 행위다. 자유로운 존재의 존엄함과 자기의 자유를 창조하는 자들의 놀이다. 이 자유로운 놀이는 강요된 기준을 비웃고 비틀고 우리가 공유하는 어떤 표상에게서 힘과 권위를 뺏는 유희다.

동성애 금지, 자본주의 체제 유지의 도구

근대 이전에는 남성들 간의 성행위도 비교적 자유로웠다고 한다. 고대 그리스 사회가 동성애 사회였다는 걸 잘 알고 있지 않은가. 알키비아데스는 소크라테스와 연인관계였다.《향연》에 나오는 아가톤은 파우사니아스라는 동성 연인이었다. 아킬레우스는 파트로클로스와 연인관계로 추정된다. 그렇기 때문에 파트로클로스가 헥토르에게 죽임을 당하자, 아킬레우스는 헥토르를 죽이고도 분이 풀리지 않았는지 헥토르의 시신을 수레에 매달고 다니며 온갖 악행을 저지른다. 로마에서도 소년을 좋아하는 왕들의 이야기는 종종 등장한다. 근대에 와서 동성애가 문제 된 것은 자본주의 체제 때문이라는 견해도 있다. 남성 간의 진한 사랑은 남녀의 결혼을 통한 사적 소유와 사적 재산의 근간을 흔들며 자본주의 체제를 어렵게 한다. 때문에 권력은 성의학 담론을 이를 막는 구실로 이용한다.

푸코는 이성애나 동성애, 양성애 등을 실체로 보지 않는다. 그것은 단지 인간이 자기의 몸을 실험하는 방식일 뿐이다. 자신의 새로운 쾌락을 발명하고, 자기 삶을 어떤 쾌락의 장으로 조직하는 것, 어떤 쾌락의 양식을 창조하는 것이 중요하다. 물론 쾌락이란 성적 쾌락만 의미하지 않는다. 삶의 모든 순간은 쾌락의 활용과 관련된다. 당신이 누군가와 사랑을 나누는 행위도 쾌락이지만, 누군가와 나누는 대화도 쾌락이 될 수 있다. 지적 호기심을 충족시켜주는 책 읽기도, 공부도, 건강을 위한 적절한 운동도, 친구를 만나는 일도 쾌락 행위가 된다. 우리는 쾌락의 이미지를 성적 이미지로 한정하거나 환원한다. 푸코에게 문제가 되는 것은 삶의 영역에서 어떻게 쾌락을 활용할 것인가와 연결된다. 쾌락은 성의 영역을 포함해서 삶의 모든 순간 향유할 수 있는 즐거움이다. 에피쿠로스처럼 '고통 없음'이 쾌락이 되기도 한다. 이 쾌락을 우리가 제대로 생산해서 삶을 예술로 만드는 것이 필요하다. n개의 쾌락이 있다. n개의 쾌락을 각자 고안하여 쾌락의 장소인 자기 몸의 주인이 되는 쾌락의 삶이 중요하다. 쾌락은 누구에게는 즐거움이고, 누구에게는 고요함이나 평정이며, 누구에게는 희열의 순간이다. 누군가에게는 모르는 것을 알게 되는 순간에 맛보는 지극한 지적 환희다!

그래서 푸코는 고대인이 자기의 쾌락 행위를 조절하여 윤리적 존재로 주체화했던 사실에 주목한다. 인간은 자기의 쾌락을 산출하며 생을 작품으로 만들어가는 존재다. 성은, 즉 쾌락이란 자기배려의 여러 영역 중 하나다. 때문에 쾌락을 잘 다스리는 자는 자기를 잘 다스리는 자가 된다. 외부의 기준은 없다. 자기 자신에게 맞는 쾌락을, 적절한 시기와 장소를 택해서, 적절한 상대와 적절한 빈도와 강도로 즐기면 된다. 이 사적인 영역에 대해 누구도 정상적인 체위 따위를 말하지 않는다. 물론 타인에게 피해를 주어서는 곤란하다. 또한 고대인은 쾌락 행위가 자기 자신에게 해가 되지 않도록 각별히 주의를 기울였다.

내가 영화 〈거짓말〉을 관람하고 느꼈던 구역질은 길들여진 신체와 정신의 자연스러운 반응이었을 것이다. 특정 유형의 표상에 환상을 품었기 때문이다. '저건 너무 멀리 나간 거야. 불쾌해서 밥을 먹지 못할 정도인걸!' 야동을 많이 보신 분들이라면 내게 오히려 핀잔을 줄 수도 있겠다.

어쨌거나 정상적인 섹스 행위라든가 아름답고 멋진 섹스, 신비하고 바람직한 에로티시즘이라는 것은 없다. 각자가 느끼는 만큼이 진실이다. 이때 각자란 권력관계 담론에 포획되기를 거부하는 저항하는 개인이다. 누구나 자기의 쾌락을 계발하고 양식화하여 기쁘게 살 자유가 있다. 그런데 '누구나' 중에는 나도 포함되어 있다. 나는 생명권력의 허구적 성 담론을 선험적으로 모방하고 재현하는 예속적 주체인 셈이다. 하여 나란 권력작용의 산물이며, 권력작용으로 생산된 특정 이데올로기 재현의 주체였던 것이다.

돼지와 동길이는 어디로 간 걸까?

정상과 비정상

유년 시절, 우리 집 앞에는 돼지네 집이 있었다. 엄마는 돼지엄마와 친했다. 돼지네는 아들 돼지와 똘똘이, 딸 수진이와 미리 등 4남매를 두었다. 우리도 4남매였다. 돼지네는 딸, 딸, 아들, 아들이었고, 우리는 딸, 딸, 딸, 아들이었다. 남아선호가 대단하던 시절이라 집집마다 아들이 있어야 했던 때다. 아들 이야기를 하려는 것은 아니다.

우리 엄마는 돼지엄마를 좋아했다. 작은 시골 동네에서 엄마와 돼지엄마, 인숙이엄마 셋이 단짝이었다. 인숙이네는 우리 집과 대각선으로 약 200미터 떨어진 곳에 살았다. 마을에서 우리 집이 제일 큰 새집이었다. 어린 시절 아버지는 신작로 가에 집을 지으셨다. 당시 우리 집은 부자였던 것 같다. 이후 가세가 급격히 기울었다. 아무튼 엄마는 그들과 단짝인 걸 자랑스러워하는 눈치였다. 셋은 나이가 비슷했고 인물도 좋은 편이었다.

돼지아빠는 젊은 나이에 면사무소의 부면장이었다. 돼지아빠는 수줍음을 타는 얌전한 사람이었고, 말수가 적었다. 돼지엄마는 인물이 출중했다. 인숙엄마도 고왔지만, 돼지엄마와는 비교가 안 되었다. 돼지 또한 매우 잘생겼다. 돼지를 볼 때마다 어른들은 "고놈 잘생겼네"라고 한마디씩 했다. 돼지는 단정한 아이였으며, 전혀 뚱뚱하지 않았다. 다만 이름이 돼지였다! 학교에서 돼지는 다른 이름이 있었다. 그 이름이 낯설어서인지 아이들은 학교에서든 집에서든 "돼지야, 돼지야"라고 돼지를 불렀다. 돼지는 아무렇지도 않게 반응했다. 부르는 사람 역시 놀리려는 목적은 없었다. 돼지는 그의 이름이었으니까.

그러니까 그 시절에는 부자라는 말을 들으려면 몸에 살이 후덕하게 붙어야 한다. 사장님이나 사모님 소리를 들으려면 몸이 튼실해야 했다. 뱃살도 적당히 나와야 했다. 말하자면 '살'이 부의 상징이었다. 지금과 반대다. 지금은 몸에 살집이 없는, 균형 잡힌 몸매가 부의 상징이다! 살찐 몸은 가난과 무지의 상징이 된 지 오래다. 한마디로 그 시절에는 몸에 살이 있는 것이 마른 것보다 선호됐다. 때문에 돼지 부모는 기다리고 기다려서 낳은 아들을 돼지라고 이름 지은 것 같다. 튼튼하고 건강하게 잘 자라라는 의미였을 것이다.

동네에는 동길이도 있었다. 내가 동길이를 처음 본 것은 7-8세쯤일 것이다. 철길 아래나 마을의 공터에서 동길이는 한쪽 팔을 'ㄴ' 자 모양으로 구부려서 배에 딱 붙이고, 펄쩍펄쩍 뛰어다녔다. 동길이는 매번 웃고 있었다. 아이들은 동길이를 따라다녔다. "동길아, 동길아" 하면 동길이는 웃으면서 쏜살같이 달렸고 아이들은 동길이를 쫓아갔다. 동길이는 덩치가 큰 어른이었다. 동길이와 아이들은 잘 놀았다. 동길이가 집에서 나오면 아이들은 좋아서 동길이처럼 펄쩍펄쩍 뛰며 동길에게로 몰려갔다. 동길이를 괴롭히려는 의도는 아니었던 것 같다. 다만 동길이는 아이들과 노는 것이 좋았을까? 그건 잘 모르겠으나 동길이는 항상 웃고 있었다!

'미친년'도 있었다. 그녀는 옷을 잘 차려입고, 매일 마을을 여러 바퀴 빠른 걸음으로 돌고 난 후에 자기 집으로 들어갔다. 그녀의 아버지는 마을 이장이었고, 어머니는 부녀회장을 역임한 사교적인 아주머니였다. 사람들이 그녀를 미친년이라고 부르는 것에는 악의가 없었다. 마을에는 곰보도 있었고, 꼽추 아저씨도 살았다. 소아마비로 다리를 저는 사람도 있었고, 벙어리 아저씨도 있었다. 마을 어른들은 대화를 나눌 때 "벙어리네 이번 고추농사 망했다"거나 "절름발이 김가네가 밭을 샀다", "곰보네 아들 장가간다"고 말했다. 그러나 그 화법을 누구도 인신공격이라고 생각하지 않았다. 키다리, 꼽추, 땅딸보, 뚱땡이, 노랑대가리, 대머리, 애꾸눈 등으로 서로를 지칭했다. 지금 생각하면 웃음이 절로 나는데, 사람의 흠 있는 특성을 포착해서 호명하는 것에 유머와 해학이 느껴진다. 그러고 보니 문둥이도 있었다.

문둥이는 어린아이들에게 매우 위협적인 존재였다. 문둥이는 종종 마을로 내려왔다. 어른들은 앞산 너머에 문둥이가 살고 있다고 했다. 문둥이는 아이들을 잡아먹으니까 먼 데까지 가지 말라고. 나는 친구들과 자주 산에 가서 놀았다. 산에는 먹을 것이 많았고, 길거리에서 노는 것보다 재미있었다. 특히 멀리 갈수록 산딸기나 오디, 머루, 찔레 등이 많아서 좋았다. 산에서 놀던 어느 날 사위가 갑자기 어두워지자, 친구와 급하게 산길을 내려오고 있었다. 그런데 저 앞에 문둥이 같은 남자가 걸어오고 있었다. 우리는 길이 없는 쪽으로 달아났다. 문둥이는 우리를 보지 못한 걸까? 문둥이는 어디로 간 걸까?

해와 하늘빛이
문둥이는 서러워

보리밭에 달 뜨면
애기 하나 먹고
꽃처럼 붉은 울음을 밤새 울었다

- 〈문둥이〉 서정주*

그날 저녁 내가 본 그 남성이 문둥이인지는 알 수 없다. 그러나 나는 오랫동안 등골이 오싹했다. 하마터면 잡아먹힐 뻔했다고 생각했으니!

유년 시절, 고향 마을을 생각하면 빠지지 않고 등장하는 것이 또 있다. 만가輓歌 소리와 함께 등장하던 상여의 행렬이다. 알록달록하게 꾸민 상여가 지나갈 때마다 사람들은 집에서 나와 구경했다. 상여 행렬은 마을에서 흔히 볼 수 있는 풍경이었다. 일상 속에는 아름다운 꽃으로 장식한 울긋불긋한 죽음이 함께했다. 죽음은 아름다운 외관을 하고 삶의

* 《미당서정주 전집》, 은행나무.

곁을 지나가고 지나갔다. 죽음은 삶의 주변에서 계속 출몰했다.

요즘 읽는 서정주의 시에는 죽음이 많이 등장한다. '그렇지, 옛날에는 사람이 많이 죽었지'라고 생각했다. 의학 시스템의 미비로 전염병 등에 대처하기 어려웠을 테니. 그런데 곰곰 생각해보면 요즘이라고 사람들이 안 죽는 것이 아니다. 만성질환은 물론 사건사고로 인한 우발적 죽음은 텔레비전 뉴스에 매일 등장한다. 그러나 일상에서 죽음은 감춰진 듯하다. 죽음은 마을 공동체나 사회집단의 공적인 의례가 아니다. 우리는 매일 죽음을 만나지만, 죽음은 금기의 영역이 된 듯하다. 우리는 죽음을 망각하며 사는 것은 아닐까. 이것은 많은 문제를 가져올지 모른다. 죽음을 감춤으로써 결국 반쪽짜리 삶을 살게 된다. 삶과 죽음을 이분법적으로 나눔으로써 죽음을 무섭고 두려운 터부로 만든다. 동시에 죽음을 잊게 한다. 생성소멸하는 삶과 죽음의 이치를 인위적으로 나누고 조각낸다. 이러니 인간이 유한한 존재이며, 인간에게는 유일무이한 한 번의 삶이 주어져 있다는 사실을 잊게 된다. 근대 권력은 전통적인 삶과 앎을 분절하고 나눈다. 개인의 신체에 깊숙이 침투하여 삶을 권력의 입맛에 맞게 개조한다. 죽음은 근대 권력에는 칙칙하고 지워버려야 할 무엇이다. 얼굴을 가리면 하늘이 안 보이는가? 죽음을 사유해야 삶이 깊고 풍부해진다. 삶도 죽음도 긍정할 때 삶은 다르게 나타난다.

그러나 근대의 삶은 죽음을 은폐한다. 세상의 아름다움들은 모든 추함을 은폐한다. 화려한 부는 빈곤을 은폐하고, 정상은 비정상을 은폐하고 구분한다. 그러나 1970년대만 해도 내 고향마을에는 미친 사람과 동길이, 꼽추와 '돼지', '죽음'이 삶의 가까이에 있었다. 요즘은 돼지도, 동길이도, 절름발이도, 벙어리도, 귀머거리도, '뚱땡이'도 사라졌다. 죽음은 관념으로만 있는 듯하다. 세상에는 잘 포장된 상품으로서의 삶이 있다.

지금 만약 뚱땡이, 돼지, 절름발이, 벙어리로 누군가를 호명하면 인신공격이 된다. 그것은 범죄 행위다. 그러나 예전에는 인신공격이라고 느끼지 않은 것 같다. 이것은 한국만의 특성이 아니다. 서양에서도 산업화 이전 중세에는 이런 식으로 사람들을 불렀다고 한다. 다니엘 페나크의 장편소설《몸의 일기》(문학과지성사)를 보면, 프랑스에는 쿠르트퀴스(다리가 짧은 사람), 르그라(살이 찐 사람), 프티피에르(키가 작은 사람), 그로장(체격이 큰 사람), 르보르뉴(애꾸) 같은 성姓을 가진 이들이 많았다고 한다. 이들은 요즘도 거리를 활보하는데, 이런 프랑스어 성姓은 모두 신체의 특성을 딴 것이라 한다.

이를 인신공격으로 받아들이는 것은 사회가 변했다는 이야기다. 푸코가 말했듯이 전통적인 주권권력이 규범권력으로 변하면서, 이런 규범사회는 사람들을 정상과 비정상으로 나눈다. 이것은 무섭다. 비정상군에 포함되면 차별과 배제의 대상이 되기 때문이다. 낙오자나 패배자가 되지 않으려면, 기를 쓰고 '정상'이라는 표식表式을 얻어야 한다. 그러기에 신체든 정신이든 흠 있는 사람으로 몰린다면 큰일이다. 간당간당, 위태위태하게 살아가는 현대인은 비정상의 낙인이 찍히는 것이 두렵다. 그것이 '주홍글씨'가 될 수 있기 때문이다. 우리는 이제 농담 한마디에 펄쩍 뛴다. 내가 소수자가 되는 순간 무슨 불이익을 당할지 알 수 없다. 그래서 우리는 타인의 말 한마디, 표정 하나, 손짓 하나에 신경을 곤두세운다. 누군가가 나의 신체적·성격적 특성을 한마디로 언명하는 것에 대단히 과민하다. 모욕을 넘어 나의 지금 삶을 박탈할 수도 있기 때문이다. 그래서 농담 한마디에도 정색한다. 팍팍하고 에누리 없고 긴장하며 서로의 시선과 평가의 노예가 되어 살고 있다.

이런 환경에서 살면서 농담이랍시고 남의 외모나 신체적 특성을 함부로 말하는 것은 착란 행위다. 이런 사회 분위기 때문에 모두 잔뜩 신경을 곧추세우고 사는 것이니. 그렇기 때문에 예전 같은 여유나 유머, 해학은 동서양에서 모두 사라진 지 오래다. 이제 우리는 신중하게 말을 골라야 한다. 이것이 최소한의 윤리적 행위가 되었다.

이제 이런 말들은 소위 '정상'인 자들, 기득권자들이 자신과 타자를 구별하는 기준, 혹은 약자를 향해 멸시를 담은 폭력이라는 점도 명심해야 한다. 이제 우리는 "나는 정상이거든!"이라고 서로 우기며 살게 된 것이다.

어쩌면 예전의 우리 할아버지의 할아버지의 할아버지들은, 할머니의 할머니의 할머니들은 알고 있었을 것이다. 인간은 누구나 어슷비슷 불완전하고, 누구나 흠결이 있으며, 오히려 그 흠결이 '정상'이라는 것을. 인간이란 완전할 수 없으며, 만약 누군가가 자신은 '완전하다'고 주장하면 그가 되레 '비정상'이라고. 인간은 겉모습도 다르고, 생각도 다르고, 사건에 대응하는 방식도 다르다. 특히 그 시대에는 소아마비나 천연두 같은 예방접종이 없었으니 누구나 곰보나, 절름발이(신체장애인을 비하하려는 것이 아니다), 벙어리가 될 가능성이 컸다. 그리고 불완전한 자들이 함께 어우러져 살아가는 것이 공동체의 모습이었다. 다른 것이 '정상'이었으므로 사람들은 '겁 없이' 면전에서 각종 인신공격성 호칭을 서로 사용할 수 있었다. 정상과 비정상을 분류하고 차별하는 시스템이 존재하지 않았다. 내가 너를 '난쟁이'라고 부르고, 네가 나를 '비실이'라고 부르는 것을 서로 용인했다. 완전한 존재란 신神뿐이었으니까. 인간이란 누구나 보이는, 보이지 않는 결함을 지닌 존재라는 것, 그리고 그 사실을 대놓고 서로 말할 수 있는 이 느슨한 풍경이 즐겁지 않은가? 그것은 험담도 인신공격도 차별도 아니다. 그것이 인간종種의 모습이니 아무도 그 호칭을 두려워하지 않았다.

자기란 자기와의 관계이고 그 관계들의 총체

푸코의 예리한 통찰이 아니더라도 우리 사회 역시 근대 이후 변한 것이다. 사람들은 죽기 살기로 아등바등 아귀다툼한다. 살기 위해 죽기를 각오해야 한다. 이 사회에서 비정상의 낙인이 찍히는 것은 생살여탈권을 뺏기는 것이다. 그러니 말 한마디도 허투루 들어넘길 수 없다.

그 시대로 돌아가자는 것은 아니다. 다만 이토록 말 한마디에 우리가 예민하게 반응하는 것은 우리 모두 애처롭고 힘들게 살고 있다는 방증이라고 생각해볼 필요는 있다.

우리는 이제 누구나 동일자의 사고, 동일자로 환원되는 삶을 열렬히 원한다. 내가 타자가 되는 순간 차별과 불이익이 기다리고 있다! 그러니 차이 나는 삶을 살자는 주장은 위협적인 말일 수밖에 없다. 그럼에도 세상에는 자발적으로 위험을 감수하며 사는 사람들도 있다. 이제 거대한 중심을 향한 위험한 질주를 멈추는 사유가 필요하다. 모두가 욕망하는 바로 그것을 향해 달려가는 위험한 본능이 우리에게 타인과 달라지는 것이 두려운 것이라고 알려주는 것이다.

내 마음 안에 돼지와 동길이, 땅딸보와 키다리를 불러온다. 그 옛날 우리가 누렸던 여유와 해학, 유머를 생각한다. 그러나 이는 내가 나에게만 요구하고 주장할 수 있는 가치다. 내가 나에게 "돼지야! 땅딸보야!"라고 가만히 불러보자! 이 사소한 것도 자기와 다르게 관계 맺는 하나의 연습이다.

푸코는 "자기는 자기와 맺는 여러 관계 외에 그 무엇도 자기 아니다"*라고 말한다. 푸코에게 자기는 "선험적으로 구조화되어 있는" 무엇이 아니다. "자기란 자기와의 관계이고 그 관계들의 총체"다.

---

* 《비판, 자기수양》, 136쪽.

세 가지 종류의 시간 이야기

✶

과거 기억하기

베르그손에 의하면 인간의 인식은 현재의 지각과 과거의 기억이 만나서 이루어진다. 내가 지금 인지하는 것에는 과거가 공존한다. 내가 현재 보고 있는 이 컵은 과거 어느 순간, 내가 컵이라고 이해한 그 컵을 보고 있는 것이다. 그러니까 이 컵이 느닷없이 나에게 닥친 괴물이 아닌 것은 과거 언젠가 컵이라고 기억했던 그 컵의 기억을 불러왔기 때문이다. 그 기억에 힘입어 나는 이것을 컵이라고 부른다. 나의 감각과 지각은 과거의 기억과 만나서 현재의 나의 의식을 구성한다. 나의 의식에는 내가 지각하는 내용들이 떠올려지는데, 이것은 과거에 기억된 내용들이다. 즉, 과거의 기억들이 현재로 호출되어온 것이다.

그러니까 현재 속에는 언제나 과거가 공존한다. 이 과거와 함께 나의 의식은 미래를 향한 어떤 행위를 선택한다. 선택하는 순간 미래는 현재가 된다. 그러니까 나의 현재에는 과거가 언제나, 이미 들어와 있으며 동시에 미래가 들어온다. 현재에는 과거와 미래가 공존한다. 이것이 삶이다. 우리는 과거의 기억을 불러오고, 미래를 향해 결단하는 현재 속에 살고 있다. 물론 현재란 즉시 과거가 된다. 현재 속에는 과거가 넘쳐흐른다.

또한 미래는 언제나 현재 속에서만 모습을 나타낸다. 미래 그 자체란 없다. 미래를 도래하지 않은 어느 시점이라고 한다면, 미래는 영원히 존재하지 않는 무엇이다. 미래란 내가 행위 하는 그 순간 현재로 나타날 뿐이다. 방금 언급했듯이 이 현재에는 과거가 함께한다. 과거와 떨어져 홀로 존재하는 현재란 없다. 그래서 내가 현재 무엇에 집중하느냐에 따라 과거의 기억 중 현재로 호명되는 내용이 달라지며, 그것이 현재의 삶을 구성한다. 또 현재 어떤 것을 선택하느냐에 따라 내 앞에 펼쳐질 미래는 달라진다. 과거는 흘러가버리는 것이 아니다. 그것은 나의 현재 속에 오롯이 살아있다. 기억이라는 잠재성으로.

그러니까 과거는 무의식처럼, 주름처럼 켜켜이 내 안에 존재한다. 어느 순간 나의 지각은 어떤 상황과 물건과 사람들을 만난다. 이때 수면 아래에 있던 과거의 기억이 나타난다. 말하자면 나는 과거를 얼른 불러낸다. 과거는 자기를 부르는 소리에 반응한다. 나의 현재는 무한히 펼쳐질 준비를 하고 내 안에 퇴적되어 있는 과거를 품고 있다. 이 과거는 현재의 내 삶을 조형한다. 현재란 과거와 미래가 함께 만들어가는 작품이다. 이 작품은 차이를 생성한다. 이 차이가 생의 약동이다.

고대 그리스의 세 가지 시간: 크로노스, 아이온, 카이로스

고대 그리스 세계에는 세 가지 종류의 시간이 있었다. 크로노스Chronos의 시간과 아이온Aion의 시간, 카이로스Kairos의 시간이다. 크로노스의 시간은 연대기적 시간이다. 양으로 환원되는 직선적인 시간이다. 아이온의 시간은 현재 속에 과거(기억)가 펼쳐지는 시간이다. 과거는 나의 기억 전체이며 무의식이라고 볼 수 있다. 이 무의식은 영원하다. 그런데 현재라는 순간 속에 무의식(기억)은 접혀 있다. 카이로스의 시간은 기회의 시간이다. 내게 나타난 기회를 잡지 못하면 사라지는 시간이다. 그리스 신화에서 카이로스의 신은 앞머리만 있고 뒷머리가 없다. 기회는 돌아서는 순간 뒤 머리카락이 없어서 잡을 수 없다. 반면 기회를 잡았을 때 내 삶은 완전히 다른 질적 시간을 펼친다. 한편 아이온의 시간 역시 차이를 생성하는 질적인 시간이다. 아이온은 영원히 내 마음속에 지속되는 시간이다. 이 시간은 과거에 위치하고 있지만 현재와 함께하고 있으며, 영원히 내게 돌아온다. 기억이란 과거를 현재 속에 연장하는 것이다. 기억이란 현재와 함께하는 차이 자체다. 기억은 현재를 만나 어떤 차이를 창조한다.

요즘 우리는 "과거는 잊어라. 과거의 상처를 잊어라"라고 말하곤 한다. 이것은 현대인이 과거를 부정적인 것으로 설정한다는 의미다. 과거 전체를 오류로, 상처로, 고통으로 기억한다는 말이기도 하다. 종종 "왕년에 말이야. 이래 봬도 내가 어쩌고" 누군가 '취중진담'을 할라치면 "왕년은 무슨? 지금이 중요하지"라고 타박한다. 맞는 말이다. 과거에 잘나간 것을 단순히 늘어놓는 것은 소용없다.

하지만 왜 우리는 과거를 상처와 슬픔의 기억으로 치부하는 것일까? 삶이 팍팍하며 괴로웠기 때문일 것이다. 과거는 떠올리기 싫은 상처의 대명사가 된 것이다. 다른 한편 과거는 추억과 그리움의 대상이기도 하다. 아련하고 설레고 아프다. 벅찬 환희의 순간들이기도 하다. 그러나 "그 또한 과거인걸! 다 쓸데없어"라고 말한다. 그냥 "지금 이 순간이 중요한 거야! 현재를 살아라!"라고 현대의 신봉자들은 외친다. 즉, 과거란 지나갔으니 쓸모없다! 그러니까 '쓸모 있는' 것에 집중하자는 것이다. 그런데 "현재를 살아라!"라는 말은 현재가 나 홀로 존재한다는 인식에 기초한다. 언급했듯이 현재는 고립되어 홀로 존재할 수 없다. 현재 속에는 과거가 이미 잠재적으로 들어와 있다. 또한 현재란 미래를 향해 자기를 펼치는 사건으로서의 현재로 존재하는 것이다. 과거 없는 현재란 없다. 또한 미래의 중요성을 외치지만 미래는 곧 현재가 되는 것 이외의 그 무엇도 아니다! 물론 현재 그 자체도 없다. 현재는 즉시 과거가 되니까.

헬레니즘·로마 시대에는 과거의 가치를 중요하게 생각했다. 베르그손이 아이온의 시간을 중요시하는 것도 같은 맥락이 아닐까 싶다. 아이온은 우리 안에 살아서 출렁거리고 있다. 아이온은 기억의 집합체다. 아이온은 무의식 상태로 머물다가 불쑥 나타난다. 혹은 내가 의지적으로 불러낼 수 있다.

과거의 충만했던 순간은 나의 의지에 따라 얼마든지 지속될 수 있기 때문이다. 가령 누군가를 만나 번개를 맞은 듯 전율했던 순간, 내 삶이 바뀌었던 순간이 있다고 하자. 그러나 나는 곧 이 순간을 잊는다. 현실에 부대끼며 살던 어느 날, 불현듯 그 기억을 끄집어낼 수 있다. 나를 놀라게 했던 시간, 나를 충일하게 했던 시간들은 영원히 나와 함께 있다.

내가 무언가를 깨닫는 순간도 곧 과거가 된다. 내가 지금 이 순간 행복하다면 이 순간도 곧 과거가 된다. 그리고 현실에서 팍팍하게 산다. 이때 과거의 시간, 아이온을 불러와야 한다. 아이온의 시간은 언제든지 내 앞에 나타난다. 아이온 호출하기.

아이온은 언제나 도래한다. 아이온은 내가 만나는 무한의 시간이다. 과거의 시간은 과거의 시간이 아니다. 과거의 시간은 현재로 연장되는 시간이며, 현재를 변용하는 미래의 시간이다. 결과적으로 미래를 바꾸는 시간이다. 과거의 시간은 현재와 접속하여 현재를 바꾸고, 미래를 바꾼다. 과거의 시간은 철 지난 유행가 가사에나 나오는 것이 아니다. 나를 춤추게 했던 어떤 날, 어떤 시간이 무한으로 출렁인다. 나를 통찰로 이끈 시간, 나를 사무치게 아프게 했던 시간들이 내 안에 살아있다! 그 아이온을 불러내서 현재를 새로 창조하고, 현재를 바꾸는 에너지가 되도록 할 수 있다.

당신을 만났던 순간, 그 설렘의 기억이 내 안에서 살아 있다. 그 순간의 기억 속에 서면 나는 순전해지고, 맑아지고, 착해진다. 모든 것을 할 수 있을 듯하고 모든 것이 아름답게 보인다. 세상 모든 것이 내 가슴을 뛰게 했던 순간! 나는 지금 당신을 처음 만났던 첫사랑의 시간 속으로 들어간다. 이것은 과거 회귀가 아니다. 과거가 현재를 만나 차이화되는 시간의 생성이다. 이것이 창조다. 창조는 차이화들이다. 과거란 케케묵은 골동품이 아니다.

이것이 헬레니즘·로마 시대 철학자들이 과거의 시간을 중시했던 이유다. 이들이 보기에 미래란 존재하지 않는 무無이지만 과거는 내 수중에 있는 것이다. 즉, 우리는 과거를 소유하고 있다. 그런데 소유물을 돌보지 않고 방치하는 것은 '미친 짓'이라는 설명이다. 세네카나 플루타르코스 등 스토아철학자들은 당대 사람들이 미래에 집중한 나머지 현재에 주의를 기울이지 않는 것을 문제시했다. 현재는 즉시 과거가 된다는 이유로 현재를 등한시한 것을 꼬집는다. 곧 과거가 되어버린다는 이유로 현재에 집중하지 않고 미래만 지향하는 것은 현재를 사유할 수 없게 만든다.

오늘을 "내일에 매달린 보잘것없는 오늘"로 만들어서 서둘러 흘려보내지 말라고. 그것은 결국 소중한 오늘의 삶을 내다 버리는 꼴이라고. 미래에 매달린 채 현재를 무無로 만들고 과거를 망각 속에 내다 버림으로써 삶을 제대로 살지 못하는 것이라고. 현재 속에 이미 있는 과거와 곧 현재가 될 미래를 제대로 사유하지 못하니, 그는 자기 불연속에 빠지게 된다. 그래서 이들은 말한다. "네가 기대하는 미래라는 것은 공허하며 텅 비어 있다!"라고.

과거는 누구도 침범 불가능한 나의 자산이다. 그렇지 않은가? 나의 기억은 나의 자산이며, 아무도 넘볼 수 없는 나의 역사이며 나다. 아프면 아픈 대로, 고통스러우면 고통스러운 대로 거기서 배워야 한다. 자기의 과거를 망각한다는 것은 과거를 내다 버리는 것이다. 이렇게 되면 과거에서 배우지 못한다. 과거를 망각하고 미래가 지금보다 나아지길 바라지만, 그가 바라는 그런 미래는 오지 않는다.

그러니까 "내일의 희망을 위해 오늘 참고 악착같이 살자!"라고 하지 말자. 내일의 희망 따위는 없다. 오늘 잘살면 족하다! 오늘을 잘살아내는 행위가 미래다. 오늘은 미래와 즉각 연결된다! 미래가 오늘이고 오늘이 미래다! 그리고 오늘에는 항상 어제가 함께하고 있다! 수많은 어제가 내 안에 있다. 이들 중에서 어떤 어제를 불러내느냐가 중요하다. 무수한 어제의 기억 중에서 존재의 주인이 되는 힘들과 관계 맺기, 그리고 그 어제의 힘들과 오늘의 힘이 무수한 내일 중에서 어떤 내일을 자기 존재 안으로 끌어들일 것인가? 이것이 삶이다. 이것이 운명이 된다. 나는 삶이라는 배를 나의 속도로 끌고 가는 조타수操舵手다. 나는 망망대해에 '나'라는 배를 띄우고, 그 배를 든든하게 지켜내며 먼 길을 떠나는 자다. 그러니까 세네카나 플루타르코스가 과거를 중시한 이유는 현재를 잘살기 위함이다. 때문에 이들은 '기억훈련'을 열심히 했다. 과거의 기억을 잊지 않기 위해! 기억은 "더 이상 존재하지 않는 바의 존재 방식"이니까. 기억이 있는 한 우리는 언제나 새로운 삶을 창조할 수 있으니까.

세네카의 문장을 소개한다.

"인생은 과거였던 바, 현재인 바, 미래인 바로 삼분된다. 세 부분 가운데 우리가 보내는 부분은 짧고 우리가 보낼 부분은 의심스러우며 우리가 보낸 부분은 확실하다. (…) 그것(과거)은 인간적인 우연과 운명의 지배로부터 벗어나 가난과 공포, 병마의 침입이 동요시킬 수 없는 우리 인생 가운데 유일하게 성스럽고 침범 불가능한 부분이다. 과거를 소유한다는 것은 항구적이며 평온하다. 자기의 실존의 모든 시기를 관통해 여행하는 것은 확고하고 평온한 정신의 징표이다. 점유된 사람들의 정신은 멍에에 메인 자들처럼 과거로 돌아갈 수도 볼 수도 없다. 그래서 그들의 생명은 심연으로 사라진다."*

---

* 《세네카 인생철학 이야기》, 김현창 역, 동서문화사, '삶의 짧음에 대하여' 중 494쪽.

당신에게는 숨기고 싶은 우주의 진리

고대 인도의 《마누법전》에는 브라만의 진리를 아무에게나 전하지 말라는 권고가 나온다. 학문을 전하지 못하고 죽을지언정 자격 없는 자에게 가르쳐서는 안 된다는 것이다. 더 나아가 가르치는 자의 허락을 받지 않고 《베다》 등을 몰래 익힌 자는 지옥에 떨어진다고 경고한다. 이는 계급적 이해관계에서 나온 것일 수 있다.

다른 한편 인류의 역사를 보면, 스승은 앎을 쉽게 전수하지 않는다. 힌두교뿐이랴. 출가하여 절에 들어가면 장작 쪼개기 등 막일부터 시작해야 했다. 종교집단만이 아니다. 작은 음식점의 맛의 비법, 장인의 기술, 예술인들의 기예, 장사꾼들의 상행위 등 무엇 하나 쉽게 가르침을 얻을 수 없었다. 짜장면 면발 뽑는 기술을 배우려고 해도 중국집 주방에서 그릇 씻기부터 시작해야 했고, 헤어디자이너가 되려면 미용실의 바닥 청소부터 해야 했다.

요즘은 다르다. 누구나 원하는 앎에 접근할 수 있다고 봐도 무방하다. 짜장면 요리를 배우고 싶으면 요리학원에 가면 된다. 그 분야 자격증을 취득하면 된다. 헤어디자이너가 되고 싶어도 마찬가지다. 관련 전문학원이 셀 수 없이 많고, 대학도 있다. 국악인, 무용수, 뮤지션, 종교인 등 대부분 지식이 개방되어 있다. 수강료만 내면 정해진 커리큘럼에 따라 앎을 전달한다. 앎에 접속하기 위해 요구됐던 고된 수련 과정 등 번거로움은 사라졌다. 설거지나 마당 쓸기, 화장실 청소는 안 배워도 닥치면 누구나 할 수 있다!

어찌 보면 참 좋은 세상이다. 뜸 들이지도 않고, 모욕감을 주는 육체적 고행을 요구하지도 않는다. 가르치는 자들은 배우려는 자들을 '괴롭히지도' 않는다. 돈 낸 사람에게 낸 돈의 가치만큼 서비스해준다. 게다가 매우 친절하다. 그래야 더 많은 학생이 찾아올 것이고, 더 많은 돈을 벌 수 있다. 제발 우리 학원에 오시라! 우리가 제일 잘 가르친다! 제일 친절하다! 대학은 물론 전문학원들도 사활을 걸고 학생 모시기 경쟁을 한다.

이제 세상에 숨겨진 진리 같은 것은 없다. 우주는 자신의 앎을 모든 사람에게 다 내준 것 같다. 소위 '전문가'들은 돈만 내면 모든 걸 알려주겠다고 광고한다. 진리에 인간이 아주 쉽게 접근하게 된 것이다. 물론 해외 유학 등 엄청난 돈이 드는 경우도 있으니 모든 인간에게 모든 배움이 개방되었다고 하면 지나친 말일까? 아직 돈이라는 진입장벽이 있긴 하다. 다른 한편 요즘 같은 디지털 환경에서는 유튜브 등 인터넷을 통해 뭐든 무료로 배울 기회도 널려 있다. 지식과 정보에서 많이 평등해졌다는 말이다. 그런 측면에서 디지털 혁명을 긍정적으로 평가할 수도 있겠다.

그런데 바로 이것이 문제가 된다. 앎에 누구나 접근할 수 있게 된 것. 그 앎을 알기에 적합하지 않은 사람이 앎에 접근하는 것 말이다. 그는 앎을 잘못 이용할 수 있다. 앞서 언급했듯이, 예전에는 그릇을 씻고, 화장실 청소를 하고, 마당을 쓸고, 108배를 하면서 배움과 대면할 준비 과정을 거친다. 허드렛일을 하며 몸과 마음의 근육을 키운다. 스승이 그만 하면 됐다고 할 때까지. 어떤 소망을 품든지 소망에 적합하게 존재가 변해야 하기 때문이다. 안 하던 화장실 청소를 하는 것도, 음식물쓰레기를 맡아서 버리는 행동도 다른 힘과 조우하게 한다. 그 과정을 겪어냄으로써 내적 역량을 갖추게 된다. 그가 의식하든 못하든 이전과 다른 세계를 경험한 것이다. 이는 신체의 수련이면서 인식과 정신의 수련이다. 앎을 담을 만한 크기의 그릇을 키우는 과정이라고 해야 할까.

지식과 정보가 넘치면 사람은 종종 이를 감당하지 못할 수 있다. 그는 앎을 나쁘게 이용할 수 있다. 머리로만 얻은 앎이 위험한 것을 우리는 경험하고 있다. 온갖 부패 스캔들이나 천문학적 액수의 비리를 저지르는 자들은 소위 많이 배운 자들이다. 무식하면 앎을 이용해 나쁜 짓을 할 수 없다. 조용히 찌그러져 살거나 좀도둑질은 할 수 있어도.

그 때문일까? 인류의 조상들은 앎을 함부로 전해주지 않았다. 비밀스러운 진리를 배우려면, 스승 밑에서 궂은 일을 도맡아 하면서 감정과 욕망을 조절하고, 진리를 감당할 만한 준비운동을 해야 했다. 앎을 담지하고도 버틸 수 있는, 즉 그 앎의 주인이 될 수 있는 마음의 길을 닦고 닦았다. 이런 수련이 사라지면서 현대에는 많은 문제가 생긴다. 이제 우리가 배워야 할, 혹은 후대에 가르쳐야 할 덕목은 지식을 운용하는 인간의 도야가 아닐까?

모든 것이 누구에게나 열려 있는 시스템에서는 역으로 자신을, 자신이 원하는 것에 걸맞게 바꾸는 과정이 필요하다. 자기를 제대로 욕망하는 것이 필요하다. 욕망의 노예가 아닌 욕망의 주체 되기.《주체의 해석학》에 소개된 세네카의 스툴티티아stultitia(비이성, 사유의 동요) 개념을 생각해본다. 세네카는 자기배려를 하지 않는 사람을 스툴티티아 상태라고 말한다. 그는 외부의 표상들이 가득해서 항상 동요한다.

이런 경험을 우리도 한다. 너무나 많은 정보와 상품들 앞에서 아찔한 경험. 무심코 인터넷에 들어갔는데 오프라인 매장과는 비교할 수 없는 무수한 상품들, 게다가 가격까지 착한. 이때 선택이 매우 어려워진다. 스툴티티아 상태의 사람은 지나치게 많은 것들이 들어찬 상태다. 너무 많은 싸구려 지식과 정보로 채워진 상태. 세네카는 스툴티티아를 자신을 방치하는 자로 설명한다. 그는 외부 힘의 방향대로 산다. 주식이 뜬다고 하면 주식으로 몰리고, 가상화폐가 전망 있다고 하면 가상화폐 투자에 열을 올린다. 어떤 펀드가 전망 있다고 하면 그쪽으로 달려간다. 투자만이 아니다. 직업 선택도, 패션도, 가전제품도 송두리째 트렌드에 따른다. 그는 열심히 살지만 평생을 유행과 풍문을 좇으며 삶을 허비하는 자의 비유로 읽힌다.

스툴티티아 상태를 세네카는 "품위 있게 욕망할 수 없는 상태"라고 말한다. 그는 자유롭지 못한 자다. 그의 의지 또한 자유롭지 못하다. 그는 외부의 시선이나 주위의 반응에 따라 시시각각 변한다. 그의 욕망은 타자의 욕망이며, 그의 견해는 지배적 타자들의 견해다. 때문에 그는 뭔가를 선택하는 순간 후회하고 갈팡질팡한다. 그는 무지와 게으름, 탐욕 속에서 변덕을 부리고 후회하고 좌충우돌한다.

이 글을 읽는 독자들은 이렇게 질문할지도 모르겠다. 당신은 앞의 글 '인간의 죽음, 그 이후'에서 줏대 없는 자신을 자랑질하지 않았는가? 또 뒤에 나오는 '공부한다는 것: 줏대 없음을 찬양함'이라는 글에서도 줏대 없음을 찬양하고 있지 않은가? 당신이 말하는 줏대 없음과 스툴티티아의 차이가 무엇인가? 나는 이렇게 답하겠다. 내가 말하는 '줏대 없음'과 세네카가 말하는 스툴티티아의 공통점은 사유에서의 동요, 혹은 열려 있음이다. 그러나 줏대 없음이 타자와 연결·접속·공감하면서 끊임없이 타자화하는 의지적 능력이라면, 스툴티티아는 아무 생각 없이 자기를 방치하는 삶이라고. 스툴티티아 상태의 사람은 비이성적이며 스스로 어떤 결정도 내리지 못하기에 항시 누군가의 도움이 필요한 존재다. 즉, 스툴티티아는 자기배려를 하지 않고 사는 사람을 일컫는다고 봐도 무방하다. 그래서 그의 존재 방식을 바꿔줄 타자가 필요하다.

그런데 이런 스툴티티아의 상태에서 벗어나게 할 타자가 반드시 지知의 스승일 필요는 없다. 즉, 지식을 가르치는 자가 아니라는 말이다. 그를 행위 하게 하는 자다. 그를 즉시 스툴티티아 상태에서 벗어나게 하는 자란 지금까지의 생활방식에서 끄집어내는 자다. 그런데 이 역할을 철학자가 한다. 헬레니즘·로마 시대 철학자는 소피스트처럼 궤변을 늘어놓는 사변론자가 아니라 존재 방식을 바꾸도록 안내하는 자다. 그는 스툴티티아 상태의 사람에게 자신을 제대로 욕망하도록 지도한다. 스툴티티아 상태란 다시 말하면 "철학의 여정과 자기실천을 아직 시작하지 않은 상태에 대한 설명"* 이다.

---

* 《주체의 해석학》, 165쪽.

다시 돌아가자. 지금 세상에는 지식과 정보들이 널려 있다. 우리는 온갖 지식과 정보의 바다를 헤엄치고 있다. 많은 영역에서 앎의 평등도 달성되었다. 우주의 비밀을 품고 있는 듯한 힌두교의 경전《베다》정도는 널려 있다. 이제부터 해야 할 일은 자기를 잘 욕망하는 것이 아닐까. 이는 자유로워진다는 말이기도 하다. 평생 타인을 흉내 내며 여생을 마칠 수는 없지 않은가.

맥락이 좀 다르지만, 지인 중에 휴대폰이 없는 사람이 있다. 괴벽怪癖의 소유자라고 조롱당한다고 했다. 우주를 위해 결단했냐는 비아냥을 듣는다고도. 그는 스스로 불편을 선택한 것이지만, 주변 사람도 불편하게 한다. 이 불편은 그가 주변 사람들에게 내리는 선물이라고 나는 생각하기로 했다. 세상에 이런 '괴짜들'이 많아야 한다고. 그는 불편을 감당하기로 거룩한 결단을 한 것이고, 거룩함의 일부를 나에게도 떼어준 것이라고. 그 불편에 조금이라도 동참한다는 사실이 즐겁다고. 세상이 모두 디지털 환경으로 변한다고 해서 디지털 문명 파괴 운동을 하는 것은 지혜롭지 못하다. 그러나 조용한 저항은 가능하다. 전면적으로 이 문명을 포기하는 것은 쉽지 않지만, 자기 역량의 범위 내에서 자유를 행사할 수는 있다. 그는 '보편적 삶'을 따르지 않는 실천을 하는 것이다. 어떤 의미에서 제대로 자기를 욕망하는 자라 할 수 있다. 누가 뭐라 비웃어도 개의치 않는다. 스튈티티아 상태의 사람은 절대 이런 배짱을 갖지 못한다. 속된 표현으로 똥오줌 구별하지 못하고 사는 존재의 비유가 스튈티티아 상태이니까. 휴대폰을 사용하지 않는다고 칭찬하는 것이 아니다. 무엇이든 사회적 코드의 압력에 흔들리지 않는 이가 '삶의 대가'다. 푸코의 실존 미학은 여기서 싹튼다.

현대 문명이 발명한 엄청난 지식의 홍수 속에서 인간은 파멸할지 모른다. 이 지식과 정보의 '주체'가 되지 못한다면. 그를 동요시키는 폭력이 앎이라는 이름으로 우리를 낚아채지 못하도록 해야 한다. 내가 이런 이런 행동을 하고 이런이런 방식으로 사는 것은 이런이런 앎에 묶여 있다는 말이다. 다른 행동은 다른 앎의 주체를 낳는다. 앎에 대해 자격을 갖춘 자 되기. 앎이 나를 거부하지 않도록 나를 가꾸기. 앎에 잡아 먹히지 않게 튼튼해지기.

《마누법전》에 나오는 문장이다.

"브라흐만의 진리를 가르치는 자들은 학문을 전하지 못하고 그 학문을 지니고 죽을지언정 소금밭에는 (씨를) 뿌리지 말아야 한다. 학문이 스스로 브라만에게 와서 말하노니 '나는 그대의 것이니 나를 보호해주오. 나를 자격이 없는, 세상에서 비난받는 자에게 절대 건네지 말아주오. 그리해야 내가 씨의 힘을 계속 가지리니. 오로지 정淨한 자, 감각을 제어한 자, 금욕학습자, 보물인 나(학문)를 지킬 수 있는 자, 자만에 취하지 않은 브라만에게만 나를 전하시오'."*

* 《마누법전》, 이재숙·이광수 역, 한길사, 98쪽.

자기배려와 자기계발

〈천경의 미셸 푸코 읽기〉를 쓰면서 자주 머뭇거린다. 이 불편함은 어디서 오는 걸까? 푸코의 말기작《주체의 해석학》에 기반해 '자기배려'를 논하는 것이 왜 어려운 과제로 느껴지나? 사실 나에게 글쓰기는 즐거운 작업이다. 장르가 무엇이든 글을 쓸 때 배우고 성장한다. 글과 삶이 모순되지 않기 위해 노력한다. 그러한 일련의 과정을 통해 나는 변화하고 있다. 때로 글 속의 화자는 내가 한 번도 만나지 못한 다른 목소리여서 짜릿함도 느낀다. 그런데도 뭔지 불편하다. 자세히 들여다보니 불편함의 '실체'는 이런 것이다.

《주체의 해석학》에서 논의되는 고대 그리스·로마 시대의 자기배려 연구는 실상 푸코 사유 궤적의 어떤 단절로 읽히기도 한다.《감시와 처벌》 등으로 대표되는 푸코의 저작을 인상 깊게 읽은 독자들이라면 '기묘한' 자기배려라는 개념에 대해 갸웃할지도 모른다. 푸코의 관심이 정치 영역에서 개인의 윤리 회복 운동으로 급선회한 것으로 보이기 때문이다. 물론 푸코가 예속에 대한 저항과 해방의 전망을 포기하고 구도求道와 개인 윤리의 실천을 주장하는 지점으로 후퇴한 것은 아니다.

누구나 타자의 해방을 주장할 수 있으나 정작 자기해방을 등한시한다면 타자의 해방도 자기해방도 요원할 것이다. 그러니 자기배려 연구는 사유의 긴 여정 끝에 푸코가 도달할 수밖에 없는 지점이 아닐까? 디디에 에리봉이 쓴 푸코 평전을 보면 푸코는 생전에 우파는 물론이고 좌파에도 실망한 것으로 알려진다. 어찌 보면 인간은 자기 자신만 변화시킬 수 있고, 자기 자신만 구원할 수 있을지도 모른다. 푸코에게는 이 양자가 동시적으로 진행된다. 즉, 자기해방과 타자의 해방은 동시에 수행해야 하며 동시에 작동한다. 자기배려는 이러한 관점에서 주목되는 개념으로 보인다.

푸코 사유의 궤적은 흔히 세 시기로 분류된다. 《말과 사물》(1966)의 시기인 지식의 고고학, 《감시와 처벌》(1975) 시기의 권력의 계보학, 《성의 역사 2, 3, 4》(1980년대) 시기의 윤리의 계보학이 그것이다. 그러나 이러한 푸코 사유는 각기 단절되거나 배타적으로 이전 시기를 극복한 것이라기보다 서로 상관관계에 놓이면서 증폭된다. 그래서 푸코의 윤리의 계보학은 예속에 대한 저항, 규범 도덕의 거부, 자기의 테크놀로지 발명 등 대항품행을 역설한다. 즉, 그러한 주체의 구성을 요청한다.

내가 걱정하는 점은 혹여 고대의 주체화 방식인 '자기배려' 개념이 시중에 범람하는 자기계발 담론 정도로 읽히는 것이다.

푸코는 서양 문화 내에서 특정 시기마다 '상이한 주체화의 방식들'이 존재했다는 사실을 주장하고 있다. 특히 근대의 주체에 대해 푸코는 《말과 사물》 마지막 장에서 "어떤 사건에 의해 그 배치가 뒤흔들리게 된다면, (…) 인간은 바닷가 모래사장에 그려놓은 얼굴처럼 사라질지 모른다"라고 단언한다.* 달리 말해 근대의 주체라는 것이 보편적이지도 절대적이지도 영원불멸의 실체도 아니라는 주장이다. 때문에 푸코는 고대 그리스·로마 시대의 주체화 방식을 연구·복원해서 우리에게 소개하고 있다.《주체의 해석학》은 역사의 시기마다 지금과 다른 주체화 방식들이 존재했으며, 지금 우리도 다른 주체를 창조할 수 있다고 말하는 것이다. 그렇다고 푸코가 고대 그리스·로마 시대 자기배려의 주체로 돌아가자고 주장하는 것은 아니다.

나는 고대의 '자기배려'에 대해 푸코의《주체의 해석학》의 도움을 받아 소개하고 설명하는 글을 쓰는 중이다. 그런데 언급했듯이, 고대의 자기배려의 방법적 도구들에 대한 논의가 자칫 자기계발 담론의 한 부류로 읽힐까 봐 부담이 크다는 얘기다.

나도 성공 담론, 처세술, 인맥관리 등 자기계발서로 분류되는 책들을 읽어보았다. 이들 자기계발서들은 '쓰임 받는' 사회의 부품으로서 자기를 부단히 담금질하는 노하우 전수에 집중한다. 자기와 타인과 사회를 무한긍정하며, 자기 자신과의 무한경쟁을 요구한다. 희망을 주면서 자기착취를 부추긴다. 인간의 욕망에 호소하는 이 같은 담론은 자기를 갈취하는 가장 노련한 방법이다.

이런 자기계발 담론의 문제는 재독 철학자 한병철 교수가 저서《피로사회》에서 정확히 지적하고 있다. 그는 21세기는 "규율사회에서 성과사회로 변모"했으며 "무한정한 할 수 있음"이, 즉 '나는 할 수 있다'는

* 이 책 제2부 '인간의 죽음 그 이후' 참조.

과잉 긍정이 사회의 주요 코드가 되었다고 본다. 그러나 이러한 성과 위주의 현대사회는 "우울증 환자와 낙오자"를 만들어낸다는 것이다. 아이 캔 두 잇I can do it, 유 캔 두 잇you can do it, 위 캔 두 잇we can do it이 넘치는 사회.

푸코가 살던 20세기와 달리 21세기의 우리는 한병철 교수의 지적대로 과잉 긍정 사회에서 '각자가 피해자이면서 동시에 가해자'인, 그리고 각자가 "자신이라는 기업을 경영하는 1인 기업"의 경영인으로 자신을 주체화하고 있는 게 아닐까?

아무튼 내가 소개하는 고대의 자기배려는 자기계발 담론과는 한참 거리가 멀다. 고대의 주체화 방식은 스스로 자신의 실존을 가꾸어가는 것이다. 말하자면 능동적으로 자기 테크놀로지를 구성하고 실천하는 것이다. 이 시대에는 타자에 의해 강제되는 보편적인 도덕률이 존재하지 않았다. 오늘날에는 이런 자기 테크놀로지가 들어설 자리가 없다. 학교 교육이, 심리학이, 여론과 대중 광고들이 무의식적으로 우리를 강제하고 있다. 사실 우리도 자기계발서를 통해 자기를 수양하고 자기를 변화시키고는 있다.

내가 걱정하는 것은 글쓰기, 경청, 독서, 명상, 각종 수련 등 '자기배려'의 도구들이 자기계발서들의 방법론과 유사해 보인다는 것이다. 고대의 자기배려는 자기 자신의 주인 되기, 자신의 왕 되기, 자기를 구원하기, 자기를 통제하고 지배하기라고 할 수 있겠다. 그러나 자기계발서에서도 비슷한 이야기를 하고 있다. 자기계발서도 '내 삶의 주인 되기'를 주장하고 있다. '자기제어'를 권장하고 있다. 이들의 차이점은 무엇일까?

자기배려는 말하자면 니체의 주권적 개인과도 연결된다. 주권적 개인이란 자기 자신의 주인이 되는 자, 자기를 지배하고 자기를 넘어서려는 인간을 의미한다. 이는 고대의 자기배려의 인간과 일맥상통한다. 그러나 자기계발 담론에서의 '자기 삶의 주인 되기'라는 언표와도 유사하게 보인다. 여기서 나의 고민이 시작된다. 내 삶의 주인 되기 등은 자기계발 담론의 단골 메뉴이기 때문이다. 자기계발서 담론의 주체, 즉 현대의 주체는 주권적 개인이 아닌가? 이에 대해《피로사회》의 저자는 말한다.

그는 주권적 개인이기보다 "노동하는 최후의 인간"이라고. "긍정 과잉 상태에 아무 대책 없이 무력하게 내던져져 있는 새로운 인간형은 그 어떤 주권도 지니지 못한다"고. 그는 "노동하는 동물로서 자발적으로 자기 자신을 착취하는 가해자인 동시에 피해자"라고.

> "그(성과 주체)는 자기 자신의 주인이자 주권자이다. (…) 성과 주체는 성과의 극대화를 위해 강제하는 자유, 또는 자유로운 강제에 몸을 맡긴다. 과다한 노동과 성과는 자기착취로까지 치닫는다. 자기착취는 자유롭다는 느낌을 동반하기 때문에 타자의 착취보다 더 효율적이다. 착취자는 동시에 피착취자이다. 가해자와 피해자는 더 이상 분리되지 않는다. 이러한 자기관계적 상태는 어떤 역설적 자유, 자체 내에 존재하는 강제 구조로 인해 폭력으로 돌변하는 자유를 낳는다. 성과사회의 심리적 질병은 바로 이러한 역설적 자유의 병리적 표출인 것이다."*

---

* 한병철,《피로사회》, 문학과지성사, 28-29쪽.

고대의 '자기배려'는 '나는 나를 어떤 작품으로 만들어야 하는가?'를 고민했다. '나는 어떤 실천을 하며 나를 넘어설 것인가?', '현재의 나를 어떻게 변화시켜서 진실의 존재가 될까?'를. 《알키비아데스》에서 소크라테스는 "자기배려는 타자의 배려를 위한 것"이라면서, "인간 안의 신성을 명상하라"고 조언했다. 소크라테스는 아고라 광장에서 사람들에게 재산이나 명예 따위는 열심히 돌보면서 왜 자신의 영혼이나 덕은 돌보지 않느냐고 질타하고 다녔다. 이것이 화근이 되어 법정에 서게 됐고 독배를 마시게 된 일화는 잘 알려져 있다. 이때의 영혼은 행위 주체로서의 영혼이다. 그것은 "신체, 신체의 기관, 신체의 도구들을 사용한다는 한에서의 영혼"이다.* 즉 소크라테스가 알키비아데스에게 인간 안의 신성을 명상하며 영혼을 돌보라고 조언한 것은 "잘 행위 하는 덕의 주체", 즉 자기배려의 주체가 되라는 이야기다.

고대의 자기배려는 오늘날 성공학 도서로 분류되는 자기계발서들과는 다른 전망을 제안한다. 자신에게 예속된 자가 타자에 대한 해방과 저항을 말하는 것은 어불성설이다. 자기를 변화시키는 자기돌봄은 즉각 타자와의 관계를 변화시키고, 세상을 변화시킨다. 역으로 어떤 타자의 자기돌봄은 그와 연결된 나를 변화시킨다. 내가 상대에게 영향을 받듯이 상대 또한 나에게 영향을 받는다. 이 주고받는 관계에서 각자의 능동성이 요구된다. 자기배려란 이 능동성까지를 함의한다. 그러니까 나의 자기배려란 타자의 자기배려와 연결되며, 타자의 자기배려에 의한 나의 주체성 수정을 동시적으로 수행한다. 주체가 변형되는 한에서 진

---

* 《주체의 해석학》, 96쪽.

리·진실에 접근할 수 있고, 주체의 존재 방식의 수정을 위해 자기배려가 요청된다. 이미 언급했듯이 자기배려와 타자배려는 동시적인 상관항이다.

동양 고전 《회남자》에 보면 "동기상응同氣相應" 혹은 "동류상종同類相從"이라는 말이 있다. 이것은 하늘과 땅과 사람 등 천지 만물은 같은 기운끼리 서로 감응한다는 의미다. 즉 자연과 인간, 인간과 인간은 서로 감응한다. 나의 어떤 행위는 우주에 비슷한 행위를 불러 모으고 감응한다. 나의 말이나 행위는 사라지는 것이 아니다. 흔적으로 진동으로 타자들과 무수히 관계한다.

인간도, 세상도 변하지 않을 거야!

자기지배와 타자지배

사람들은 말한다. "인간도, 세상도 변하지 않을 것이다, 이렇게 아귀다툼하며 살다가 지구가 절멸하는 순간이 올지도 모른다"라고. 사람들은 지금 이 방향으로 가면 안 된다는 걸 알고 있는 것 같다. 알지만 일탈할 용기가 없다. 그래서 절망한다.

코로나19 사태는 반복해서 회귀할 것이다. 자연의 폭력적인 침탈로 갈 곳을 잃은 바이러스들은 인간을 공격할 수밖에 없다. 그러나 우리 눈에는 위험이 보이지 않는다. 보여도 안 본 것처럼 살면 그만이다. 그리고 말한다. 세상은 바뀌지 않을 것이라고. 다르게 살고 싶지만 세상이 허용하지 않는다고.

나는 생각한다. 이 탐욕스러운 체제의 변화를 상상할 수 없는 것은 다른 가능성을 경험하지 못한 신체의 자연스러운 반응이라고. 견고하게 보이는 이 시스템이 실은 허약하고 불안정한 흐름 위에 위태하게 굴러가는 것인지 모른다고.

지구의 역사는 138억 년 전에 시작됐다. 자본주의는 겨우 200년 된 작품이다. 이 질서가 더없이 견고해 보이는 것은 이 질서 바깥을 경험하지 못했기 때문일지 모른다(사회주의는 자본주의와 쌍생아일 뿐이다). 내가 보기에는 지금의 시스템이 멀쩡히 굴러가는 것이 기적이다. 이 신비스러운 기적은 어느 순간 붕괴될지 모른다. 느닷없이 새로운 삶의 양식이 나타날지 모른다. 새로운 인간이 탄생할지 모른다.

우리 집 구형 믹서기를 볼 때마다 느낀다. 과일과 채소를 썰어 넣고 버튼을 누르면 믹서기는 서서히 작동한다. 아무리 시간이 흘러도 아래의 칼날 부분만 조금 움직일 뿐이어서 당장 초고속 블렌더로 바꿔야지 생각한다. 딴생각을 한참 하고 나면, 천천히 아래와 위의 채소와 과일들이 섞이기 시작한다. 그리고 눈 깜짝할 사이에 주스가 탄생한다. 미동도 없어 보이는 그 자리에 내가 모르는 변화가 일어나고 있었던 것이다. 변화는 일상에서, 자기 삶의 장에서 시작돼야 한다. 정치권에 변하라고 하기 전에 나부터 변화가 필요하다! 그리고 내가 모르는 많은 사람이 이미 변화를 시도 중일지 모른다. 이 숫자가 임계치를 넘게 되면, 일순간 세상은 바뀐다.

인간은 종종 감각으로 체감하지 못하는 사태에 민감하지 못하다. 그래서 이 시스템이 영원할 것으로 본다. 나도 저 대열에 끼고 싶다. 이 시스템이 인정해주는 방법이란 그것밖에 없다. 고급 자동차나 좋은 집, 직업적 성공 등이 나를 가치 있게 만든다고 생각한다. 그래서 필사적으로 그 방향으로 달려간다. 가족이나 친구들과의 관계도 외형적 성공 유무가 좌우한다. 내가 잘나가야 가족도 나를 인정하고, 친구도 있다! 내가 성공해야 나도 나를 인정한다. 그러나 안타깝게도 소망대로 되지 않는다. 또 소위 '성공'해도 불안하긴 마찬가지다. 돈을 많이 벌었어도 채워지지 않는다. 더, 더, 더를 욕망한다.

한 가지 처방이 있다. 나 돌보기다. 자기돌봄이란 자기계발이 아니다. 이기주의도 아니다. 타인에 대한 사랑과 박애를 강조하는 이타주의 역시 아니다. 말하자면 자기 내부의 복수성을 응시하고 자기에 대한 주도권을 확보하는 행위라고 할까? 이렇게 살면 안 될 것 같으면 즉각 멈추면 된다. 물론 쉽지 않다. 나도 안 된다. 그래서 이 글은 나에게 하는 독백이기도 하다. 작은 것부터 실천해보자!

푸코는《성의 역사 2: 쾌락의 활용》* 에서 재미있는 말을 한다. 즉, 자기지배는 타인의 지배와 같은 형태라는 것이다. 니체도 같은 말을 하고 있다. 둘 다 고대 그리스의 사유를 계승한 것이다. 이 시대에 자유인인 성인 남자에게 가장 요구되는 덕목은 절제(엔크라테이아enkrateia)였다. 절제적인 자者란 육체의 쾌락에 지배되지 않는 자유를 확보한 자다. 이와 유사한 개념으로 소프로쉬네sôphrosunê가 있다. 이 역시 '절제'로 번역할 수 있다. 그런데 이때의 절제는 육체적 쾌락뿐 아니라 신과 인간 삶의 전 영역에 걸친 절제라고 할 수 있다. 외연이 더 넓다. 반면 엔크라테이아는 소프로쉬네의 조건이며, 자기에게 가하는 훈련과 수행까지를 포함하는 의미다.

이 시대의 자유인이란 엔크라테이아와 소프로쉬네를 자기의 존재

---

* 문경자·신은영 역, 나남출판.

양식으로 구축한 자라고 할 수 있다. 때문에 그는 마땅한 때에 마땅한 방식으로 마땅한 행위를 행할 수 있는 완전한 존재다. 이 절제의 실천을 위해서는 어떤 앎이 요구된다. 이것을 아리스토텔레스는《니코마코스 윤리학》*에서 실천적 지혜라고 말한다. 그러니까 절제력이 있는 사람은 실천적 지혜를 가지고 있기에 어떤 상황에서든 최상의 선택을 할 수 있다. 즉, 욕망과 쾌락을 적절히 제어하기 위해 이 앎이 필요하다. 그러니까 절제의 중요한 요소가 실천적인 앎이다. 이 앎은 진리와 관계한다. 진리에 대한 앎이 자기제어를 위해 필요하다.

이렇게 자기의 쾌락과 일상을 제어할 수 있는 자가 타자를 지배하는 통치자가 될 수 있다. 다시 말해 타인을 지배하는 자는 자기를 지배하는 자라야 한다. 그렇지 못한 자가 지배권을 갖게 되면, 타인들을 큰 위험에 빠뜨릴 수 있다. 그는 자신을 조절하지 못하니 자기 욕망에 따라 움직일 것이다. 그의 무절제한 행위는 타인들 모두에게 영향을 미칠 것이다. 그렇기 때문에 권력자는 자기지배력이 필수라는 것이다. 이런 자기지배를 가능하게 하는 덕목이 바로 절제다. 푸코는 "가장 임금다운 인간은 자기 자신의 왕인 자"**라는 고대의 텍스트를 인용한다.

그러니까 자기지배와 타인의 지배는 동형이다. 타인을 중용의 미덕에 따라 잘 지배하는 것처럼 자기 자신도 지배하는 것이다. 선한 통치자는 타인을 지배하듯 자기를 지배한다. 자기를 지배하듯 타인을 지배한다. 자기 안의 '야수의 지배'를 받는 자가 타인을 제대로 지배할 수는 없기 때문이다. '지배'라는 단어가 거슬린다면 '지도'나 '통치'로 바꾸면

* 강상진·김재홍·이창우 역, 길출판.

** 《성의 역사 2》, 131쪽.

된다.

해서 고대 그리스 사회에서 도시국가에 유용한 인간 교육이란 다름 아닌 자기제어 교육이었다. 주체가 자기의 육체와 영혼에 가하는 금욕적 훈련(아스케시스)은 곧 통치자를 길러내는 교육과 동형이다. 이 자기 훈련을 통해 자신의 지배자와 타인의 지배자가 동시에 만들어진다. 말하자면 내가 좋은 인간이 되는 훈련이란 내가 좋은 지도자가 되는 훈련과 같은 것이다. 결국 자기관리, 가정관리, 국가관리가 동형이라는 결론이다.

살면서 생기는 모든 문제는 자기지배의 문제로 연결된다. 자기지배가 이루어지는 개인들이 모인 공동체는 문제가 생기지 않는다. 서로 돌아가면서 통치자가 되면 된다. 모두가 동등하고 서로를 존경하고 배려하는 신 같은 존재들이라면. 그러나 자기제어가 안 되는 것에서 모든 문제가 발생한다. 그것이 쾌락의 문제든, 돈의 문제든, 권력이든.

《주체의 해석학》에는 재미있는 일화가 하나 소개된다. 딸이 병으로 고통받자 아버지는 여인들과 하인에게 딸을 돌보게 하고 자리를 뜬다. 아버지는 아픈 딸의 모습을 차마 볼 수 없었다. 사랑하는 딸이 중병에 시달리며 괴로워하는 모습에 감정의 동요가 일어난 것이다. 그래서 자신의 동요하는 모습을 딸에게 보여주지 않으려고 집을 떠난다. 생각해보면 나 역시 의연하지 못한 경우가 많았다. 아이가 아프면 덩달아 걱정과 두려움에 휩싸인다. 그런데 자식은 그런 부모의 모습을 보고 더욱 겁에 질린다. 부모인 내 감정의 동요가 자식을 더 힘들게 하는 것이다. 위의 아버지도 위중한 딸의 모습을 보자, 자기 감정을 다스리기 어려웠던 모양이다. 그래서 그런 모습을 딸에게 들키지 않으려고 한 것이다. 즉,

딸을 배려하기 위해 다른 사람들에게 딸을 맡긴 것이다.

에픽테토스는 이 아버지를 심하게 질책한다. 아버지가 적절하게 자기를 배려했다면 딸의 병 때문에 동요하지 않았을 것이고, 아픈 딸을 케어care할 수 있었을 것이라는 이유다. 그러나 아버지는 자기배려에 실패했으므로 딸(타자)을 배려하기 위해 딸에게서 떠났고, 딸을 더 힘들게 했다는 설명이다. 만약 어머니마저 딸에게서 도망쳤다면 어땠을까?

에픽테토스는 아버지의 감정 동요를 문제 삼는다. 그가 자기배려를 제대로 했다면 감정의 동요가 일어나지 않았을 것이라고. 아버지는 왜 동요가 일어났을까? 에픽테토스는 딸을 사랑하는 것은 자연적인 것이라고 말한다. 그런데 자연적인 것이란 "가족 간의 관계를 지배하는 원칙을 따르는 것이 합리적"이라고 말한다. "당신처럼 딸을 사랑하는 모든 사람이 딸을 떠난다면 딸은 죽고 말 것이다. 어머니든 하인이든 의사든 그들이 그녀를 사랑해서 도망간다면?"이라고 묻는다.

딸을 사랑하는 아버지로서 아버지와 딸의 관계란 자연에 속해있는 관계이며, 때문에 자연이 명한 이성logos에 따라 행동했다면 감정의 동요가 생기지 않았을 것이다. 그렇지만 아버지는 이성의 명령에 따르지 못했다. 딸에게 집착하면서 자기제어를 제대로 하지 못했다. 이성의 명령은 아버지를 감정의 노예가 되지 못하도록 한다. 그러나 이성적으로 자신의 표상을 점검하지 못한 것이 문제다. 자기를 감정의 노예가 되도록 방치한 결과다. 자기배려를 제대로 하지 않아 생긴 문제다. 자기배려와 타자배려는 동일한 쌍이다. 자기배려가 곧 타자배려가 된다.

타인을 지배하려 들지 마라! 당신 자신의 지배자가 되어라! 그것이 당신 자신과 타자의 지배자가 되는 길이며, 우주의 원리에 합당하다. 에픽테토스는 자기를 돌볼 줄 아는 사람은 고통과 공포, 불안에서 자유롭다고 말한다. 또 아버지로서 시민으로서 정치체의 장으로서 타자를 제대로 배려할 수 있게 된다고 강조한다. 이런 자들이 세상을 통치할 때 세상은 '신적인' 질서를 갖게 될 것이다. 그런 완전함에 다가가려면 훈련하고 노력해야 한다.

자기를 지배하는 자는 자유인이다. 그는 세상의 흐름에 불안하게 쫓아가지 않는다. '이게 아니다' 싶으면 멈춘다. 그는 술을 끊을 수도 있고 마실 수도 있다. 자기를 지배하는 순간 자유로워진다. 자유는 자기에게 저항하여 삶을 다르게 운용할 능력이 생길 때 확보된다.

'세상은 변하지 않을 거야!'라고 낙담하는 사람은 '난 변하지 않을 거거든!'이라고 말하는 것이다!

니체의 말을 인용한다.

> "동료 인간이 오직 우리의 감각들의 일종일 뿐이라면 지배란 단지 일종의 자기지배에 지나지 않는다. 주인이 되고자 하는 의지는 자신의 공포와 동정을 완전히 정복하고 타인을 자신의 기능으로 변화시키는 것, 일종의 유기체의 산출이다."*

---

* 니체, 《유고, 니체 전집 16》, 701쪽.

사유할 수 없는 것을 사유하기

지금 봄이 오는 소리 들리시나요? 비가 옵니다. 봄이 오고 있습니다. 빗소리에 귀를 열고 가만히 있습니다. 창문도 활짝 열었습니다. 아침인데 날은 어둡고 창밖 풍경에 한기가 묻어 있습니다. 그러나 봄이 오고 있다고 창문은 말합니다. 지저귀는 새들도 말합니다. 풍경들도 말합니다. 봄이 오는 소리가 스멀스멀 내 집 창으로 들어옵니다. 봄이 오는 소리는 어둡기도 하고, 격렬하기도 하고, 조용하기도 합니다. 이 모든 소리가 놀라운 봄의 시간을 예고합니다.

곧 나무들은 초록잎을 몸에 주렁주렁 달고 나타나겠지요. 낮은 층의 아파트로 이사를 오니 창밖의 풍경들이, 마치 앞마당에 있는 정원을 보는 것 같아요. 살던 아파트를 전세 놓고, 근처 아파트에 들어오기까지 긴 여정이었습니다. 공동주택 주거환경의 치명적 약점을 알게 되었지요.

그동안 남편의 직장이나 나의 일 때문에 간간이 이사하면서 살았습니다. 가끔 위층의 소음으로 약간 불편한 일은 있었으나 살만했습니다. 인간은 적응력이 뛰어나기 때문에 어디서든 터를 잡으면 살아지는 것이니까요. 그런데 위층에서 아래층 사는 우리가 수돗물을 쓸 때마다, 변기를 사용할 때마다, 샤워할 때마다 시끄럽다고 경고합니다. 처음 겪는 일이었습니다. 가족이라야 저와 남편과 딸, 세 식구입니다. 그것도 몇 년 전 시아버지가 돌아가신 후 근처 시골집이 비어 있어 남편은 출퇴근을 그곳에서 하지요. 시골집이 폐가가 되는 것을 염려한 남편의 아이디어였답니다. 지금 생각하면 남편은 위층을 피해 피신 간 것이 아닌가 싶기도 합니다.

집에는 대부분 나 혼자 있고, 나로 말할 것 같으면, 책을 읽거나 잠을 자는 것이 전부인 사람입니다. 살림에 재능이 없는 나는 김치도 사서 먹고, 반찬도 사서 먹지요. 자랑은 아니지만 배달음식도 자주 먹는답니다. 집에서 밥을 해도 소박하게 먹습니다. 마늘을 쿵쿵 찧고 김치를 담그는 등 시끄러운 생활 소음을 많이 내지 않는다는 말입니다. 그런데 언제부터인가 용변을 보거나 밥을 짓기 위해 수돗물을 사용하면 위층에서 쾅쾅 경고합니다. 위층 여인이 낮에 잠을 자는데, 제가 변기 물을 내리거나 수돗물을 사용해서 잠을 깬다는 이유였습니다. 낮에 잠을 잔 여인은 밤에 잠을 자지 못했고, 새벽 시간에 나를 깨웁니다. 모두 잠든 새벽 2-3시에 망치로 쾅쾅 안방 바닥을 치고, 안방 화장실의 수돗물을 콸콸 쏟아내는가 하면 변기의 뚜껑을 계속 쾅쾅 들었다 놨다 합니다.

그렇게 3년을 살다가 이사했습니다. 위층 여인은 몇 년 전부터 갱년기가 왔다고 했습니다. 그래서 열이 나고, 밤에 잠들기가 어렵고, 잠자다가도 작은 소리에 깬다고 했습니다. 밤에 잠을 못 자서 낮에 자는데,

낮에 아래층의 작은 소리에도 깜짝깜짝 놀라 깬다고요. 그러면 화가 나서 망치로 아래층을 내리치거나, 쿵쾅거리며 아래층에 복수하는 여인. 모두 잠든 새벽 시간에.

짐작건대 첫 시작은 우리와 위층 가족의 생활 패턴의 차이 때문이 아니었나 싶습니다. 저는 보통 밤 12시쯤에 잠자리에 눕습니다. 당시 중학생이었던 딸도 그 시간쯤에 소등하고 잠자리에 듭니다. 간혹 남편도 집에서 잠을 자지만 남편은 밤 10시면 잠듭니다. 여인은 나에게 주장했습니다. 자기 가족은 밤 10시에 잠을 자니까 밤 10시에는 아래층도 잠을 자야 한다고. 그러고는 밤 9시 30분쯤 되면 안방과 거실 바닥을 발뒤꿈치로 꽝꽝 치고 다니면서, '이제부터 너희들도 자야 해!'라는 듯이 경고합니다. 밤 12시에 자는 나는 아이에게 주의를 주고, 샤워도 아침에 하고, 수돗물도 틀지 않도록 최선을 다했습니다. 그러나 여인은 나의 기침 소리나 컴퓨터로 글을 쓸 때 자판 누르는 소리에도 꽝꽝 망치로 경고합니다. 민망한 이야기지만 방귀를 뀌면 바로 꽝꽝 경고해요! 발소리가 들릴까 봐 엉금엉금 기어서 화장실에 가서 살며시 오줌을 누고, 변기 물은 내리지 않고 나오는 순간, 기다렸다는 듯이 망치로 안방 바닥을 꽝꽝꽝 내려칩니다. 믿어지시는지요?

나는 그녀가 갱년기가 되면서부터 초음파 소리도 듣는 돌고래 같은 청력을 가지게 된 것이 신기했습니다. 밤에 한 번 깨면 잠들기 어렵다고 호소한 그녀는 낮에 잠을 잡니다. 그러니 이제 우리 가족은 낮에도 움직이면 안 됩니다. 움직이면 거짓말처럼 꽝꽝꽝, 낮에는 더 거칠고 심하게 경고합니다. 낮에 잠을 잤으니 당연히 밤에 잠을 안 자는 여인은 낮에 '자신의 잠을 깨운 것'을 복수합니다. 모두 잠든 캄캄한 새벽에 꽝 하고

20-30분 간격으로 망치질을 합니다.

저는 아파트 생활이란 서로 조금씩 양보하고 조심하면 되는 거라고 소박하게 생각했답니다. 참으로 혼란스러웠습니다. 그동안 온갖 노력을 했으나 허사였습니다. 초콜릿 한 상자를 사 들고 가서 친하게 지내자고 아부하기도 했고요. 길고 긴 편지를 써 보내기도 했고, 카톡도 여러 차례 보냈고요. 그녀의 손을 잡고 울면서 읍소하기도 했습니다. 시간을 정해주면 그 시간에는 변기도, 수돗물도 사용하지 않겠다고도 했지요. 서로 층을 바꿔서 살아보자고도 했어요.

결국 저는 시중에서 판매하는 우퍼스피커라는 것을 사서 천장에 달고, 그녀가 새벽녘에 나를 깨울 때마다 드르륵 응수했지요. 그러나 그녀는 변하지 않았습니다. 이렇게 살면 안 될 것 같아 결국 집을 내놓았습니다. 그러나 팔리지 않아 전세를 주고 이사를 온 거지요. 그리고 어머니 태중에서 나와 처음으로 세상을 구경하는 아이처럼, 비로소 제 눈에 나무가 보입니다. 내리는 빗소리가 들립니다. 베란다 창밖에 손에 잡힐 듯 푸르른 나무들이 보입니다. 풍경들이 아름답다고 느낍니다. 지난 3년 동안 보이지 않던 것들이 얼굴을 내밀고 저를 보고 웃고 있네요!

잘못 살았구나! 그동안 이 모든 정겨운 것들을 보지 못하고 살았다니! 하늘 높이 새들이 지저귀고, 어둠이 내린 거리에 알록달록한 불빛들이, 운동하러 나온 사람들이, 공원에 산책 나온 연인들이, 코로나 같은 건 안중에도 없는 중학생들이 소란스럽게 웃는 모습이 보입니다. 내가 전에 살던 아파트의 높은 외관이 평화롭고 무료하게 서 있는 모습이 보입니다. 지난 3년 동안은 주변의 사물들이 보이지 않았습니다. 고통과 근심이 마음에 가득 차 있었으니 눈에 아무것도 들어오지 않았지요.

그녀의 개과천선을 기대하지 말고 좀 더 빨리 이사할 걸 그랬구나! 그러나 아직 두려움이 있습니다. 이곳에서도 지난번 같은 사태가 발생하는 것은 아닐까? 위층의 작은 소리들이 모두 우리 가족에게 하는 경고가 아닐까? 깜짝깜짝 놀랍니다. 이 마음의 파인 홈, 흔적, 상처의 기억이 메워지기까지는 시간이 필요하겠지요. 지금도 습관처럼 낮에도 변기 물을 내리지 못합니다. 여러 번 소변을 모아서 하루 1-2회 낮에 변기 물을 내리고 있지요. 밤에 대변이 마려우면 가슴이 쿵 내려앉습니다. 집의 모든 소리에 민감해져서 돌아보고 또 돌아봅니다.

엉뚱한 이야기를 길게 했습니다. 봄이 오는 소리를 이야기하려고 했는데 말입니다. 처음인 듯 내 마음 가득 들어온 봄비 내리는 풍경이 감격스러웠습니다. 거처를 옮긴 감격을 말하고 싶었습니다. 이사만으로도 삶이 이렇게 달라지네요. 이사한 이야기를 하다 보니 하소연이 되고 말았습니다. 고통이 심각했기 때문이겠지요.

그 여인을 생각합니다. 여인은 남이 듣지 못하는 소리를 듣습니다. 그것도 재능이라면 재능이 아닐까 싶네요. 간혹 엘리베이터를 타고 내릴 때 마주치면 그녀에게 분노의 감정은 생기지 않았습니다. 연민과 슬픔을 느꼈습니다. 당신이 얼마나 힘들면 나를 이렇게까지 괴롭히는 것일까요? 그녀는 죽을상을 하고 저를 얼른 외면하면서 어디론가 바삐 걸어갑니다. 무슨 원수가 져서 저 여인과 나는 위아래층에서 이런 고통을 겪으며 사는 것일까? 내 집에 못 살고 이사 가는 일만은 없어야 했으므로 여인과 좋은 관계를 유지하려고 무진 애를 쓴 모든 날이 아련합니다. 우리 아파트에 전세든 이들은 부부 모두 직장을 다니고, 보통 새벽 6시쯤 기상한다고 했습니다. 위층과 생활 패턴이 비슷하니, 이제 위층 여인도 잠을 잘 자기를 진심으로 바랍니다. 그 여인이 새로운 세입자와 또 다투는 사태가 가장 걱정스럽기 때문입니다.

이야기가 길어졌습니다. 창밖에 내리는 비, 봄이 오는 소리, 하소연… 글을 쓴다는 것은 종종 예기치 않은 글을 쓰는 행위가 되곤 합니다. 손이, 마음이 당초 목표지점이 아닌 곳으로 넘어가버립니다. 글은 그래서 자유로운 방랑자입니다. 목표지점을 벗어나 주변에 주저앉아 감흥에 젖거나, 다른 길로 사라져버립니다. 계획에 없던 덤불숲으로 들어가기도 하고, 뜻밖에 마음에 맞는 글감을 만나기도 합니다. 저의 글쓰기는 자주 원래 경로를 이탈합니다. 다른 지점으로 넘어가버린 글들을 나는 다시 왔던 지점으로 돌려세웁니다. 그렇게 오르락내리락, 들락날락, 기웃갸웃 하면서 제 글은 성글게 완성되곤 합니다. 이리저리 자기의 궤적을 만들면서. 그러나 천천히 처음 가고자 했던 글의 주제로 다가가곤 합니다. 서론, 본론, 결론을 체계적으로 만들어놓고 글을 쓰지 않으니 제 글은 자유롭게 흔들립니다. 물론 자유롭다지만 그것은 나의 시야와 언어의 용법과 사유의 범위를 넘지 못합니다. 글이란 자기의 사유의 깊이와 넓이 이상이 될 수 없으니까요.

그러니까 자유로운 글쓰기를 한다고 하나, 그 자유란 나의 경험과 앎의 영역을 넘지 못하는 자유이기 쉽지요. 나의 사유란 시대의 지배적인 규칙이나 이데올로기를 반영하는 것에 머물곤 하지요. 거창하게 변혁적인 무엇을 쓰고자 해도 자기 시대 사유 문법을 넘어서기가 쉽지 않아서 곧 재현의 사유에 머물곤 합니다. 푸코는 사유할 수 없는 것을 사유하려고 애썼지요. 이 말 자체가 형용 모순形容矛盾이지요. 사유할 수 없는 것은 사유할 수 없는 것 아닌가요? 사유할 수 없는 것을 사유하다니요?

그러나 푸코는 가능하다고 말하는 듯합니다. 우리가 보는 세상이란 우리가 사용하는 말의 질서로 재구성된 세상이지요. 우리가 보는 사물들이란 우리가 구성한 언어로 이루어진 산물이니까요. 그래서 우리는 당대의 지배적인 이데올로기나, 지배적인 사회문화적 격자로 사유할 수밖에 없는지 모릅니다. 우리가 보고 말하고 느끼는 것은 언표화된 질서 내에서 이루어집니다.

푸코는 이런 사유를 동일자의 사유라고 말합니다. 지배적인 문법에 기초한 사유하기는 재현하고 반복하는 사유입니다. 푸코는 사유 불가능한 것을 사유하려고 합니다. 이런 사유를 바깥의 사유라고 명명합니다. 바깥의 사유란 말하자면 사유되지 않는 것을 사유하기입니다. 이미 지층화되어 딱딱해진 동일성의 사유에서 해방된 사유는 필연적으로 바깥의 사유일 수밖에 없지요. 그것은 현재에 억압된 것, 파묻혀버린 것을 들춰내는 사유이며 현재의 지층들 너머의 사유이며, 아직 도래하지 않은 사유이기도 합니다. 바깥의 사유는 타자들과 접촉하는 사유입니다. 우리의 언어적 그물망에서 빠져나가버린 것을 사유하는 것이며 현재를 변혁하는 사유입니다. 이것을 니체는 반시대적 사유라고 했지요. 그러니까 반시대적 사유는 바깥의 사유일 수밖에 없지요. 굳어버린 현재를 갈아엎고 묻혀버린 과거의 것을 불러오며, 언어의 그물망에 포획되지 않은 사건들을 만나는 사유이니까요.

그래서 푸코에게 사유하기란 저항하기라고 해도 무방할 것 같습니다. 이때 사유한다는 것은 실천한다는 것이 됩니다. 실존의 미학이란 다름 아닌 바깥의 사유를 자기 삶의 실천 질료로 사용하는 것입니다. 주체화의 능동적인 실천으로서의 바깥의 힘들과 관계 맺기. 푸코에게 사유할 수 없는 것을 사유하는 것은 인식 영역의 확장을 위한 여정이 아닙니다. 바깥의 사유는 바깥의 사유를 내 삶의 장으로 끌어와서 내 삶을 구성하는 힘으로서의 사유입니다. 따라서 바깥의 사유, 바깥의 힘 관계는 주체의 현재를 바꾸는 동시에 그의 미래를 바꾸는 힘으로 작동합니다. 외부의 힘에 예속되는 주체화가 아니라 외부의 힘을 자신의 실존을 위해 주체적으로 사용하는 수련입니다.

주체는 원래부터 존재하는 고정된 실체가 아닙니다. 주체는 사건들의 파생물로서 사후적으로 구성되는 것이지요. 무수한 사건들이 나에게 밀려옵니다. 산다는 것은 매 순간 사건들과 조우하는 것이지요. 이 사건들과 나의 마주침으로 '나'라는 주체가 형성됩니다. 저는 위층 여인과 위와 같은 방법으로 관계를 맺으며 3년간 고통스럽게 살았지요. '좀 더 일찍 결단했다면 어땠을까?'라고 생각하게 됩니다. 인간은 무수한 사건들과 매일 만나며 살아가는데, 이러한 매 사건들과 어떻게 만나는가가 나라는 존재자를 형성한다는 말이네요. 저는 더 능동적인 주체화에 대해 생각해봅니다. 당신은 어떠신지요?

지금 비가 내립니다. 내 마음에도 비가 내립니다. 이 비의 색깔은 무엇일까? 내 마음 안으로 내리는 비의 색깔을 생각합니다. 한 사유가 내 마음 안으로 들어오고 있습니다. 나를 주춤거리게 하고 말 더듬게 하고 멈추게 하고 순응에 제동 거는 사유. 바깥의 사유.

나의 주체화 과정은 내가 사회와 관계하는 과정이기도 하지요. 그러니까 나의 주체화는 사회의 무수한 힘과 만나는 방식으로 결정됩니다.

공감, 자기의 감옥에서 풀려나는 마법

니체는 타인에 대한 동정(공감)의 감정을 긍정하지 않는다. 우리의 일상 용법에서 동정同情과 공감共感은 분명한 차이가 있다. 동정은 부정적으로, 공감은 긍정적으로 사용된다. 그러나 그 뜻을 보면 동정同情은 동일한 감정, 공감共感은 한 가지 감정이다. 같은 말이다. 영어에서도 sympathy는 동정이나 공감으로 번역할 수 있다. 그런데 왜 니체는 동정(공감)에 거부감을 드러내는 걸까? 동정의 기분에서 선행을 베푸는 동기의 사악성이랄까? 이기적인 속성에 주목하기 때문이다.

니체가 볼 때 동정(공감)이란 박애의 실천이 아니라 자기 자신을 위한 것이다. 니체는 동정을 "인간을 난쟁이로 만드는 유해한 충동"이라 말한다. 서로 공감하면서 돕고 사는 것이 인간 공동체의 삶이다. 동정(공감)이란 평균의 인간이 생존을 위해, 즉 자기 자신을 위해 사용하는 감정인데 그것을 숨긴다는 것이다. 니체는 평균의 인간, 노예 도덕의 '노예들'의 동정에는 반대하지만 위버멘쉬(초인)의 동정은 긍정한다. 동정이 나보다 못한 자에 대한 연민이 아니기를 바라는 것이다. 그래서 니체는 거지가 아닌 친구를 도와주라고 말한다. 이것은 길거리 노숙인을 도와주지 말라는 것일까? 노숙인에게 현금을 몇 푼 던져주고 나면, 좋은 일을 했다는 감정이 올라온다. 또 내가 노숙인 신세가 아니라는 안도감도 든다. 이 마음이 문제라는 것이다. 그를 나와 대등한 존재, 동일한 위계의 존엄한 인간이라고 느낄 때 돕는 행위가 '친구'를 돕는 것이다. 그래서 니체는 위버멘쉬(초인) 수준에서의 동정은 긍정한다. 위버멘쉬란 '나'와 '남'의 구별이 없는 존재다. 그에게는 이기주의와 이타주의가 구별되지 않는다. 그러므로 그가 주는 도움이란 동정과는 거리가 있다.

니체의 이런 주장은 우리가 일상에서 동정과 공감을 다르게 사용하는 것과도 맥을 같이한다. 동정이 부정적으로 쓰이는 이유는 그것이 우월감의 정념이기 때문일 것이다. 반면, 대등한 관계에서 타인과 감정을 공유하는 것은 공감이라고 한다. 자기보다 못한 타인을 불쌍히 여기는 감정이기에 사람들은 동정받는 것을 기분 나빠한다. 반면 공감은 희망한다. 아니, 공감받으려고 안간힘을 쓴다. 감정을 공유하는 상대와 나의 대등성을 전제하기 때문이다. 글자의 표면적 뜻은 같지만 내용은 다르다. 그래서 우리 말은 동정과 공감을 구별하지만, 동정과 공감이 하나의 동일한 단어일 때는 상대방의 태도로 뉘앙스를 유추할 수밖에 없다. 동등한 입장에서의 감정 공유인지, 불쌍히 여기는지 살펴보려 한다. 때문에 니체는 우쭐하는 심보 없이 '동정(공감)'하는 자를 위버멘쉬 수준의 인간이라고 보는 것이다. 니체 철학의 핵심 용어이기도 한 위버멘쉬는 자기를 넘어선 존재이기 때문에 이것이 가능하다. 그는 정체성을 갖지 않는 것을 정체성으로 한다. 그러나 도토리 키재기 같은 평균의 인간이란 자기를 위해 하는 동정(공감)을 이타적인 행위처럼 꾸민다. 다른 한편 동정은 그 당사자를 의존적으로 만든다고 본다. 자기 앞에 놓인 장벽을 스스로 헤쳐가기를 바라는 것이다.

그렇다면 위버멘쉬가 아닌 평균의 인간은 공감(동정)을 해서는 안 되는가? 나는 그렇게 보지 않는다. 평균의 인간인 나도 열심히 공감하고, 상대의 입장이 되어보는 것이 중요하다. 공감이 습관이 될 때 위버멘쉬로 한 발 나아갈 수 있다.

갈수록 삶이 팍팍하고 경쟁이 치열한 세상이다. 인터넷으로 쇼핑하고, 배달 앱으로 음식을 배달해 먹고, 인스타나 페이스북으로 소통하는 디지털 환경에서는 더 공감이 필요하다. 동정 행위의 동기에 대해 불순함을 탓할 여유가 없다. 타인의 입장이 되어보는 것이 중요하다. 각자도생과 무한경쟁을 향해 달려가는 이 문명 안에서는 특히 그렇다.

《주체의 해석학》에 따르면 헬레니즘 시대의 견유주의자 데메트리우스는 관계적인 지식을 중요하게 봤다. 데메트리우스는 장식적이고 무용한 지식과 유용한 지식을 나눈다. 그는 인간에게 유용한 지식을 관계적인 지식이라고 생각한다. 관계적 지식이란 인간을 둘러싼 세계, 사물, 타인에 대한 앎이면서 동시에 이것들과 나의 관계를 아는 것이다. 그러니까 관계적 앎이란 한마디로 나를 둘러싸고 있는 모든 것과의 관계를 아는 것이다. 이 앎은 "만물과 자신의 관계의 장 내에서" 펼쳐지며, 알자마자 주체의 존재 방식을 변형시키는 정언으로 기능한다. 데메트리우스가 무용하다고 말하는 '교양 지식'도 진실할 수는 있으나 주체의 삶의 방식을 변화시키지 못한다. 데메트리우스의 무용한 지식은 내용의 참 또는 거짓이나, 내용의 속성이 아니다. 지식이 주체와 관계 맺는 방식에 따라 유·무용이 결정된다. 관계적 지식은 세상 만물을 나와의 관계 속에서 탐구하여 얻어낸 것이다.

그래서 데메트리우스는 이런 앎을 유익한 지식이라고 하는 것이다. 이 앎은 세계에 대한 불안과 공포로부터 인간을 자유롭게 해준다. 이 세계가 세상 만물과의 '공동의 거처'이며, 인간은 이들과 함께 살아가는 존재들이기에 이 세계를 좋게 만들어야 한다는 사실을 알게 한다. "무슨 소리? 나 하나 살기도 바쁜데 관계적 삶이라니?"라고 말할 수도 있겠다. 앞서 말했듯 삶이 팍팍하고 경쟁이 치열해지니 앞뒤 돌아볼 여유가 없다. 그런데 문제는 나 하나만 잘사는 것이 원론적으로는 불가능하다는 것이다. 옆 사람이 고통받는데 나 홀로 행복한 것이 행복인가의 문제가 아니다. 옆 사람의 고통이 실은 내 삶의 위협 요소로 작용한다. 사람만이 아니다. 자연과 세상 모든 존재자의 고통이 내 삶과 연결되어 있다. 이런 세계의 실상을 잘 알아야 한다. 그래야 우리는 잘 행위 할 수 있다. 때문에 관계적 앎이란 주체의 에토스ethos(윤리, 품행)를 변화시키는 앎이라 할 수 있다.

다시 공감의 문제로 돌아가자. 이 시대에 데메트리우스 같은 철학자들이 공감의 중요성을 역설했는지는 알 수 없다. 그러나 관계적인 삶에서는 역지사지易地思之가 중요해진다. 그래서 데메트리우스의 관계적 앎이란 결국 타자에 대한 공감의 정언이 아닐까 싶다. 내가 타인에 대해 알려면 공감해야 한다. 그래야 그에 대한 '앎'이 가능해진다. 소통이 가능해지는 것이다. 비로소 그가 두렵지 않다. 그도 나처럼 불안과 공포를 싫어한다. 그도 나처럼 울고 웃고, 유한한 삶을 산다. 갖가지 장애와 함께 살아가는 덧없는 존재들이다. 사물들과 세상에 대해서도 공감할 때 더 큰 평화가 온다. 저 새가, 저 꽃이 되어보는 것, 저 아이의 고통 안으로 들어가 보는 것, 그런 행위가 공동체를 살린다. 공감이 안 될 때 갈등하고 죽이고 전쟁한다. 그러나 공감하면 삶이 변한다.

그러니까 공감이란 타자화하는 능력이라 할 수 있다. 사이코패스는 극단적으로 공감 능력이 떨어지는 사람을 일컫는 용어다. 나는 공감이 잘 안 될 때 의식적으로 타자의 입장이 되는 연습을 한다. 그렇게 하면 상대방뿐 아니라 나에게도 좋다. 보이지 않던 모습들이 드러난다. 인간이란 보이는 것을 안 볼 능력이 얼마나 탁월한 존재인지 알게 된다. 얼마만큼 지각을 비틀고 왜곡할 수 있는지, 얼마만큼 거짓을 진실로 믿을 수 있는 존재인지. 타자가 되어보면 지금껏 본 적 없는 풍경이 나타난다. 우리는 그것의 존재를 인지하지 못하고 평생 살 수도 있다. 그리고 평생 내가 의지적으로 보려 했던 반쪽짜리 영상만을 보면서 살 수도 있다. 이 문제에 관한 한 우리는 피해자이면서 가해자가 된다. 정도의 차이는 있지만 기본적으로 타자화하지 않고 살고 있다. 마지 못해서, 윈윈win-win의 차원에서, 계산의 차원에서 양보하기는 한다. 그러나 타자화하는 실천이 습관이 되는 순간 다른 세상이 펼쳐진다. 말하자면 꽃의 관점, 돌의 관점, 고양이의 관점, 강아지의 관점, 휴지통의 관점, 물고기의 관점 등 온갖 관점을 접하게 된다. 나의 관점으로만 보이던 세상에 무수한 눈높이의 관점들이 존재함을 알게 된다. 이것은 놀라운 사건이다. 자기의 감옥에서 풀려나는 놀라운 마법을 이 순간 경험한다.

사람들은 말할지도 모른다. 공감을 너무 강조하면 타인에게 끌려다닐 수 있다고. 그렇지 않다! 공감하는 삶이란 생명력이 충만한 삶이다. 내가 충만해진다는 것은 나와 관계하는 타자 역시 그렇다는 것을 전제한다. 서로 공감한다는 것은 서로의 관점에서 보는 것이기 때문에 가해자도 피해자도 없다. 관계적인 삶과 충만한 삶이란 동전의 앞·뒷면처럼 붙어있다. 때문에 공감을 강조하면 피해자가 되고 손해 볼 거라는 논리는 기우다. 서로 영향 관계를 주고받기 때문에 누군가의 고통이 누군가의 행복이 될 수 없다. 그물코 하나가 찢어지면 나머지 모든 그물코에 영향을 주듯이.

그런데 실은 공감을 너무 잘해도 문제가 되기는 한다(이를 공감이라 해야 할지는 모르겠지만). 성찰 없이 이리저리 휩쓸려 공감하는 경우다. 가령 나치에 대한 공감, 스탈린 시대의 공감, 전두환 시대의 공감 등. 때문에 사유의 능력을 키워 나의 공감이 편향되고 근시안적인 공명이 되지 않도록 주의해야 한다. 공감이 지나쳐서 '묻지 마'식 경도가 되지 않도록.

결론적으로 '공감하기'는 "나와 너의 구별 없애기"라고 말하고 싶다. 이것이 자기의 감옥에서 풀려나는 열쇠다.

공부한다는 것: '줏대 없음'을 찬양함

설산동자와 진리 그리고 남편과 딸과 나

법륜스님의 《인간 붓다》(정토출판)를 읽다가 재미있는 구절을 만났다. 나찰에게 자기 몸을 보시하는 설산동자雪山童子 이야기다. 《대반열반경》에 수록된 내용이다.

제석천왕이 흉악한 나찰로 변해서 히말라야 깊은 산중에서 수행하는 설산동자에게 나타난다. 나찰은 삼매에 들어있는 동자에게 부처님의 게송을 반만 읊는다. "모든 것은 늘 변천해 한 가지 모양으로 머물러 있지 않다諸行無常. 이것을 이름하여 나고 죽는 법이라 하네是生滅法." 게송을 듣고 동자의 마음은 무한한 기쁨으로 넘쳤다. 동자는 게송을 읊은 자가 험상궂은 나찰이라는 것이 의아했다. 그러나 겉모습으로 판단하는 것은 지혜롭지 못하다고 생각하고 나머지 게송도 들려달라고 말한다. 이에 나찰은 며칠 동안 먹지 못해 배고파 죽을 지경이라고 너스레를 떤

다. 나찰에게 무엇을 먹느냐고 묻자 사람의 더운 살과 피를 먹는다고 대답한다. 설산동자는 나머지 게송을 말해준다면 자신의 몸을 공양하겠다고 약속한다. 나찰이 이 제안을 받아들이자 설산동자는 하늘에 오를 듯 기뻤다. 게송은 이렇다. "생기고 소멸함이 다 사라진 그 세상生滅滅已은 모든 고통 떠나버린 대열반의 기쁨이다寂滅爲樂." 이 게송을 듣자 동자는 환희심이 솟았다. 동자는 게송을 마음에 새기고, 나무와 바위들에도 수없이 새긴다. 그리고 높은 곳에서 뛰어내려 나찰에게 몸을 공양한다. 이 설산동자가 전생의 붓다다.

"하늘에 오를 듯" 기쁜 마음을 생각한다. 잠시 후 나찰의 밥이 될 텐데 나머지 게송을 읊어준다고 하늘에 오를 듯 기쁠까? 설산동자는 방금 전에 절반의 게송을 들었을 때도 마음에 무한한 기쁨이 넘쳤다. 제행무상諸行無常, 시생멸법是生滅法!

나는 언제 환희심이 솟는가? 무한한 기쁨으로 열반에 드는 경지라! 생각해보면 설산동자와 비할 바는 못 되지만 나에게도 기쁜 순간이 있긴 하다. 게송을 듣고 하늘을 오를 듯 기뻤던 설산동자처럼 나도 뭔가를 알게 됐을 때 기쁘다. 책의 문장이 도무지 이해되지 않다가 "앗, 이거였네"라고 알게 되는 순간. 동서양 고전이나 철학책을 읽으면 이해되지 않는 구절들이 많이 등장한다.

이해되지 않는다는 것은 나의 기존의 앎과 텍스트의 논리가 정합적으로 맞아떨어지지 않는다는 말이다. 그것은 나의 앎의 지평을 흩트리고 넘어서야 한다는 말이기도 하다. 즉, 나의 앎의 논리나 내용을 버리고 다른 지평으로 이동해왔을 때 새로운 앎은 나에게 다가온다. 이해되지 않고 어렵다는 것은 어찌 보면 낡은 앎에서 박차고 나와야 한다는 뜻이기도 하다. 그러나 인간은 기존의 앎을 버리기가 쉽지 않다. 이미 축적된 앎을 꼭 잡고, 거기에 새 앎을 덧붙여 넣으려고 한다. 그러니까 당연히 이해되지 않는다. 이해됐다고 하더라도 그것은 이해가 아니라 오해라고 보면 맞다. 자기 방식으로 '이해'하고 다음 문장으로 넘어가니 더욱 이해되지 않는다. 그러다가 책을 던져버린다.

나는 나에게 말한다. 이해되지 않는다는 것은 기존 지식들을 버리라는 신호다. 전복적인 사유가 필요하다는 말이다. 그러나 나 역시 기존의 앎 위에 터를 잡고 집을 지으려 한다. 하지만 공부란 계속 내가 지은 집을 허무는 과정이 아닐까? 앎을 재산이라고 생각하고 쌓으려 하니까 이해되지 않는다. 앎은 재산이 아니다! 전복적인 사유를 하라고? 어떻게? 말하자면 지금 내가 생각하는 것과 정반대로 생각해보는 것이다. 내 앎의 반대 지점에 서보는 끝없는 연습을 하는 것. 계속 관점을 바꾸어 유연해지려는 노력이 공부라 할 수 있다.

이렇게 하면 어려운 책이 종종 읽히는 경우가 있다! 푸코나 들뢰즈 등이 읽힐 때마다 그것이 나의 '줏대 없음' 때문이라고 생각하곤 했다. 그러다가 혼자 웃는다. 앞의 글에서 이미 언급했듯이 나는 살면서 줏대 없음 때문에 나에게 불만이 많았다. 그것을 무능력함이라고 괴로워하기도 했다. 나는 어찌나 귀가 얇은지 누가 뭐라 말하면, 조금의 망설임도 없이 "맞아맞아" 하며 맞장구를 친다(그렇다고 사고를 치지는 않는다). 정말로 나는 그의 말이 맞다고 느껴서 즉시 "맞아맞아"라고 말하는 것이다. 그런데 사람들은 내가 입에 발린 말을 한다고 생각한다. 아니다. 난 정말로 누가 뭐라고 말하면 단번에 동의한다. 잘 보이려는 것도 아니고, 건성으로 그러는 것도 아니다. 그러니 나의 지인들은 나의 진실을 알아주시기 바란다. 나는 정말로 세상 사람들 말이 다 맞는 것 같다.

그런데 "맞아맞아"가 안 되는 존재가 딱 두 명 있다. 바로 남편과 딸. 이들의 말은 다 틀린 것 같다. 오호통재嗚呼痛哉라! 그들은 내 기준에서 보면 너무나 틀린 말을 한다. 예를 들면 딸은 이렇게 말한다. "나는 중학교 때 이미 공부를 너무 많이 해서 더 이상 공부하고 싶지 않다"고. 그러고는 고등학교 책과 참고서를 다 내다 버렸다. 내가 보기에 딸은 중학생 때 공부를 열심히 한 것은 아니다. 시험 볼 때 좀 했고, 공부머리가 있어서 영어나 수학을 금세 익히기는 했다. 나는 딸에게 공부를 강요한 적도 없다. 그런데 고등학교 들어가서부터 "이젠 공부 안 하겠다"고 한다. 이러니 내가 딸의 말에 맞장구칠 수가 없다. 남편이라는 작자는 정말 나를 화나게 한다. 가상화폐에 투자해서 4천만 원을 날리고, 정신 못 차리고 또 4천만 원인지 6천만 원인지를 빚내어 투자해서 다시 마이너스 6천만 원이 됐다고 한다. 이러니 이들이 하는 꼬락서니에 내가 어떻게 맞장구를 치겠는가? 그러나 난 웬만하면 맞장구를 잘 치는 사람임에 분명하다. 나는 세상 사람들 말에는 다 동의가 잘되는데, 참으로 희한한 종자인 이 두 사람에게는 맞장구가 안 쳐진다. 각설하고.

여하튼 나는 사람들에게 잘 동의하고 잘 맞장구친다. 어느 날 생각했다. 내가 너무 맞장구치니까 사람들이 나를 진실하지 않게 보는구나! 그래서 나는 메모장에 이렇게 적어놓았다. "상대의 말에 '즉각' 맞장구치지 말 것, 진실해 보이지 않음." 최근에 한 대목을 더 추가했다. "아이와 남편에게 즉각 반대하지 말 것." 아무튼 나는 아주 줏대 없는 사람인데, 아이와 남편에게는 줏대가 확고한 것 같다. 최근 궁합을 보았더니 나는 남편을 통제하려고 하는데 남편이란 자는 나의 통제를 절대로 받지 않는 위인이란다. 그러니 그냥 하는 대로 내버려두라고 했다. 나의 일간日干은 경금庚金이고 남편의 일간은 계수癸水다. 내가 남편을 생生하는 일간이라고 했다. 나 때문에 그나마 이렇게라도 살고 있으니 나를 업어줘야 한다고. 이 말을 전하자 이 작자는 코웃음을 친다. 정말 화가 난다.

글이 이상하게 흘렀지만, 결론은 줏대 없는 것이 필요하다는 말이다. 물론 내가 엄밀하게 읽어야 할 난해한 텍스트 해석이나 회사의 장래가 달린 업무회의, 가정의 대소사 등에까지 상대방의 허튼소리에 "맞아 맞아" 하며 맞장구치는 것은 아니다. 다만 남에게 큰 피해만 주지 않는다면, 나는 사람들의 말에 너무나 공감이 잘된다. 어려운 책을 읽을 때도 나의 논리를 얼른 버리고 책의 논지를 따라간다. 그렇다. 바로 이 말을 하려고 이렇게 길게 우회했다. 나의 글은 언제나 나의 목표를 벗어나고 언제나 제멋대로 자기 길을 간다. 이 또한 나의 줏대 없음의 증거다. 나는 내 글에 체계를 세우고 경계를 넘어가지 못하게 막지 않는다. 그냥 놓아둔다. 그래서 나의 치부가 드러나기도 하고 신세타령으로 빠지기도 하지만 어쩌랴! 그것이 글이 가려는 방향이니 그냥 따라갈 뿐이다. 본론으로 돌아가자.

나는 이 줏대 없음이 '무능력'이라고 생각하곤 했다. 그런데 갑자기 줏대 없음이 '능력'이 아닐까 하고 생각한 것이다. 줏대 없기에 나는 어떤 책을 읽어도 그 책의 논리를 곧잘 따라간다. 나의 논리를 폐기하는 것, 나의 앎과 즉시 결별하는 것이 잘된다. 줏대가 없어서 가능하다. 사실 어떤 책들은 나의 앎과 연계될 때 이해되는 경우가 많다. 그것을 우리는 쉬운 책이라고 말한다. 그러나 소위 어려운 책들은 우리에게 말한다. 당신이 무엇을 상상하든 나는 당신의 상상 그 이상을 보여줄 거야. 그러니까 좁쌀만 한 지식을 금과옥조金科玉條로 고집 말고 버려버려! 다 버려!

다시 짚고 넘어가자. 여기서 말하는 '줏대 없음'이란 앞서 밝힌 스툴티티아stultitia(사유의 동요) 상태와는 다른 것이다.* 스툴티티아는 어느 것과도 접속하지 못하고, 온통 타자의 욕망으로 가득한 상태를 말한다. 아무런 생각이 없는 자의 전형이다. 내가 찬양하는 '줏대 없음'이란 계속적으로 다른 것과 연결됨으로써 기쁨을 느끼는 속성을 말한다. '줏대 없음'이란 자기를 욕망하지만 자기를 고집하지는 않는다. 계속 자기를 비우면서 타자와 무한히 연결된다. 줏대 없음이란 변신하고 변이하는 존재의 역량이며, 공부와 수행의 전제조건이 된다. 그러니까 줏대 없음은 완고함과 반대의 지점에 있다. 반면 스툴티티아는 진정으로 자기를 욕망하지 못하는 자의 우왕좌왕이다.

앎이란 앎을 계속 버리는 수련이다. 책을 읽을수록, 공부할수록 모르는 것투성이다. 그, 모르는 것이 나에게 말한다. "나를 좀 봐달라니까요." 모르는 것이 있는 한 나는 계속 나를 넘는 시도를 할 수 있다. 모르는 것이 많아 감사하다. 모르는 것은 나의 닫힌 문을 열게 해서 신선한 공기를, 바람을, 청정한 하늘을 보여준다. 이때 나는 새로워진다. 공부는 나를 새롭게 태어나게 한다. 그러니까 나를 타넘어 너를 보기 위해, 무수한 너와 접촉하고 싶어서 공부한다. 공부하는 것은 자기 앎을 자발

* 이 책 2부, '당신에게는 숨기고 싶은 우주의 진리' 참조.

적으로 파괴하는 행위다. 그것은 끊임없이 자아를 허물어버리는 행위다. 버리고 버리고 버리는 것이다.

미당 서정주의 〈꽃밭의 독백〉이라는 시에는 처녀의 몸으로 신라의 시조 박혁거세를 잉태한 사소娑蘇가 수행하러 떠나기 전 꽃에게 하는 독백이 나온다(용서하시라! 하필 서정주 시인의 시를 자주 인용함을). 사소는 그의 집 꽃밭에서 꽃에게 문을 열라고 거듭 말한다. "문 열어라 꽃아, 문 열어라 꽃아." 꽃의 닫힌 문 앞에서, 그 캄캄한 벽 앞에서. 그러나 꽃은 이미 문을 열고 있는 것은 아닐까? 사소는 열린 문을 보지 못하고 문을 열라고 요구하는 것은 아닐까? 나에게 안 보이면 문이 닫힌 것인가? 꽃에게 들어가기 위해 화자인 사소는 꽃과 교감하는 존재가 되어야 하지 않을까? 꽃은 잘 보라고, 잘 보면 보인다고 말하고 있는지도 모른다. 꽃과 진리는 나와 당신의 보지 못하는 눈의 변형을 요구한다.

가진 것 다 버리고 텅 빈 존재가 될 때 꽃의 열린 문이 보일지도 모른다. 새로운 눈이 탄생하는 순간이다. 텅 빈 충만이 꽃과 진리와 공명한다. 공부란 이렇게 텅 비는 연습이다. 내 안이 가득 차서 너무 무거우면 그 무게에 짓눌려 타자의 열린 문과 공명하지 못한다.

그러니까 공부한다는 것은 증식하고 소유하는 재산이 아니다. 공부를 자기 안에 잔뜩 지식을 쌓는 것으로 안다면 그것은 물질적인 소유를 욕망하는 것과 다를 바 없다. 공부는 수행이다. 나를 버리는 수행. 그런데 이 수행은 나를 행복하게 한다. 버려야 할 것은 물질적인 것만이 아니다. 자기주장을 버리고 자기 앎을 의심하는 것, 자신의 개구리 관점을 넘어서는 끝없는 항해. 개구리 관점은 니체가 쓰는 용어다. 우물 안 개구리는 우물의 세계만을 바라본다. 혹 푸코를 공부하고 있는 분들이라면 어렵다고 푸념하지 마시고 푸코 책의 논리를 따라가시라! 레비스트로스를 읽는다면 레비스트로스의 논리를, 스피노자를 읽는다면 스피노자의 논지를 따라가시라.

동그라미와 별의 사유

가령 나는 동그라미의 사유를 하고 있다. 그런데 어떤 책은 동그라미가 아니라 별 모양에 대해 말한다. 책은 별의 뾰족뾰족한 부분을 이야기하는 것인데, 동그라미의 사유가 너무나 자명하고 옳기 때문에 별의 사유를 모두 동그라미로 환원한다. 이러면 아무리 끼워 맞춰도 이해되지 않는다. 그럴 때는 얼른 동그라미를 버리고 마뜩지 않더라도 뾰족한 별의 논리에 나를 맞추면 된다. '동그라미가 좋은 것이니 책도 당연히 동그라미를 말하는 거겠지'라는 선입견을 버려야 한다.

설산동자가 부처님의 새로운 앎에 접속한 순간 기존의 앎은 무無가 된다. 이 새로운 앎과 연결되는 순간 설산동자는 화학적으로 새로운 존재가 된다. 원자 배열이 바뀐 것이다. 당연히 기존의 앎은 사라진다. 앎 버리기는 몸 버리기로 확장된다. 나는 나찰에게 몸을 공양하지만 나는 본시 무였다. 무란 없다는 뜻이 아니다. 변한다는 뜻이다. 앎을, 진리를 증득한 나는 나를 버린다. 나를 버리는 것은 나의 다른 탄생을 예고한다. 나는 나찰에게 먹힘으로써 그의 배 속으로 들어갈 것이다. 이 순간 나는 다른 것과 화학적으로 결합하여 다른 존재가 된다. 진리란 자발적으로 나를 해체할 만큼 강력한 힘으로 현현한다. "단 한순간만이라도 널 만난다면 죽어도 좋아!" 진리를 접한 자는 자기와 타자를 동시에 구원한다. 나의 구원은 곧 타자의 구원과 연결된다.

다시 말하지만, 지식도 쌓는 순간 썩고 냄새나는 오물이 된다. 그 안에서 허우적거리는 사람을 우리는 나이와 관계없이 꼰대라고 불러야 한다. 푸코는《성의 역사 2: 쾌락의 활용》에서 철학이라는 것을 "사고에서의 고행", 즉 "자기의 훈련"이라고 말한다. 자기의 훈련이란 시도하는 것이다. 이 시도란 "진실의 작용 속에서 자기 자신을 변형시키려는 시험"이다. 푸코는 변화될 수 있는 것을 탐구하는 것이 철학의 진리라고 말한다.*

설산동자는 나찰의 몸에 들어가 나찰의 몸과 연결된다. 그는 우주의 또 다른 존재가 된다! '진리'는 이렇게 무섭다. 인간을 바꾼다. 이것이 '진리'의 몫이다. 존재의 전면적인 변화를 촉구하는 것이 공부다.

푸코의《성의 역사 2: 쾌락의 활용》서문에 나오는 문장이다.

> "나를 충동질한 동기로 말하자면, 그건 아주 간단했다. (…) 그것은 호기심인데, 어쨌든 유일하게 약간은 고집스럽게라도 실행될 만한 가치가 있을 그런 유의 호기심이다. 알아야 하는 것을 제 것으로 만들고자 하는 호기심이 아니라 자기 자신으로부터 벗어날 수 있게 해주는 호기심이 그것이다. 앎에 대한 열정이 지식의 획득만을 보장할 뿐 어떤 식으로든, 그리고 되도록이면 아는 자의 일탈을 확실히 해주지 않는다면 무슨 소용이 있겠는가? 삶에는 사람들이 생각하는 것과 다르게 생각하고 사람들이 보는 것과 다르

---

* 위의 책, 28-29쪽.

게 인지할 수 있는지, 없는지를 아는 문제가, 계속적인 인지나 생각을 위해 필요불가결한 순간들이 있다."*

* 《성의 역사 2: 쾌락의 활용》, 28쪽.

꼰대들과 전향들과 개종들

✶

자기로의 회귀

전향轉向이나 개종改宗이라는 말에는 불가사의한 '생명의 약동'이 느껴진다. 이 봄, 세상에 있는 초록들은 수천, 수만의 다른 초록들로 경계를 넘고 있다. 자기 안에서 무르익은 힘들이 분기하여 밖으로 밖으로 피어오른다. 무수한 전향, 무수한 개종이. 전향이나 개종이라는 낱말에는 문턱을 넘는 이미지가 있다. 이질적인 무엇인가를 계속 출산出産하는 생명의 파동, 힘들의 아우성.

내가 대학에 다니던 1980년대에는 사상의 전향이라는 말이 자주 사용되었다. 사상이나 신념의 포기를 표현하는 말이었다. 그러나 전향이 권력에 항복하는 의미가 전부는 아니다. 사전의 뜻 그대로 방향을 바꾸는 것이다. 항복이 아니라 저항으로 포지션을 바꾸는 것도 전향이다.

개종도 전환을 의미한다. 종교를 바꾸는 것이니까 엄청난 방향 전환이다. 한자의 뜻을 풀어보면 으뜸 혹은 근본을 바꾼다는 의미다. 이런 낱말들은 삶의 대변혁을 예고한다. 그것은 지금과 다른 무엇을 생성하는 힘으로 표상된다. 나는 매일 수없이 전향하고 개종하고 싶다. 무수한 전향과 개종이 내 삶을 펼쳐가기를! 수많은 전향과 개종을 가능하게 하려면 수많은 가능성의 잠재적 힘을 비축해야 하지 않을까. 그것은 수많은 내공이 내 안에 응축되어 있어야 하며, 그것을 펼쳐낼 능동성을 창조해야 가능한 일이다.

자기동일성에 갇혀서 안정되고 편안한 삶을 구하는 한 전향과 개종은 불가능하다. 동일성 안에서는 습관의 반복을 자동기계처럼 되풀이할 뿐이다. 그리고 자신의 경험치와 기준에 부합되지 않는 현상들에는 눈을 돌려버린다. 이런 사유의 습관에 머무르는 자는 그의 생물학적 나이와 관계없이 꼰대다. 나는 누군가를 꼰대라고 희화화하는 현상을 긍정적으로 보지 않는다. 그것은 타자의 꼰대성을 조롱하면서 자신의 꼰대성을 감추거나 부인하는 행위일지도 모르니까.

꼰대란 젊고 늙음을 떠나 '다름'을 생산하지 못하는 무능함이라 정의하고 싶다. 타인을 꼰대라고 낙인 찍는 행위 역시 꼰대 기질이 농후한 자라고 할 수밖에 없다. 꼰대 여부의 판단과 물음은 자신을 향한 질문일 때만 정당성을 확보하지 않을까?

꼰대들은 전향이나 개종이 어려운 사람들이다. 다른 방향은 안 보인다. 볼 수 없고, 보려 하지 않고, 다른 방향이란 없다. 차이들의 스펙트럼이 보이지 않는다. 타자는 모두 오답이거나 비정상이라고 보는 사고의 소유자들이다. 전향과 개종을 습관으로 만들기. 그것은 자기가 모르는 수많은 가능성을 실험하는 것이며, 변주 가능한 삶을 발명하는 방법이다.

헬레니즘·로마 시대의 자기수양에서는 자기전향이 중요한 테마가 된다. 전향은 서구의 자기 테크놀로지 중 매우 중요한 개념이라고 푸코는 말한다. 여기서 전향이란 '자기로의 회귀', '자기 자신으로의 선회'라고 할 수 있다. 그런데 이 시기의 '전향'이라는 개념은 플라톤의 전향epistrophê이나 기독교의 개종metanoia과는 다른 층위에서 논의된다. 그것은 사유에 한정되기보다 '행동 도식'에 가깝다.

플라톤의 텍스트에 나타난 전향의 개념은 세 가지 정도로 요약된다. 플라톤에서 전향은 외관으로부터 방향을 돌려 자기의 무지를 깨닫고, 자기배려를 통해 자기 자신으로 되돌아가는 것이다. 이때, 자기 자신으로 되돌아가기란 상기rêminiscence를 통해 "존재의 본향으로 되돌아가는 것"을 의미한다. 요약하면 외관으로부터 시선 돌리기, 자기로 회귀하기, 존재론적 본향으로 되돌아가기다.* 플라톤의 전향은 이 덧없는 감각 세계에서 영원한 천상의 세계(이데아)로 시선을 돌리는 것이며, 상기를 통해 자신의 신성을 인식함으로써 자기를 해방하는 행위다. 자기로 전향한다는 것은 인식에 특권적 지위를 부여하는 것이다.

한편 기독교의 개종 개념은 흥미롭다. 기독교적 개종은 '사유와 정신의 급격한 변화'를 의미한다. 자신의 노력 여부와 관계없이 주체의 존재 방식이 즉각적으로 변형되는 것이다. 이것은 흔히 은총, 혹은 은혜받은 상태로 지칭된다. 이 경우 "주체 내부에 단절"이 필수다. 가톨릭 신자인 나는 불현듯 신의 은총이 폭포수처럼 쏟아지는 순간을 상상하곤 했다.

* 《주체의 해석학》, 241쪽.

타동적으로 은총의 물줄기 혹은 빛 무더기들이 쏟아져내리길. 나는 양처럼 순하게 그 아래에서 오래 머무르고 있길. 즉, 이전의 나와 단절한 다른 존재가 되길 갈망했다. 가만히 앉아 은총이 내려오시길 기도한 것이다.

기독교적 개종은 드라마틱하게 "한 유형의 존재에서 다른 유형의 존재로, 죽음으로부터 생명으로, 도덕성으로부터 부도덕성으로, 어둠으로부터 빛으로, 악마의 지배로부터 신의 지배로 이행"한다. 이를 '거듭남'이라는 말로 표현할 수 있겠다. 거듭난 자는 이전의 자신과 결별한 자다. 습관과 에토스와 존재 방식에서 새로운 차원으로 비약한 자. 그는 자기 자신을 포기한 자이며 신의 질서에 순종하는 자다. 위에서 "도덕성에서 부도덕성"으로의 이행이란 인간 세계를 지배하는 도덕성의 관념이 신의 지배 영역으로 들어가면 무용해진다는 것이다. 신의 질서와 계획으로 움직여지는 세계이기 때문이다. 이 경우 부도덕이라기보다 비도덕이라는 표현이 옳을 듯하다.

그러나 푸코가 주목하고 있는 헬레니즘·로마 시대의 '자기전향'은 자신과 단절하고 자신을 버리는 것이 아니다. 자기를 '둘러싸고 있는' 타자와의 단절이다. 자기 주변 것들과의 단절이다. "자신을 목전에 두고" 보는 것, 즉 외부에서 시선을 거두어 자신에게 집중하는 것이다. 그러니까 이 시대의 전향이란 '자신으로의 회귀'다. 또 이때 전향은 기독교의 개종처럼 '타동-주체화'가 아니라 '능동-주체화'다. 이 능동-주체화는 개종에서처럼 느닷없이 존재가 단절을 경험하는 갑작스러운 변형이 아니라 스스로 행하는 길고 연속적인 과정이다.

그런데 "너 자신에게 시선을 돌려라"라는 이 명령적 정언은 '주체의 자기인식'과 유사하게 보인다는 것이 푸코의 분석이다. 즉, '너 자신을 알라'와 아주 유사하다는 것이다. 그렇다면 이때의 자기전향, 즉 '너 자신에게 시선을 돌려라'는 어떤 뜻일까? 결론적으로 말하면 그것은 플라톤의 전향이나 기독교의 자기 내면 점검과는 다르다. 이 시대의 플루타르코스, 에픽테토스, 세네카, 마르쿠스 아우렐리우스 등이 말하는 '자기전향'은 '자기인식'과 유사해 보이지만 그렇지 않다. 언급했듯이 이것은 자기에게 집중하기다. 즉 "타자들로부터 해방되는 것", "세계의 사물로부터 해방되는 것"을 의미한다.

푸코는 특히 "타자로부터 해방되는 것"의 의미는 플루타르코스의 《호기심에 관하여》라는 텍스트에 잘 나타나 있다고 설명한다. 플루타르코스에 따르면 "타인에 대한 악의적인 호기심"에서 자기 자신에게로 관심을 돌려 집중하는 것이 필요하다는 것이다. 즉 육상선수, 궁사, 전투에 나가는 병사처럼 목표물에 의식을 집중해야 한다.

그러니까 타자들로부터 해방되어 자기를 응시하는 것은 자신이 애초에 설정한 어떤 목표에 이르기 위함이다. 자기의 내면을 해석하고, 자아의 상태를 파악하는 자기인식과는 거리가 멀다. 자기수양을 효과적으로 하기 위해 마음을 모으는 작업이라고 할 수 있다. 타인의 불행이나 어떤 흥미로운 소문에 기웃거리지 않고, 온전히 자기에게 집중하여 목표지점을 향해 순항하도록 하는 정신훈련이다. 가령 활을 쏘는 사람은 목표지점에 활을 맞히기 위해 정신을 흩트리지 않고 내부로 모은다.

이렇게 시선을 자기 자신으로 돌리는 자기전향은 데카르트의 자기인식과 다르고, 앞서 언급했듯 플라톤의 전향이나 기독교의 개종과도 다르다. 그것은 정신적인 집중 훈련이라는 실천적 도식이다.

그래도 계속 시선이 외부로 향할 경우 기억훈련이나 산책훈련, 호기심에 저항하는 인내력 훈련을 하라고 플루타르코스는 처방한다. 기억훈련이란 '나쁜 호기심'이 발동할 때마다 그동안 배운 것을 암기하고 낭송하는 것이다. "자신의 금고를 열어" 담론들을 계속 암기·낭송하라는 처방이 흥미롭다. 또 타인의 불행이나 불운에 호기심을 갖지 말고 자연의 비밀을 연구하고 역사 공부를 하며 여가생활을 즐기라는 조언도 있다.

결론적으로 헬레니즘·로마 시대의 전향이란 자기수양이라는 목적지를 향해 가는 데 정신이 분산되지 않도록 하는 행위다. '인식의 대상'으로서 자기에 대한 앎이 아니라 정신을 집중하는 훈련으로 자신의 시선과 행위를 자신이 세운 목표로 향하도록 하는 것. 다시 말해 자기수양을 위해 주체는 자기전향, 즉 자기응시를 하는 것이지 인식을 위한 것이 아니다. 더 잘 실천하기 위해, 더 잘 행위 하기 위해 전향이 요청되는 것이다.

다시 정리하면, 이런 일련의 수행은 은총에 의해 건너가는 수동적인 단절이 아니다. 능동적으로 자기를 개종하고 전향하여 도달하는 영역이다. 힘든 실천을 부단히 통과한 자가 다다르는 경지다. 비행기는 한동안 활주로를 힘차게 달린다. 거친 호흡을 뿜어내며 정해진 목표를 향해 오래 달린 후 드디어 이륙한다. 인간의 자기수양도 이렇게 진행된다.

들뢰즈 식으로 말하면 자기수양은 자기와 달라지는 힘의 생성을 위한 무수한 시도와 실천을 필요로 한다. 다른 나를 산출하기 위한 자기수련은 자기전향과 개종을 무수히 몸에 새기는 작업일지 모른다. 존재의 완결을 향한 여정. 이를 푸코는 삶의 기술이라 말한다. "삶의 기술"은

"심리학을 죽이는 것이고, 자기 자신 및 타자들과 더불어 이름 없는 여러 개인성, 존재, 관계, 이름 없는 특성들을 창조하는 것"* 이다.

"어느 날 부지중에 온몸으로 그와 같이 결연한 영혼의 상태에 빠진다는 것을 어느 누구도 믿지 않을지 모른다. 지금 막 끝까지 부른 무곡은 그런 상태에 대한 증거와 비유일 수도 있다.

그런 식으로 춤추는 법을 배우기 이전에 우리는 철저하게 걷고 달리는 법을 배웠어야만 한다. 그리고 이미 자신의 두 다리로 선다는 것은 내게는 항상 오직 소수의 사람들에게만 주어져 있는 일처럼 보인다."**

---

* 《비판, 자기수양》, 133쪽.

** 니체 유고(1885년 가을-1887년 가을), 이진우 역, 책세상.

오래전 그 사람

오래전, 직장에 다니던 시절, 시를 습작하는 모임에 들어갔다. 고만고만한 습작 시를 쓰던 청춘들. 구성원의 면면이 재미있다. 회사원, 백수, 자칭 노동자, 휴학생 등 8-9명 정도. 많을 땐 10명 이상 모이기도 했다. 한 남자가 거슬렸다. 적의 어린 시선과 말투. 나에게만 그런 것이라고 생각했다. 그와 좋은 관계를 유지하려고 조심하고 노력해서 수개월이 지난 후 편해졌다. 나는 안도의 한숨을 쉬었다.

알고 보니 이 사람, '아무나'와 갈등관계를 잘 만드는 사람이었다. 시 합평을 하면서 '아무나'와 계속 핏대를 세우며 다툰다. 한번 입씨름을 하면 다음 주에도 그는 '그 아무나'와 신경전을 벌인다.

갈등의 당사자가 결석하면 새로운 사람과 갈등을 일으켰다. 문제는 그 사람이 '공부를 한 사람'이라는 점이었다. 다들 습작 수준의 시를 가져와서 이러쿵저러쿵하는 상황이었다. 그러나 그의 시는 달랐다. 또 여러 방면으로 많이 알고 있었다. 바슐라르와 데리다에 대해 논평했으며 옥타비오 빠스, 백석, 두보, 랭보, 말라르메 등 동서양 시인들의 시를 줄줄 암송했다. 합평에서 그의 지적이 타당한 경우도 많았다. 그러니 모임에는 꼭 필요한 사람이었다. 그가 '적절히'만 처신했다면 '지식권력' 효과를 누릴 수 있었을 것이다.

문제는 이 사람이 '아무나'와 입씨름을 한 후 '그만 나오겠다'고 매번 으름장을 놓는 것이었다. 그때마다 나를 위시한 몇 사람이 만류하곤 했다. 그러면 그는 다음 모임에 가장 빨리 나와 쾌활하게 웃고 농담을 하고는 했다.

어느 날, 그는 다시 '아무나'와 언성을 높여가며 입씨름을 했다. 구성원들은 내색하지 않았으나 '아무나' 편이었다. 나는 속으로 혀를 찼다. 이 사람이 또 그만두겠다고 하면 어쩌나. 아니나 다를까 그는 비장한 목소리로 그만두겠다고 했다. 그러나 그가 그만둘 생각이 없다는 걸 누구나 알고 있었다.

그는 만류해주기를 바랐을 것이다. 자신이 모임에 매우 필요한 존재라는 사실을 알아달라는 시위였으니까. '아무나'를 붙잡고 지나치다 싶을 정도로 자기주장을 강요하고, 화를 삭이지 않는 인간 유형.

그런데 이번에는 분위기가 심각했다. 누군가 매우 모욕적인 방법으로 이 사람을 공격하기 시작했다. 그때였다. 조용했던 사람들이 너도나도 공격을 퍼부었다. 이런 내용이었다.

"당신 같은 인간이 공부는 해서 뭐할 거냐. 시는 읽어서 뭐 할 것이며 시를 쓰면 또 뭐 할 거냐? 인간이 돼야지. 문제투성이 당신 자신을 잘 들여다보라. 공부는 왜 하냐? 시는 왜 쓰냐? 더 나은 사람, 더 좋은 사람이 되려고 하는 거 아니냐? 당신이 알고 있는 그깟 지식이 대수냐? 그것 알아서 뭐 할 래? 넌 인간이 아닌걸!!! 먼저 인간이 돼야 해!!"

그는 당혹해했다. 시 쓰고 공부하는 것이 꼭 좋은 사람이 되려고 하는 것은 아니라고 변명했다. 그러나 성난 사람들의 송곳 같은 비난과 폭격이 이어졌다. '이 사람을 정말 내쫓기 위한 것이 아니라면 이건 아닌데'라고 나는 생각했다. 그만하자고 제지했으나 사람들은 멈추지 않았다. 그는 결국 본의 아니게 다시는 모임에 나올 수 없게 됐다.

'오래전 그 사람'은 분명히 문제가 있었다. 뭔가가 부족했다. '정당한' 자기 견해를 누가 반박하면 참지 않았고, 어줍게 '잘난 척, 아는 척'하면 한방 먹였다. 자신의 공부가 더 깊었고, 견해가 타당한 경우가 많았으니까. 그러나 조율하고 한 호흡 멈춘 후 다시 설득하는 등 어떤 '기술'이 부족한 것이 문제라면 문제였다.

자기통제력이 부족한 사람. 그의 '문제'를 진심으로 걱정했다면 모욕적이지 않은 방법을 택했어야 옳았다. 그런데 그러지 않았다. 성난 벌떼처럼 한꺼번에 융단폭격을 했고 그를 내보냈다.

어떤 집단에서 '문제 있는 사람'은 정말 문제 있는 것이 맞다. 상식과 보편의 잣대로 보면 말이다. 그러나 그 문제 있는 사람을 대하는 '문제없는 보통 사람들'의 방법은 문제 있는 방법이 아닐까? '뭐야? 거슬리네! 다른 사람들도 나와 똑같이 느끼네.' 이렇게 생각하자마자 '문제없는 보통사람들'은 그 문제성 인간을 함부로 대한다. 그래도 된다고 느낀다. 다 내 편이니 말이다. 뭔가 거슬리고, 뭔가 매끄럽지 못하고, 뭔가 도드라져 보이고, 뭔가 이상해 보이고, 뭔가 뭔가 뭔가… 아무튼 뭔가 무리의 잣대에서 빗나가 보인다. 그때부터 보통사람들은 용감해지고 난폭해진다. 아주 몰인정하게 '문제성' 인간에게 공격을 퍼붓는다. 이것은 힘 관계의 강자와 약자의 문제로 환원된다. 문제성 인간은 따지고 보면 무리 가운데 약자였던 것이다. 문제성 인간으로 우리가 그를 인지하는 순간 그는 '약자'로 환원된다.

이제 그로부터 20-30년이 지났다. 지금 우리는 그때보다 유연해졌을까? 더 즉흥적이고 더 외부의 힘에 휩쓸리는 것은 아닐까? 나와 다른 것을 더 견디지 못하는 것은 아닐까? 분노와 증오를 더 격렬하게 약자에게 표출하고 더 외부 의존적인 성향으로 변한 것은 아닐까?

최근 보도에 따르면 코로나19 사태로 집에 머무르는 시간이 늘면서 노인과 아동학대 범죄가 급증했다고 한다. 가장 안전해야 할 가정에서조차 약자인 노인이나 아동은 학대의 대상이 된 것이다. 또 직장갑질119에 따르면 직장 내 갑질 괴롭힘도 여전하다고 한다. 괴롭힘의 유형도 가지각색이다. 따돌림, 차별, 폭행 · 폭언, 모욕 · 명예훼손 등. 지난해 세상을 떠들썩하게 했던 군대 내 성폭력 자살 사건도 약자인 여성을 대상으로 한 범죄였다. 직장뿐만이 아니다. 청소년들의 약자 괴롭힘도 어제오늘의 일이 아니다. 지난해에는 길거리에서 할머니를 때리고 담배 심부름을 시킨 청소년들이 텔레비전에 등장했다. 성인들 간에도, 아이들 사이에서도, 심지어 가족 간에도 희생양 역할을 하는 약자가 있다. 각종 집단폭행사건, 각종 왕따 자살사건, 군대 폭력과 사망 · 자살사건, 미성년자 성폭행 등 헤아릴 수 없는 사건들이 끊이지 않는다. 이런 사건들의 특성은 하나로 수렴된다. 약자에 대한 분노, 약자를 향한 폭력이라는.

20-30년 전 나의 청춘 시절에는 독재권력이라는 절대 악이 있었다. 분노와 증오의 대상이 있었다. 또 제대로 살고자 하는 도덕적인 의무감이 있었다. 대의와 시대적 소명에 대한 열망이 있었다. 이제는 가시적인 적도 없고 실체로서의 악도 없다. 우리가 힘을 합해서 제거해야 할 부당한 권력도 사라졌다. 그래서 지금 우리는 분노와 증오를 약한 자에게 마구잡이로 쏟아내는 것은 아닐까? 만만해 보이는 자, 부족해 보이는 자에게.

약자를 대하는 방식이 과거보다 현재 더 흉포화되었다는 생각을 지울 수 없다. 물론 단정할 수는 없다. 보도된 수치만으로 본다면야 과거보다 훨씬 많아졌을 것이고, 훨씬 잔인해졌을 것이다. 그러나 사건화되지 않고 묻혀버린 사건들이 과거에 더 많았을 가능성은 있다. 말하자면 과거와 현재의 매우 정밀하고 섬세한 통계는 없다는 말이다. 이와 관련해서 누가 논문을 써보면 좋을 것 같다(이미 논문이 있지 싶다). 확실한 것은 우리의 도덕성이 그 시절보다 나아지지 않았다는 것이다. 우리가 윤리적으로 더 퇴행하고 있다는 징후다.

여러 명, 혹은 힘이 월등한 가해자와 한 사람의 피해자로 이루어지는 이런 폭력 문제는 보통사람들의 '약함'이 만들어낸 병리현상이다. 약한 보통사람들이 자신을 보호하기 위해 더 약한 누군가를 괴롭히면서 안도하는 현상. 그래서 철학자 니체는 그토록 강자가 되기를 강권한 것이지 싶다. 진정한 강자는 결코 다른 약자를 희생제물로 삼고 안도하는 무리 근성의 인간이 아니다. 강자는 더 나은 자가 되려고 노력하며 무리가 아닌 자기고독 속에서 산다.

나는 생각한다. 어떤 개인이 문제 있다고 판단되면 재빨리 문제시하고 '문제화'하는 우리의 행위를 반성해야 한다고. 문제 있는 개인에 대한 거부감은 우리의 편견에서 비롯된다. 또 우리의 약함에서 비롯된다. 철학 공부를 한다는 것은 우리가 평소에 느끼는 '정상'과 '당연'에 대해 의문을 갖는 정신이다. 상식을 의심해보는 시도다. 낯선 것을 품어 안고, 당연한 것에 "왜?"라고 물어보는 정신일 것이다.

저 문제성 인간은 존재 자체로 나를 짜증 나게 한다. 저 문제성 인간은 참으로 문제가 있네. '아무나'하고 싸우고, 아무나하고 시비를 걸고 자기 견해만 주장하네. 저 문제성 인간은 정말 큰 문제가 있는 인간이네. 저 인간을 혼내주자. 저 인간이 나오거나 말거나 무슨 상관? 저 인간을 못 나오게 하자! 이것은 철학의 정신이 아닐 것이다.

우리가 손가락질하는 '문제성' 인간도, 우리 '보통사람'도 나아지려고 공부하는 것이다. 아니, 더 나아지려고 사는 것이다. 인간은 더 나은 것을 욕망하는 존재이기 때문이다. "너 같은 인간이 공부는 해서 무엇하나?"라고 여럿이 힘을 합해 문제성 인간을 힐난하기에 앞서 필요한 것이 있다. 한 인간에 대해 이런 모욕적인 말로 비난을 퍼붓는 나 같은 인간은 제대로 공부한 인간인가? 문제성 인간에게 겨누었던 그 칼날 같은 의문을 나에게로 돌리는 것, 그 문제를 대하는 나의 방식에 대해 "왜?"라고 나에게 질문하는 것이 철학의 정신이 아닐까? 나의 문제의식을 나에게 적용하기.

푸코에게 철학의 정신은 더 나은 질문을 하고 나은 답을 찾으려는 시도다.

제
3
부

주체화의 기술들: '자기돌봄 실천의 방법들'

제3부에서는 자기배려의 실천기법들에 대해 알아본다.
내게 필요한 것을 선택해서 직접 실천해보기를 권한다.

너에게 보내는 편지 그리고 휘폼네마타

예전에는 동네마다 군데군데 빨간 우체통이 있었다. 우체통을 보면 지금도 설렌다. 편지를 보내지 않아도 우체통을 보면 좋다. 빨간 우체통은 빨간 난로보다 뜨겁다. 우체통은 젊은 날의 성장통을 켜켜이 담고 있다. 어른이 되기 위해 겪어내야 했던 통과제의通過祭儀들이 우체통을 열면 와르르 풀려나올 것 같다. 미숙하고 수줍던 사랑과 어떤 열망들이 아직도 거기 있을 것 같다.

밤새 쓴 편지를 우체통에 넣는 순간, 편지는 나의 소관이 아니다. 불가사의한 힘 속으로 빨려들 듯 편지는 발이 달려 수신자에게로 간다. 수신자는 편지를 개봉한다. 수신자가 펼친 그 물체, 거기에 내가 있다. 편지는 '나'다. 나는 그 앞에 현전한다.

편지는 봉투 속에 들어있는 사물이 아니다. 편지는 나의 체온이고 목소리다. 편지는 나의 얼굴, 나의 몸, 총체적인 나다. 나는 편지라는 형태로 네 앞에 나타난다. 편지라는 매개물은 나라는 물질성을 담아서 너에게 날아간 신비한 '나'다. 나에게 날아온 '너'다.

너의 편지를 받는다. 너의 글씨, 너의 마음, 너의 손, 너의 땀, 너의 사유, 바람에 날리던 너의 머리칼과 발자국을 받는다. 너의 모두를 담아낸 흔적들이다. 이 순간 너의 것인 정념과 신체와 사유가 나와 뒤섞인다. 너의 편지에 영향받은 나는 새로운 카오스를, 새로운 화두를 너에게 쓴다. 편지의 왕래는 주체의 동일성을 잃게 한다. 우편함에서 묵직한 무게의 편지 한 통을 들고 방에 들어와 개봉할 때의 설렘. 나를 생각하며 정성 들여 썼을 너의 편지가 나에게 온 것이다!

어느 봄, 후배와 갔던 강원도 춘천, 소양강, 비 온 뒤 무지개와 하늘에 펼쳐진 붉은 노을, 세상의 비의와 신령함을 보아버린 순간, 후배와 나는 각자 누군가에게 우편엽서를 쓰고 있었다. 당시는 여행에서 돌아온 후에도 여행지에서 보낸 엽서는 도착하지 않기 일쑤였다. 그래서 이런 추신을 쓴다. "이 엽서가 너에게 도착할 즈음, 나는 이미 서울에 있겠지"라고. "이 여행을 끝내고 돌아가면 나는 달라졌을까?"라는 물음도 함께.

내용은 일상의 고민과 해법, 여행지에서의 깨달음, 풀리지 않는 물음, 또는 시 한 편만 덩그러니 적어 보내기도 했다. 꼭 여행을 가야 편지를 쓰는 것은 아니다. 사랑을 고백할 때도, 고민이 있을 때도, 안부를 물을 때도, 매일 보는 친구에게도 긴 편지를 썼다. 요즘은 카톡이나 이메일이 이 역할을 담당하고 있다.

고교 시절 좋아하던 친구에게 받은 편지의 여운은 아직도 아련하다. 깨알 같은 글씨, 촘촘하고 단정한 필체의 문장들. 이형기 시인의 시 〈낙화〉와 자신의 예쁜 인물사진까지 동봉했다.

가야 할 때가 언제인가를
분명히 알고 가는 이의
뒷모습은 얼마나 아름다운가.

봄 한 철
격정을 인내한
나의 사랑은 지고 있다.

분분한 낙화
결별이 이룩하는 축복에 싸여
지금은 가야 할 때

무성한 녹음과 그리고
머지않아 열매 맺는
가을을 향하여
나의 청춘은 꽃답게 죽는다. (하략)

- 이형기 〈낙화〉

편지를 쓰는 것은 너에게 나를 열며, 동시에 너에게 침투해 들어가는 것이다. 편지를 쓰는 동안, 읽는 동안, 주고받는 동안 나와 너는 이질적인 것들을 향해 문을 열고 자기를 개방한다. 나는 너에게로 들어간다. 동시에 너는 나에게 들어온다. 그것은 상호 열림의 현상이다.

푸코는 서신 교환, 경구 메모, 논설 교환 등 글쓰기와 독서를 자기배려와 타자배려의 중요한 기예로 본다. 여기서 서신 교환과 '휘폼네마타 hupomnêmata(요약 메모)'라는 용어가 등장한다. 휘폼네마타는 독서나 대화, 강의 내용을 요약한 메모라 할 수 있다. '장부'나 '비망록'을 뜻하는 그리스어다. 이것은 각자가 자기 행동의 지침으로 삼을 만한 경구들을 모아 기록한 것이다. 서신 교환이 "안에서 바깥으로" 향하는 것이라면, 휘폼네마타는 "바깥에서 안으로" 향한다. 편지는 타자에게 나를 개방하는 행위로, 쓰는 자는 받는 자를 가르치는 역할을 하지만, 쓰면서 배우게 된다. 이것은 쓰는 자를 위한 실존의 기예이면서 받는 자의 자기배려를 돕는 이중의 효과를 발생시킨다. 경우에 따라서는 편지를 읽는 제3자의 실존에까지 영향을 준다. 편지를 받고 뭔가 깨닫는 순간 나는 변용되는 것이다. 휘폼네마타는 바깥의 진리들을 기록해서 문서고화한 후, 그것을 내 피와 살에 새기는 것이다.

헬레니즘 · 로마 시대의 사람들은 이 휘폼네마타를 돌려보기도 하고, 이를 기반으로 편지를 쓰기도 했다. 논설을 써서 교환도 하고, 이것을 신체화하려고 애썼다. 강의 노트 같은 휘폼네마타를 단행본으로 묶어내기도 했다. 휘폼네마타는 넓은 의미로는 "씌어진 모든 주석과 모든 형태의 씌어진 기억"을 의미한다.* 그러니까 요약 메모도 휘폼네마타지만, 독서나 자신의 생각을 쓴 글들도 휘폼네마타에 포함된다. 독서 후에 독서 내용을 글로 써서 기록한 것도 휘폼네마타다.

서신 교환은 엄밀한 의미에서 휘폼네마타와 다르다. 서신 교환은 헬레니즘 · 로마 시대의 매우 중요한 사회문화적 현상이라고 푸코는 분

* 《주체의 해석학》, 387쪽, 각주 14.

석한다. 대표적으로 세네카와 루킬리우스, 마르쿠스 아우렐리우스와 프론토, 키케로와 아티쿠스가 주고받은 편지 등이 있다. "영혼 봉사의 교환"인 서신 교환은 상대방과 자기 자신을 동시에 향한 것이라 할 수 있다.

이들은 편지를 통해 자기 영혼의 성장 소식을 주고받는다. 특히, 조언하는 쪽(스승)은 상대를 위해 필요한 휘폼네마타를 정리해서 보내기도 한다. 앞서 언급했듯이 타자에게 뭔가를 조언하는 것은 자기 자신에게도 동일하게 적용되며, 자기를 돌아보는 주문이기도 하다. 서신 교환이 양자 모두를 성장시킨다.

세네카는 아들을 잃은 마룰루스에게 보내는 위로와 조언의 편지를 루킬리우스에게도 그대로 사용하며, 자기 자신을 위해서도 활용한다. 플루타르코스는《영혼의 평정에 관하여》에서 빠른 조언을 부탁하는 서신 교환자에게 "나의 난잡한 휘폼네마타"를 보낸다고 응답한다. "너의 편지를 너무 늦게 받아서" 휘폼네마타를 정리할 시간이 없기에 "심부름하는 사람을 빈손으로 보낼 수 없어서 사적인 용도로 적어놓은 메모"를 보낸다고.

주목할 사항은 쓰기에 앞서 독서가 선행되어야 한다는 것이다. 이건 요즘도 마찬가지다. 쓰기 위해서는 읽어야 한다. 읽어서 정리되고, 모아져야 밖으로 발산할 뭔가가 생긴다. 이 시대의 독서는 읽은 후 어떤 주제에 대해 저자들의 인용문을 선별하는 것이 필수였다. 요즘처럼 한 저자의 작품을 깊이 연구한다거나, 여러 분야의 책을 많이 읽는 것이 목적은 아니다. 오히려 많은 책을 읽는 것을 경계했다. 독서를 통해 삶에 유용한 문구들을 골라 그것을 명상하는 것이 목적이다. 또 그 메모 노트를 친구와 제자에게 보내 이 문장들을 명상하라고 조언하기도 한다. 즉, 인식의 지평을 넓히는 박학을 위한 독서가 아니다. 읽은 글들을 메모한 후에 그것을 명상하려는 용도로 독서하는 것이다.

여기서 '명상'이라는 말의 의미도 요즘 우리가 생각하는 것과는 결이 다르다. 《주체의 해석학》에 따르면 라틴어 명상meditatio이란 그리스어 실사 melete와 동사 meletan을 번역한 말이다. 이때 동사 meletan은 '연습하다', '훈련하다'와 비슷한 의미를 갖는다. 즉 사유 훈련을 의미하는데, "사유를 자기화하고 그것을 확신하여 정신에 새겨지게 하는 것"이다. "진실을 사유하는 주체"에서 "적절히 행동하는 주체"가 되는 것이 목표다.

그러니까 명상은 변화된 주체 구축을 목표로 하며, 독서는 이를 위한 것이라고 할 수 있다. 그래서 독서는 글쓰기와 연결된다. 쓰기 위해 읽는 것이다. 이때 쓰기란 앞서 설명했듯이 읽은 내용의 요약일 수 있고, 경구들을 발췌한 것일 수도 있다. 또 읽은 내용에 대해 주석을 다는 작업일 수도, 자신이 터득한 새로운 로고스의 기록일 수 있다. 말하자면 서평, 독후감, 재해석 등과 유사하다. 단 이 시대의 글쓰기는 장식적인 효과나 지식 자랑, 과시적이고 현학적인 내용과는 거리가 멀다. 삶에 유용한 물질로서의 기능을 담당해야 한다. 그리고 이 요약한 구절을 명상을 통해 흡수하고 동화하는 것이다. 이것은 평생에 걸쳐 진행되는 작업이다. 그러니 자기란 부단히 바깥의 이질적인 것들로 새로 구축하는 대상이자 주체가 된다.

정리하면 독서는 쓰기 위해 필요한 것이고, 이렇게 쓰인 글들은 명상을 위해 활용된다. 명상은 사유 자체가 목적이 아니라 사유를 에토스화하기 위한 것이다. 이렇게 사유를 에토스화하기 위해서는 읽고 나서 써야 하고, 쓴 글을 명상해야 한다. 이때 글을 쓰는 행위도 자기수련으로 본다. 글쓰기는 독서를 촉발하며, 쓰는 과정에서 단련되고, 자기 자신에게 그 내용을 재활성화한다.

그래서 세네카는 독서와 글쓰기를 번갈아 하라고 주문했다. 쓰기만 하는 것이 에너지를 고갈하듯이 읽기만 하는 것도 몸의 순환을 막는다. 우리가 음식을 먹으면 배설하듯이 읽고 나서는 어떤 형태로든 기록하는 것이 필요하다. 잔뜩 먹기만 하고 배설하지 못하면 문제가 생긴다. 머릿속에 넣은 것은 소화한 후에 자기 몸을 거쳐 다른 무엇으로 나와야 한다.

독서 후 메모 습관은 뭔가를 취한 후 자기만의 무늬를 그려내는 실천이다. 읽은 후 기록으로 남기는 습관은 요즘 우리에게도 필요해 보인다. "나는 아직 글을 쓸 수준에 이르지 못했어요"라고 겸손하게 말하지 마시라! 겸손을 가장한 게으름이다. 불후의 명작을 남길 야심으로 와신상담臥薪嘗膽하는 것이 아니라면, 한 줄이든 두 줄이든 써야 한다. 쓰는 습관은 쓰기의 기예와 삶의 깨달음도 함께 준다.

혼자만 보는 글쓰기, 불특정 다수를 향한 SNS의 쓰기가 재미없다면 편지를 쓰자. 친구에게, 지인에게. 가족에게는 추천하고 싶지 않다. 가족은 애증으로 얽힌 관계라 사랑이라는 한 가지 거울로 모든 것을 얽어매는 사고를 하기 쉽다. 그래서 결론은 "엄마 아빠 사랑해요", "우리 딸, 우리 아들 사랑해", "엄마가 더 잘해주지 못해 미안해", "엄마 아빠가 나를 힘들게 키우신 것을 이제야 알았어요 흑흑"… 이것이 가치 없다는 것은 아니다. 사랑해야 하고 보답해야 하고 용서해야 하는 강박에 매이면, 쓰기의 시선이 좁아진다. 우리는 도처에서 가족 사랑을 강요받지만, 가족 사랑은 종종 타자의 사랑으로 나아가지 못한다. 가족 사랑보다 큰 가치, 즉 인류 사랑, 지구 사랑, 하늘 사랑, 땅 사랑, 돼지 사랑, 늑대 사랑, 뱀 사랑… 사랑을 하려거든 이런 이상한 것들에 대해 하시라!

텔레비전에는 가족의 소중함을 보여주는 프로그램이 자주 등장한다. 이것이 문제 있다거나 가족을 사랑하지 말자는 것은 아니다. 아니, 가족을 사랑하지 말자고 하고 싶다. 지금 우리가 하는 '가족 사랑'이 제대로 된 사랑인가는 차치하고라도 가족 사랑이라는 정신이 참 졸렬하다. 왜 가족 사랑만 강조하는가? 물론 가족조차 사랑하지 못해서 가족끼리 많은 상처를 주고받고 살아가기도 한다. 그래서 우리가 회복할 가치는 제대로 된 가족 사랑이며, 제대로 된 가족 사랑이란 가족과 타자와 인류 사랑이 공존하는 지점일 것이다. 진정한 가족 사랑이란 우주 사랑과 돼지 사랑, 늑대 사랑 등과 동시적일 때만 유효하다.

가족만 너무 사랑하니까 이렇게 코로나가 창궐하는 거다. 가족만 너무 사랑하니까 지구와 우주에, 하늘에, 바다에 많은 문제가 생기는 거다. 나를 해체하고 가족을 해체하고 이웃을 해체하고 멀리멀리 나아가는 사유, 코로나 바이러스가 우리를 숙주 삼지 않아도 되는 환경을 사유해야 한다. 텔레비전 제작자들은 '가족 사랑'을 주문하며 눈물 짜내는 프로그램 말고 다른 재미있는 프로그램을 고민하시라. 예를 들면 "우주를 더 많이 사랑하지 못해서 미안해" 하면서 눈물 짜내는 감동적이고 재미나는 프로그램을! 모르는 사람, 낯선 것에 대한 사랑으로 가슴이 먹먹해지는 프로그램을 보급하시라! 이런 재미없는 주제들을 재미나게 만드는 방법을 연구하시라! 지금과 다른 방식으로 영향을 끼치시라!

이야기가 이상하게 흘렀지만, 편지를 쓰려거든 가족 아닌 다른 누군가를 선택하는 것이 더 재미있다고 말하는 거다. 재미있다는 건 소재와 내용의 자유로움, 얼마나 멀리 경계를 넘어 나아갈 수 있는지로 판단할 수 있다. 편지 쓰기! 지금 시작해보시라! 그러나 가족에게라도 편지를 쓰는 것은 좋은 습관이다.

파르헤지아와 웅변술

✶

4.7 재보선이 끝났다. 그러나 내년 대선이 남아있다. 곧 다시 선거의 계절이다. 선거나 정치에 대해 말하려는 것이 아니다. 선거와 정치라면 숱한 논객이 있지 않은가. 그렇다고 내가 정치에 관심이 없다는 말도 아니다. 인간은 존재 자체가 정치적이다. 그래서 나는 "정치 따위에 관심 없어"라고 말하지 않기로 한다. 일상에서 행하는 나의 모든 행위가 정치적인 행위이니 말이다. 푸코는 "모든 것은 정치화가 가능"하다고 말한다. 푸코에게 정치적 행위란 권력에 대한 저항 형식이 된다. 반대로 예속의 실천이라는 정치 행위가 되기도 한다. 일상에서 우리가 하는 모든 말과 행위와 선택은 정치적인 함의를 담고 있다. 담론의 영역에서든 비담론의 영역에서든 모든 것이 정치적이다.

선거철이면 후보자들의 언변이 자주 도마에 오른다. 사실 그의 철학이나 삶의 궤적과 별도로 언변이 떨어지면 대중에게 어필하기가 어렵다. 그래서 정치 지망생들은 웅변술도 배운다고 한다. 웅변술을 체계적으로 연구하는 분야를 '수사학'이라고 한다.

웅변술은 기원전 4-5세기 고대 그리스에서 유행하여 이후 로마 초기 제정 시대에 다시 출현했고 공화제 말기까지 크게 발달한 것으로 알려져 있다. 우리가 잘 알고 있는 철학자 키케로나 정치가 대大카토는 이 시기 로마에서 활약한 웅변가이기도 하다. 세네카도 웅변에 능했다. 웅변술은 고대 그리스에서 그 연원을 찾을 수 있다. 그리스의 정치인 페리클레스의 연설은 지금까지도 회자되고 있다. 고대 그리스에서 출현한 소피스트들은 말하자면 웅변술을 가르치는 사람들이었다.

작은 도시국가들로 이루어진 고대 그리스에는 송사가 빈번했으므로 '말을 잘해야' 했다. 때문에 웅변술이 중요했다. 생사를 다투는 법정에서 자신의 결백을 주장하고, 사람들을 감화·감동시키기 위해 웅변술은 매우 중요한 역할을 했다. 소크라테스도 법정에서 결백을 주장하는 연설을 했으며, 이것이 유명한 《소크라테스의 변명》이라는 플라톤의 작품이다. 웅변술은 이 시대 삶의 중요한 무기였다.

이 대중 웅변술과 대척점에 파르헤지아Parrhêsia(솔직히 말하기)가 있다. 파르헤지아는 "솔직히 말하기, 말의 자유, 말해야 될 때 말해야 할 바를 말하게 해주며, 수사학이나 아첨과 대립되는 솔직함"이다.*

한편 웅변술은 논리적이고 정합적으로 진실 관계를 사유하거나 판단하지 않는다. 그것은 감정을 부추기고 환호하게 한다. 웅변술은 사실 관계의 진실성과는 별도로 청중을 흥분하게 하고, 눈물 흘리게 하고, 분노케 하고, 박수 치게 한다. 충동적이고 맹목적으로 광신하게 하는 기술

---

* 《주체의 해석학》, 22쪽.

일 수 있다. 히틀러가 웅변술의 대가로 꼽히는 이유가 여기 있다.

웅변술과 대비되는 '파르헤지아'의 개념을 알기 위해서는 고대의 자기수련askêsis(고행)에 대해 알아보아야 한다.

고대 그리스·로마에서 자기수련이란 "주체가 자신의 완결된 형식에 도달했을 때 소유해야 할 참된 담론을 수중에 지니고 있게 해주는 역할"을 한다. 즉, 주체가 진실에 접근하기 위해 진실된 담론을 체현화하는 것이 자기수련이다. 몸에 이식된 이 진실된 담론은 필요하면 언제든지 바로 떠올릴 수 있고, 언제든지 꺼내 사용할 수 있는 물질성을 띤다. 그러니까 "자기수련은 주체를 진실 말하기의 주체로 구축한다."

그런데 참된 담론을 보유하기 위해서는 참된 담론의 보유자인 스승의 도움이 필요하다. 수련자들은 참된 담론을 보유한 스승에게 그것을 전수받아서 자신의 생활 기술로 만들어야 한다. 이때 수련자들은 정숙, 독서, 경청, 글쓰기 등을 통해 참된 담론을 지니는 훈련을 한다.

스승 입장에서는 "어떻게, 어떤 규칙에 의해" 참된 담론을 전수해야 할지를 고려해야 한다. 즉 참된 담론을 지닌 스승은 "파르헤지아라는 일반적 형식 내에서" 참된 담론을 전승해야 한다. 이때 파르헤지아는 스승 입장에서 제자에게 언표되는 담론의 '기술적 절차'라고도 할 수 있다.

그러니까 파르헤지아도, 웅변술도 대상을 전제한다. 웅변술이 대중 설득술의 일환이라면 파르헤지아는 진실한 담론을 전승하는 자의 방법적 도구라고도 할 수 있다. 웅변술은 자신이 믿는 진실을 대상도 믿게 하려는 수사학적 기술이며, 그 혜택이 웅변하는 자에게 가장 많이 돌아간다는 것이 고대 철학자들의 견해다. 그러나 파르헤지아는 그 혜택이 오로지 제자들에게, 즉 타자에게 돌아가는 이타성을 띤다.

내용이 진실이어야 하는 것은 기본이고, 이 참된 담론을 어떻게 전수할지 하는 테크닉까지를 포괄한다. 즉, 듣는 자(제자)에게 '최적의 조건'에서 진실을 말함으로써 듣는 자가 그것을 자기 것으로 '발아시켜 싹을 틔우고' 현실에서 사용할 수 있어야 한다. 다른 한편 파르헤지아는 진실을 말하는 주체와 행동하는 주체가 정합적으로 일치해야 한다. 파르헤지아는 타자가 진실된 담론을 주체화하도록 하는 지도자의 테크닉이지만, 동시에 "발화 주체와 행위 주체의 일치"가 전제된다.

다시 말해 파르헤지아를 행하는 스승은 자신이 말하는 바를 행하는 존재다. 세네카 식으로 말하면 내가 말하는 바를 나는 보고 있으며, 사랑하고, 그 말하는 바를 체험하고, 그 말하는 바 안에 내가 있다. 그러니까 참된 담론의 발화자인 나는 그 담론이 내 몸과 일체가 되어 담론과 내가 구별되지 않는다. 참된 담론이 나의 신체가 되고 피와 살이 된 상태다. 행동 주체와 인식 주체는 구별되지 않는다. 가령 그것이 옳지 않다는 것을 '아는 자'는 결코 옳지 않은 행동을 할 수 없다. 이때 인식은 체화된 인식이며, 인식한 자는 인식한 바를 행위 하는 자다. 그래서 육화된 스승의 말은 그대로 제자에게 전수되어 제자의 몸에 이식된다. 《주체의 해석학》의 번역자 심세광 교수는 이런 현상을 "에토스와 에토스의 순환"이라고 이 책에서 말한다. 진실을 담지한 스승의 에토스는 제자의 에토스로 전수된다. 이때 에토스란 육화된 윤리라고 할 수 있다.

또한 파르헤지아는 아첨과도 대비된다. 아첨하지 않고 진실을 말할 용기를 갖는 것이 파르헤지아의 또 다른 전제다. 이는 고대 그리스의 소크라테스가 아고라 광장에서 젊은이들을 모아놓고 자기를 돌보라고

'무료로' 가르친 것과 다른 차원을 갖는다. 세네카 시대의 로마에서는 말하자면 '사적 고문', 우리 말로 하면 가정교사를 고용하게 된다. 지도하는 자와 지도를 받는 자의 사회적 지위는 역전된다. 세네카의 경우 시칠리아의 군주(지사) 루킬리우스나 네로 황제의 스승이 된다. 우리가 잘 알고 있는 아리스토텔레스는 마케도니아 알렉산더 대왕의 스승이었다.

이런 상황에서 스승은 목숨의 위태함을 무릅쓰고 파르헤지아를 행해야 한다. 파르헤지아는 아첨이 아닌 진실한 담론을 발화해야 하기에 목숨을 거는 위험을 감수하는 용기와도 관련된다. 아첨은 아첨 받는 자를 아첨하는 자의 영향권 아래 묶어두는 행위이기도 하고, 제자의 개안開眼과 성장을 방해하며, 그를 몰락으로 밀어 넣는 몰염치다. 파르헤지아가 권력의 위협을 무릅쓰고 진실을 말하는 용기로 이해되는 것은 이 때문이다.

현대에 와서 파르헤지아는 권력을 향해 직언하기에 방점이 찍힌다. 그런데 생각해보면 권력은 도처에서 작동한다. 내 일상의 환경이 모두 권력관계의 장場이다. 그래서 우리는 저마다 자신이 관계하는 장에서 힘의 우위를 점하기도 하고 타자의 영향을 받기도 한다. 권력은 어떤 중심에 고정되어 있거나 누군가가 소유하는 것이 아니다. 이제 파르헤지아는 자신을 향한 과제가 될 수 있다. 그것은 자신을 향해 쓴소리하는 용기와 결부된다. 나는 집과 회사와 친구 관계에서 배역을 바꾸면서 갑과 을의 자리를 부단히 왔다 갔다 한다.

사실 자기가 자기에 대해 솔직히 말하기가 가장 어려울지 모른다. 솔직히 자기를 들여다보고 자기를 객관화하는 것이 두렵다. 니체가 말했듯이 인간은 자기 자신에게 가장 먼 이방인이다. 자기 자신을 제대로 알기가 어렵다는 말이다. 또한 인간은 자신을 정면으로 직시했을 때 자신을 경멸하지 않을 수 없는 존재라고 니체는 말한다.

스승의 파르헤지아를 따르고 그것을 몸에 체화하는 수행자처럼, 내가 내게 하는 진실된 말을 육화하자. 스스로가 스스로의 스승 되기. 스승 없는 최초의 파르헤지아를 내게 이식해서 존재 방식을 변모시킨 나는 나의 스승이 된다. 그것은 타자가 아닌 자기 자신이라는 스승에게서 배우는 존재의 개심이며 변화다. 자기를 넘어 자기에게 다가가는 스스로의 스승이며 스스로의 제자 되기.

파르헤지아가 자기를 향한 목소리가 될 때 물리적으로 하나의 몸인 나는 타자에 의한 정체성의 예속에서 탈주하는 것을 정체성으로 하는 자신과 만난다. 나는 동시에 스승과 제자로서 배치를 계속 바꾼다. 스승인 나는 진실을 담지한 자로 내 안의 나에게 진실한 담론을 전수한다. 제자인 나는 스승의 담론 안으로 들어가서 스승과 한 몸이 된다(엄밀히 말하면 스승의 역할을 하는 나와 제자의 역할을 하는 내가 있다). 다시 나는 새로운 파르헤지아를 만난다. 수많은 파르헤지아가 나를 위해 준비되어 있다!

파라스케우에,
지금 이 순간 나를 돌보는 장비

장자크 루소는《인간 불평등 기원론》에서 자연상태의 인간은 다툼 없이 평화롭게 살았으나, 문명화되면서 모든 불행이 시작됐다고 말한다. 자연인의 단순하던 욕구와 정념은 사회화와 더불어 분화되고 변질된다. 문명과 진보는 인간을 불행하게 하는 원흉이다. 타인을 나의 비교 대상으로 삼는 심리가 상대적 불평등과 결핍을 강화하기 때문이다. 무리를 이루고 살게 되면서 타인의 시선을 신경 쓰게 된 것이다. 루소는 이 시기를 신석기 혁명기 즈음으로 본다. 한마디로 "내가 너보다 낫거든!"의 심리, 즉 내가 너보다 낫다는 걸 '너에게' 인정받고 싶어진 것이다.

나의 가치를 타자에게 인정받고 싶은 욕망이 문명인 심리의 핵심이다. 명예, 평판, 특권 욕구, 유명해지고 싶은 욕망, 돋보이고 싶은 마음 등등. 타인이 인정해야만 나는 가치 있는 존재가 된다. 나는 너의 시선에 따라 울고 웃는다. 나에게는 수많은 '너들'이 살고 있다. 너의 시선이 "네가 부러워"라고 말해주기를 바란다.

너의 인정을 받고 싶은 이 열망이 어리석어 보일지 몰라. 그러나 그건 너보다 우월한 위상을 너에게 증명하고 너의 항복을 받아내려는 거거든! 그러니까 그걸 인정 욕망이라고 깎아내리지 말렴! 자기 혼자서 "난 멋져. 난 가치 있어. 난 대단한 존재야"라고 하기는 쉽지! 그건 누구나 할 수 있어! 그런데 난 말이야, 그런 한 푼 가치도 없는 자기기만을 싫어하거든. 내가 가장 경멸하는 자에 대해 말해줄까? 아무도 인정하지 않는데, 저 혼자 만족해서 킬킬거리는 자. 패배했으면서 승리했다고 위안하는 자. 제 잘난 맛에 사는 바보들! 가난해서 행복하다는 둥, 이대로 충분하다는 둥 떠벌이는 치들 말이야! 난 네 마음에서 우러나오는 감탄과 인정을 원하는 거야.

이런 타인의 인정은 다른 이점이 있다. 그것은 또 다른 부가가치를 가져온다. 그것들은 서로 돌고 돌면서 서로의 꼬리를 물고 악순환한다.

그런데 생각해보면 잘나가는 사람, 선망받는 사람 중에는 불행한 이가 훨씬 많다. 연예인, 정치인, 운동선수 등 유명인의 비극적 소식을 우리는 자주 접한다. 인정 욕망은 자기파멸의 욕망이라 하면 과할까? 명예든, 돈이든, 권력이든 그걸 지탱하는 것만으로 생명의 온 에너지가 소진된다. 존재의 자유와 해방은 다른 사유 문법을 요구한다.

인간은 욕망의 화신일지 모른다. 이 맹렬한 욕망은 나와 타인, 나와 세상, 나와 자연을 분리된 실체로 보기 때문에 발생한다. 우리가 운명 공동체라고 생각하면 사태는 달라질 수 있다. 그래서 자기배려의 기술이 필요하다. 자기를 배려하기, 이것은 타자의 인정이 필요하지 않다.

이렇게 살지 않을 수 있는 결단은 능력이다. 능력이란 갈고 닦고 노력해야 얻어지는 것이다. 이웃을 사랑해야지! 관대해야지! 분노하지 말아야지! 탐욕에 휘둘리지 말아야지! 이렇게 떠밀려서 '살지 말아야지!' 라고 누구나 생각할 수 있다. 문제는 알고 있지만 안 된다는 것이다. 사랑이 많고 너그러운 존재가 되는 것, 고통에 의연히 대처하는 것, 남의 시선과 판단에 주눅 들지 않는 것, 타인의 모욕을 웃어넘길 수 있는 것, 약자를 모욕하지 않는 것, 현실의 고통을 다르게 해석하고 다른 삶을 고안하는 것, 아는 바를 실천하는 것 등은 능력의 영역이다. 삶을 다르게 살 힘은 그것을 현실화할 수 있는 신체와 정신의 능력에 의해 가능하다. "엄마처럼 안 살 거야!", "아빠처럼 안 살 거야!"라고 청년들은 외친다. 사무치게 결심하지만 부모와 유사한 궤적을 걷기도 한다.

고대인은 이 능력을 키우기 위해 평생 자기를 변용하는 실천을 해왔다. 어찌 보면 붓다 역시 이를 위해 6년간의 고행을 거쳤다. 그리고 깨달음을 얻은 순간, 그는 사자후獅子吼를 터뜨리며 기뻐했다. 고타마의 깨우침이 마음의 변화를 통한 존재의 전면적인 해탈이라면, 서양 고대인의 자기실천은 마음만으로 안 되는 몸의 문제를 해결하기 위한 수련이었다. 인간이 깨달음만으로 변하는 존재라면 삶은 고해가 아닐지 모른다. 몸이라는 감옥에 붙들려 있는 존재가 인간이다. 이 사태를 푸코는 거꾸로 정신이 몸의 감옥이라고 표현한다. 이 감옥을 탈출할 가능성을 푸코는 죽을 때까지 연구하고 실천했다. 정신이 바뀌면 몸이 바뀐다. 그런데 정신을 바꾸려면 몸이 달라져야 한다! 불교의 사유는 깨달음만으로 해탈이 가능한, 특별한 존재에게만 유용한 가르침일지 모른다. 가령, 초기 경전《우다나》에 실린 다음과 같은 붓다의 말씀이 있다고 하자.

"볼 때는 보여질 뿐이며 들을 때는 들려질 뿐이며 감각할 때는 감각될 뿐이며 인식할 때는 인식될 뿐이다. 바히야여, 그대는 이와 같이 배워야 한다. 바히야여, 볼 때는 보여질 뿐이며 들을 때는 들려질 뿐이며 감각할 때는 감각될 뿐이며 인식할 때는 인식될 뿐이므로 바히야여, 그대는 그것과 함께 있지 않다. 바히야여, 그대가 그것과 함께 있지 않으므로 바히야여, 그대는 그 속에 없다. 바히야여, 그대가 그 속에 없으므로 그대는 이 세상에도 저세상에도 그 양자의 중간 세상에도 없다. 이것이야말로 괴로움의 종식이다."*

부처의 이 말씀을 듣고 수행승 바히야 다루찌리야는 즉시 해탈했다. 누구나 바히야 같은 수준이라면 얼마나 좋을까? 나는 바로 해탈은커녕 의미를 파악하는 데도 시간이 걸린다. 의미를 파악했다고 해탈하는가? 잠시 위안이 될 수 있으나 곧 망각한다. 앎은 습관과 뒤틀린 욕망과 삶의 무게를 지탱하지 못한다. 앎은 어쩌면 즉시 잊힌다. 그래서 잊지 않도록 해야 한다. 그뿐 아니라 즉각 일상에서 사용할 수 있어야 한다.

볼 때는 보여질 뿐이고 들을 때는 들려질 뿐이고 감각할 때는 감각될 뿐이다. 인식할 때는 인식될 뿐이다. 거기에는 '나'라는 것이 없다. 나라는 고정된 실체는 어디에도 없다. 보여지는 형상만 있다. 들려지는 소리만 있다. 감각되는 감각만 있다. 인식하는 인식만 있다. 거기에는 내가 없다. 그러니 보여지는 형상에, 인식에, 소리에, 감각에 매달려 그것이 나인 것으로 알고 집착하지 말라. 괴로워하지 말라. 그대는 그 속에 없다. 그대는 이 세상에도 저세상에도 어디에도 없다. 그대는 무아無我이

---

* 《우다나: 감흥어린 시구》, 전재성 역주, 한국빠알리성전협회, 70쪽.

며 자성自性이 없으며 시시각각 변한다. 나라고 붙잡고 있는 그 무엇도 나가 아니다. 부디 집착하지 말라. 번뇌하지 말라. 괴로워하지 말라. 그대는 거기에 없다. 그대는 잠시 이런저런 형상으로 이런저런 모습으로 상象을 짓고 있으나, 이 순간은 변화하는 중이며 고정된 그대는 없다. 괴로워하지 말라, 그대가 만든 환상이다, 라고 나는 이해한다.

이렇게 이해하고 나면 끝이다. 바히야처럼 단번에 해탈하면 좋겠지만, 나는 이런 문장 수백 개를 읽어도 그때뿐이다. 왜? 이 문장 안으로 내 몸이 들어가지 못하기 때문이다. 이 문장과 하나가 되지 못하기 때문이다. 사람들은 스트레스를 받을 때 운동하고, 여행을 떠나고, 술을 마시고, 잠을 자고, 폭식하기도 한다. 음악을 듣고, 영화를 보고, 친구와 이야기를 나눈다. 그러다가 얼핏 스치는 친구의 한마디 말, 유행가 가사 한 소절, 영화의 대사 한마디, 방금 읽은 책의 한 구절에서 힘을 얻는다. 그리고 일어난다. 현대인은 이런 방법으로 스트레스를 임시방편으로 해결하며 살아간다.

그런데 고대인은 이 경우를 대비한 문장들을 마음과 근육과 신경에 저장하면서 살았다. 이 담론들은 필요한 즉시 나타나서 나의 행동과 판단의 방향을 정해준다. 이것을 고대인은 파라스케우에paraskeuê(장비, 채비)라고 설명한다. 푸코는《주체의 해석학》에서 파라스케우에를 "우리를 더 강하게 하는 데 필요충분한 동작의 총체, 실천의 총체"(349쪽)라고 설명한다. 이 파라스케우에는 담론logoi으로 구축된다. 이때 담론이란 "물질적으로 실존하는 언표들"로서의 담론이다. 쉽게 말해서 정언이 신체에 이식되어 필요한 순간에 즉시 길을 제시하는 장비가 되는 것이다. 이 정언은 스승들이 발화한 문장이나 전승하는 성인의 말씀, 스스로 설정한 문장 등이다. 그는 이것을 암송해서 자기의 이성이나 의지, 성정과 일체가 되도록 한다. 그러니까 파라스케우에는 '이성에 기초한 담론들'이며 합리적이고 참된 자연의 본성에 합치되는 '장비'로서 즉각 행동을 유도하고 명령하는 담론이다.

파라스케우에는 치료약, 항해술, 성벽이나 요새로 비유되기도 한다. 즉 치료약 역할을 하거나 망망대해에서 배에 방향을 제시하는 항해사 역할, 위험에 처할 때 요새나 성벽 역할을 한다. 이 장비는 인생의 각종 사건사고 속에서 그를 보호하고 동요되지 않게 한다. 이것은 로고스를 주체의 에토스로 변형시킨다. 이 장비는 탐욕과 고통, 쾌락과 분노를 제어하고 깊은 평정을 가져온다.

인생이라는 고해에서 허덕일 때마다, 갈애와 분노로 마음이 어지러울 때마다 부처님의 말씀이 짠 하고 나타나서 길을 즉시 비추어준다면 어떨까? "이 방향으로 가라!", "이런 판단을 내려라!", "여기서 잠시 머물러라!" 하고 제시해주는. 꼭 부처님의 말씀일 필요는 없다!

우리가 방향을 잃고 기우뚱하는 것은 내면의 나침반이 없어서다. 나의 나침반을 수중에 지니고 살면, 그것은 즉각 정념에 제동을 건다. 즉시 구조받을 수 있다.

> "그리스인과 로마인에게 자기수련은 충만하고 독립적인 자기와 자기관계라는 그 궁극적인 목표 때문에 파라스케우에paraskeuê의 구축을 그 일차적인 임무와 목적으로 삼습니다."*

---

*　위의 책, 355쪽.

분노 다스리기

✶

권력의 미시물리학과 분노의 일상화

누구나 종종 분노하지만, 횟수가 잦고 강도가 세다면 문제가 된다. 한국 사회는 특히 분노 지수가 높다고 한다. 한국만이 아니다. 지구촌 구석구석의 온갖 사건사고의 진원지는 분노다. 일상생활에는 도처에 분노가 지뢰처럼 숨어 있다. 가정에서 부모-자식 간의 분노, 직장에서 상급자 혹은 동료 간의 분노, 친구·연인 사이의 분노, 낯선 자에 대한 분노, 자동차 운전자에 대한 분노, 사회 구조에 대한 분노, 정치권력에 대한 분노 등.

젊은 시절에는 '불의'에 대해 분노하는 정신을 긍정했다. 분노를 거룩한 분노와 일상의 자잘한 분노로 나누고, 작은 일에만 분노하는 나를 안타까워했다. 김수영의 시 "나는 왜 작은 일에만 분개하는가"를 읊조리면서 거룩한 분노의 주인이 되기를 바랐다. 그러나 분노의 정념에 휩싸인 자의 모습을 생각해보면 어떤 분노도 거룩할 수 없다는 생각이 든다. 분노는 통제되지 않는 정동, 다시 말해 스스로 제어할 수 없기에 문제가 된다. 한마디로 '뵈는 것이 없는 심리 상태'에 놓이는 것이다.

거룩한 분노, 예컨대 조국 해방에 목숨 바치는 자의 분노, 침략전쟁에 참여하는 군인, 독재에 항거하는 민중의 분노 등은 동기의 고귀함을 인정하게 된다. 그러나 고귀한 분노도 분노인 한 마냥 박수 칠 수만은 없다고 느낀다.

대의를 위한 실천 행위는 꼭 분노에서만 추진력을 얻어야 하는 걸까? 분노의 힘을 빌리지 않고도 실행 가능한 것이 아닐까? 전쟁터의 지휘관이 분노에만 머물 경우 전세를 제대로 파악하지 못할 것이다. '거룩한 분노'에 거룩함이라는 가치를 부여하는 것은 어떤 고귀한 목표를 위한 점 때문일 것이다. 그러나 정작 거룩한 분노든 시시한 분노든 분노의 발현양상은 동일해서 그 고삐 풀린 파괴적인 힘을 좋거나 나쁜 것으로 분류하기가 쉽지 않다. 공적 가치를 위한 어떤 고귀한 행위는 투쟁의 성격을 띠든, 폭력의 성격을 띠든 '분노' 안에 머무는 통제되지 못하는 정념과는 구별해야 한다.

예컨대 위대한 결단, 목숨을 내놓는 희생과 항거 등은 단순히 분노에 의한 것이라기보다는 이성적인 판단이 작동할 때 가능한 것이 아닐까? 이때의 인식과 실천 행위는 더 이상 분노라고 해서는 안 될 것이다. 거룩한 저항, 거룩한 희생, 거룩한 용기 등 다른 단어를 사용해야 하지 않을까 싶다. 분노를 통제할 수 없는 어떤 충동으로 정의한다면 그렇다는 것이다.

물론 침략에 저항하는 전투, 독재에 대한 투쟁 등이 분노의 감정에 의해서도 촉발될 수 있다. 이 경우 분노가 정당하다고 해도 분노라는 정념 자체를 거룩하다고 하기는 어렵다.

이런 상황이라면 인간이 '분노해야 해!'라고 판단하고 어떤 행위를 할 때 행위에 대한 제어가 스스로 가능하다면 그것은 더 이상 분노가 아니다. 거듭 말하지만 분노는 통제 불가능한 격정이기 때문이다. 뵈는 게 없는 상태에서 적진에 돌진하는 병사의 행위를 용기라고 할 수 있을까? 진정한 용기란 분노가 아닌 사려 깊은 판단에서 에너지를 얻는 어떤 결단이 아닐까?

분노의 정동이 걷히고 나서 자신의 의지를 관철하는 것과 격정의 힘으로 행하는 것은 차이가 있다. 그러니까 분노에 힘입어 실행하는 행위라면, 위대한 동기에서 비롯된 것이든 개인 차원의 것이든 추천할 수 없다는 것이다.

광기에 휩쓸려 자기 자신까지 쓰러뜨리는 것이 분노의 감정이니 말이다. 정의를 위한 저항과 투쟁을 부정하는 것이 아니다. 분노에 의존하지 않는 용감한 행위에 가치를 부여할 수 있다는 것이다. 분노는 나약함의 증거이니 말이다. 강한 자는 함부로 분노하지 않는다. 그러나 이렇게 반론할 수 있다. "그럼 분노에 의존하지 않고 이성적인 판단에 따라 악한 행위를 하는 것. 예를 들면 불법적으로 자기 이익을 도모하는 것, 누군가를 살해하는 것 등은 정당한가?"라고. 물론 분노 없이 평정한 상태에서 나쁜 짓을 하는 사람도 있다. 말할 필요도 없다. 당연히 문제다. 다만 나로서는 분노의 힘으로 뭔가를 성취하는 것을 지적하는 것이다.

흔히 현대사회를 분노를 잃어버린 사회라고 한다. 일리 있는 견해다. 그러나 이는 사회 구성원의 무기력과 순응주의, 무리한 자기계발 등에 대한 우려의 언표일 것이다. '거룩한' 분노를 잃어버린 사회라는 지적이 통제 불능의 분노를 실천하라는 주문은 아닐 것이다. 분노란 자기를 지배할 수 없는 무능력의 표현일 뿐이기에 그렇다.

푸코의 《주체의 해석학》에 따르면 헬레니즘·로마 시대 분노의 윤리는 권력 행사의 문제와 연관해서 나타난다. 즉, 타자에게 분노하는 자는 권력을 행사하는 입장에 선다는 것이다. 그래서 이 시대 분노의 문제는 항상 가장인 아버지가 가족에게, 보호자인 주인이 하인에게, 장군이 자신의 병사에게, 왕이 신하에게 가하는 분노, 즉 권력자 측에서 행해지는 분노와 관련된다. 분노라는 것은 권력자가 자기 지휘권에 속하는 자들에게 지상권을 행사하는 방식이라는 것이다. 헬레니즘·로마 시대로 들어오면 권력자는 권력을 행사함에 분노를 드러내는 것을 조심해야 한다. 타자에게 행하는 권력이 분노의 형식이 될 경우 역으로 자기 자신에게는 권력을 행사하지 못하는 상태가 되기 때문이다. 즉, 타자를 제어하기 위해 분노를 행사함으로써 정작 자신을 통제하지 못하는 상황. 타자 통치를 위해 자기통치를 하지 못하는, 자기 자신의 노예 상태가 되는 점에 주목한다.

푸코에 따르면 이 시대에는 이전 도시국가에서처럼 권력을 신분적 특권으로 마음대로 행사할 수 없게 된다. 이제 권력은 자신의 직무 범위 내에서 사용할 수 있는 한정된 역할만 한다. 권력의 합법적 사용과 남용을 구분하는 방식에 분노가 자리한다. 다시 말해 분노는 "상급자가 하급자에게 가하는 권력 남용"으로 규정할 수 있다. 하인이, 아이와 여성이, 신하가 아버지에게, 주인에게, 왕에게 분노하는 것은 불가능한 사회였다는 설명이다.

그런데 이렇게 권력자에 의해 행사되던 전통적인 권력은 근대에 와서는 변모한다. 푸코에 따르면 이제 권력은 소유하거나 쟁취할 수 있는 실체가 아니다. 근대 권력은 지배계급의 전유물도 아니며, 억압하거나 금지하기보다는 무엇인가를 생산하고 관리한다. 이제 권력은 일상 어디서나 작동되며, 미시적이고 탈중심화된다. 권력의 미시물리학은 지배층과 피지배층을 가리지 않으며, 도처에 편재해 있다. 일상의 구석구석에서 작동하는 이 미시권력은 더 이상 상류 계급의 전유물이 아니다. 더불어 이제 분노도 권력자의 전유물이 아니다. 권력이 일상 도처에서 작동하듯 도처에서 분노가 작동한다. 오히려 '권력자'가 아니라 일반 국민 누구나 각자의 분노를 표출한다. '점잖은' 상류 계층보다는 소위 '아랫것들'이 사용하는 무기가 되고 있다.

즉, 변호사를 사서 절차에 따라 법에 호소하기 버거운 사람들의 전유물이 된 것이다. 이들은 분하고 억울한 상황에서 자동차로 파출소를 습격하고, 편의점으로 돌진하고, 공공건물에 방화한다. 상류 계층이라고 분노하지 않는 것은 아니다. 이들 역시 교묘하게 자신의 운전사에게, 아래 직원에게, 제자에게 온갖 분노성 갑질을 하기도 한다. 이제 보편적인 분노의 시대가 된 것이다.

말하자면 미시권력이 일상에 편재하듯 일상에는 미시분노가 편재해 있다. 누구나 좀 더 약하고 만만한 자에게, 혹은 접근하기 불가능한 고위층에, 회사의 사주에게, 정부에 자신의 의사를 알리는 도구로 사용한다. 정부 인사가 계란세례, 밀가루세례를 받는 일은 다반사다. 또한 사랑이라는 이름으로 얽혀있는 가정에서도 아동학대와 노인학대 등 각종 폭력이 공공연히 발생한다.

그래서 이제 보편화된 분노의 조절이 시급한 시대가 되었다. 분노는 지위와 학벌, 재산과 배경에 관계 없이 발생한다. 기업인, 교수, 연예인, 운동선수 등 이름이 알려진 공인이 분노를 조절하지 못해서 망신을 당하기도 한다. 다른 한편 일이 잘 풀리지 않거나 경제적으로 팍팍하고 여유가 없을 때도 인간은 사소한 일에 분노한다.

곰곰 생각해보면 인간은 불의한 상황, 모욕적인 상황 등에서 자연발생적으로 분노한다. 그러니 분노를 이기는 내적인 힘을 키우는 것이 필요하다. 이는 나약함을 극복하는 방법이기도 하다. 분노의 극복은 불합리한 세상에 저항하는 더 좋은 방법을 제공할 것이다. 강한 자는 함부로 분노를 폭발하지 않을 만큼 자기제어력이 있다.

문제는 '분노를 어떻게 제지할까?'다. 의식하고 노력하면 조금 나아지기는 한다. 그러나 노력해도 안 된다고 자포자기하는 것은 문제다.

현대 뇌과학에서는 마음이 뇌에서 발생한다고 본다. 마음은 어떤 실체가 아니라 두뇌 뉴런들의 연결방식에 따라 발생한다. 뉴런들, 즉 신경세포들이 어떻게 연결되는가에 따라 각각의 마음들이 생겨난다. 신경세포는 시냅스에서 다른 신경세포와 연결되는데, 연결 조합이 거의 무한에 가까운 정도로 많다. 그러니까 뉴런들이 어떻게 배열되느냐에 따라 여러 가지 마음이 발생한다. 마음이라는 것을 이성이나 감정 등이 나타나는 현상이라고 볼 때, 뉴런들의 연결방식에 의해 무수한 마음들이 출현한다.

이 말은 우리가 자주 분노하다 보면 분노를 발생시키는 뉴런 연결 조합이 계속 활성화·공고화된다는 것이다. 다른 한편 의식적으로 분노를 줄이면 이 연결 조합은 불활성화되고 변형된다. 분노 횟수를 줄여보자.

어느 순간 분노를 발생시키는 연결 조합은 사라지거나 비활성화된다. 분노는 습관이다.

따라서 오늘 하루, 이번 한 주 격노하지 않겠다고 다짐하고 장기적으로 실천하다 보면 분노의 연결 회로는 희미해진다. 그 자리에 새로운 회로들이 생성된다. 뇌라는 것은 어찌 보면 아주 단순하다. 내가 자주 같은 유형의 행동을 하거나, 뭔가를 뇌에 반복해서 입력하고 주지시키면 뇌는 그런 나의 의지나 희망 사항을 사실로 받아들이고 연결 회로를 만든다. 그렇기 때문에 자기계발서들이 자기암시 효과를 주장하는 것은 일면 타당하다.

딸아이가 서너 살 시절, 육아에 지쳐 아이에게 심하게 화를 낸 날들이 있었다. 그때 이 사실을 알았다면 좋았겠다고 생각한다. 요즘 나는 잠자리에서 나의 뇌에 주문 사항을 이야기한다.

앞에서 언급했지만, 푸코는《말과 사물》에서 근대 인간의 죽음에 대해 말했다. 그것은 생물학적인 인간의 사라짐을 의미하지 않는다. 이렇게 지금 이런 방식으로 주체화된 인간-형식의 사라짐을 의미한다. 그러니까 이러한 인간-형식 다음에 올 또 다른 '인간-형식'에 대해 우리는 고민해야 한다. 그것이 니체의 위버멘쉬(초인)라고 한다면 위버멘쉬라는 '새로운 형식'의 인간은 어떤 존재일까? 적어도 위버멘쉬는 자기제어가 불가능한, 분노에 포획된 존재는 아닐 것이다. 누구도 분노의 문제를 해결하지 못하는 한 새로운 인간에 대해 이야기할 수 없을 것이다. 자기를 넘어선 인간은 자기도 타인도 파괴하거나 착취하지 않는다. 반면 자기에게 예속되어 있는 자는 자주 분노하고 노심초사한다. 자기와도 타인과도 잘 지내지 못한다.

시련과 고통을 대하는 두 가지 태도

에피쿠로스, 세네카와 에픽테토스

시련과 고통을 반길 사람은 없다. 에피쿠로스는 고통을 '악惡'이라고 했고, 고통 없음을 '쾌락'이라고 했다. 알려져 있다시피 그는 정신적·육체적으로 고통 없음의 상태(아타락시아ataraxia)를 추구했다. 지나친 쾌락을 추구할 경우 되레 큰 고통이 온다고 경고한다. 고통이 있는 곳에는 쾌락이 필요하지만, 지나치면 큰코다친다는 얘기다.

에피쿠로스에게 쾌락은 선이다. 그것이 적절한가, 과도한가가 문제될 뿐이다. 즉, 자기절제를 통해 적절한 쾌락을 향유하는 것이 중요하다. 에피쿠로스의 《쾌락》* 을 읽으면, '안빈낙도安貧樂道'라는 말이 떠오른다. 그는 자신의 정원 공동체를 노예와 매춘부들에게도 개방했으며, 이

* 오유석 역, 문학과지성사.

들과 우정을 나누며 청빈하게 살았다. 에피쿠로스에게 우정은 중요한 지혜다. 우정이 고통으로부터 자유를 가져다주기 때문이다. 즉, 우정은 고통으로부터 인간을 보호하는 복락이다. 친구들에게 둘러싸여 있으면 자신감과 행복감을 느낀다. 혼자서는 못 하는 행동도 친구들과 함께라면 가능해진다. 고통 없는 평정의 상태를 가능하게 하는 한 요소가 친구라는 것이다. 친구가 오히려 나를 고통스럽게 하는 경우도 있지 않은가? 이는 진정한 우정 관계가 아니니다!

친구들과 함께 은거하며 단순하게 사는 삶이 쾌락이라고 말하는 그는 이 소박한 쾌락이 가능하기 위해서는 "사려 깊고 아름답고 정직하게 살아야 한다"고 주장한다. 반대로 즐거운 삶을 살지 않으면 "사려 깊고 아름답고 정직해질" 수 없다고 말한다. 그러니까 즐거워야 인간은 사려 깊어지고 정직해지고 아름다워진다. 반대로 "사려 깊고 정직하고 아름답게 살아야" 즐거워진다. 즐거운 삶과 사려 깊은 삶은 상관항으로 작용한다. 에피쿠로스는 한 문장을 더 쓴다. "사려 깊고 이름답고 정직하게 살기 위한 척도를 가지지 않는 사람은 즐겁게 살 수 없다."*

정리해보면 사려 깊고 정직하고 아름답게 살아야 즐겁게 살 수 있는데, 또 즐겁게 살아야 사려 깊고 정직하고 아름답게 살 수 있다. 그래서 "사려 깊고 아름답고 정직하게" 살기 위한 척도를 각자 가져야 한다는 것이다. 어떤 척도를 가져야 할까? 사려 깊고 아름답고 정직하게 살기 위한 척도라! 그건 어떤 것일까? 나를 즐겁게 하고 자유롭게 하고 해방시키는 것이면 족하지 않을까? 혹은 나를 창조적이고 새롭게 하는 것이

* 위의 책, 14쪽.

면 좋을 것 같다.

그런데 실은 이 "사려 깊고 정직하고 아름답게"라는 말을 통해 에피쿠로스는 이성에 근거한 철학적인 삶이 중요하다고 강조하는 것이다. 이때 철학 하는 삶이란 무지와 불안으로부터 인간을 구제하고 평정을 가져온다. 때문에 무지를 극복하기 위한 앎, 예를 들면 자연학, 혹은 신의 문제, 죽음의 문제에 대해 깊게 탐구하며 사는 것이 중요하다. 에피쿠로스는 평생 이 문제들에 천착해서 자신만의 결론을 내놓는다.

그에 따르면 천체현상 등 자연학을 공부해서 앎을 얻게 되면 마음의 평안이 온다. 가령 모든 천체현상은 신神의 작품이 아니라 자연법칙일 뿐이다. 그러니 신을 두려워하며 불안하게 살 필요가 없다. "신은 완전히 행복한 존재이며, 인간의 일에 관여하지 않는다." 죽음 역시 두려워할 것이 못 된다. "살아있는 동안은 죽음을 만나지 못하며, 죽은 후에는 죽음을 알지 못하기 때문이다." 에피쿠로스는 제자 퓌토클레스에게 미신을 피하고, 자유로워지기 위해 자연학 연구에 더욱 전념해서 개별현상들의 원인을 낱낱이 밝혀내라고 주문한다.

에피쿠로스와 달리 스토아주의자 세네카는 고통을 신이 선한 사람들에게 내리는 선물로 설명한다. 세네카는 '섭리, 자연의 원리와 법칙에 대하여'* 에서 "불행한 적이 한 번도 없었던 자야말로 불행한 자"라고 말한다. 신은 고귀해지기를 바라는 자에게 고통을 주며, 행복해서 게으름뱅이가 된 자들을 비참하게 보고 상종도 하지 않는다고. 너에게 역경과 고통이 온다면, 그건 인간의 위대함을 실험하고, 너를 응석받이가 아닌

* 《세네카, 인생철학 이야기》, 김현창 역, 동서문화사.

덕 있는 자로 만들려는 신의 호의라고. 군대에서 가장 용감한 자에게 위험한 임무를 맡기는 것과 같은 이치다. 그러니 고통과 역경을 반겨 맞으라고. 엄격한 아버지가 자식을 혹독하게 교육하는 것처럼 신은 선한 자들을 단련해서 덕을 기르게 한다. 인간이란 자기단련을 위해 사는 것이며, 자기단련을 통해 완성된 존재로 나아간다는 설명이다.

《주체의 해석학》에 따르면 에픽테토스도 세네카와 유사한 논리로 역경과 고통의 중요성을 역설한다. 그는 '정찰병' 비유를 통해 시련과 역경을 설명한다. 전방으로 보내져 무서운 적들을 대면하고 돌아온 정찰병은 적이 상상만큼 무섭지 않으며, 물리칠 방법이 있다고 사람들을 안심시킨다. 이 정찰병의 역할을 현실에서는 선한 자들, 용감한 자들, 철학자들이 수행한다. 이들은 신이 선택한 자들로 역경과 고난을 유익한 도구로 사용한다. 난관과 시련은 그 자체로 악이 될 수 있으나 이겨냈을 때 그것은 더 이상 악이 아니다. 고통과 역경은 섭리이며, 세계 질서에서 필연적인 것이기 때문이다. 모든 난관은 유익하다!

한 제자가 에픽테토스에게 물었다. "누군가 당신을 모욕할 때, 그것이 유익하고 이득이 되냐?"고. 이에 대해 에픽테토스는 그렇다고 답한다. 그는 나를 평정하고 온화하게 훈련시키는 자라는 설명이다. 만약 "이웃이 사악한 자라면 그것은 그 자신에게 사악한 것이고 나에게는 좋은 것"이라고 설명한다. 그의 사악함이 나의 선함과 관용을 단련시키기 때문이다.

정리하면 세네카와 에픽테토스 등 스토아 학자들에게 시련과 고통은 신의 섭리에 속한다. 시련과 고통을 통해 그는 자신을 수련하며, 수련하는 삶 자체가 인생의 목표다. 이를 통해 인간은 완성된다. 나에게 모욕을 주는 자의 모욕이 나를 고통스럽게 한다는 점에서 그것은 선이 된다. 모욕 행위는 악이지만 나에게는 선으로 기능한다. 나의 인내심과 관용을 시험하고 나를 변화시키기 때문이다. 이렇게 볼 때 모든 시련과 역경은 선이 된다. 인간의 주변에 시련을 배치하는 것은 신의 자비심 때문이며, 이 시련은 나를 도약시킨다.

이런 의문이 든다. 시련과 역경이 덮쳤을 때, 수행이라고 생각하고 이겨내는 것은 좋다. 그런데 그것이 그를 죽게 한다면 그건 대체 뭔가? 이때 기독교에서는 말할 것이다. 그 시련은 당신을 천국에 들게 하고, 하느님 나라에서 영생을 얻게 하며, 당신을 구원한다. 그래서 기독교의 순교자들은 이를 기꺼이 감당한다. 이에 대한 스토아주의자들의 답변은 무엇일까? 시련과 고통이 그를 강하게 하고, 자기수행을 독려한다는 건 인정한다. 그런데 죄 없이 처형을 당하거나 독배를 마시는 시련을 신은 왜 그 주변에 배치한 것일까? 그가 죽음으로써 그의 삶은 소멸하는데, 이때 자기수련이란 무슨 의미인가? 푸코도 이 지점을 의문시한다.

나는 생각한다. 나를 죽일 정도의 시련과 고통이면 피해야 한다. 니체는 나를 죽이지 못하는 것은 나를 강하게 한다고 했다. 그런데 죄 없이 독배를 마셔야 하는 상황이라면 어떻게 할까? 스토아주의는 이렇게 말할 것이다. "신이 주는 시련과 고통은 자기완성을 향해 가는 도정에 놓여있는 신의 선물이다. 이를 기꺼이 감당하면서 사는 것이 인생이다. 끝!"

살다 보면 고통스러운 상황들과 마주하게 된다. 현실 세계 아래에는 우리가 모르는 힘들이 출렁이고 있다. 아직 사건화되지 않은 이 힘들은 어떤 우연을 계기로 다른 힘들과 만나 현실의 층위로 올라온다.

고통은 방금 내게 다가온 번개다. 번쩍 나를 내리치는 번개는 고통의 존재를 알린다. 그것은 종종 지금의 방식에 의문을 제기한다. “고통은 지나가게 놔두라! 이 또한 지나가리라!” 맞는 말이다. 길을 치우고 지나가도록 놔두자. 그런데 고통이 같은 패턴으로 반복해서 나를 방문하기도 한다. 이때는 그것이 회귀하는 연유를 알아보자. 고통을 피하려고만 하거나, 행복하다는 주문을 고통의 형상 위에 슬쩍 덧칠한다 해도 고통은 꿈틀꿈틀 도래할 것이다. 이는 내가 삶에서 해결해야 할 문제가 있기 때문일지 모른다. 이를 겪어내고 응시하는 숱한 과정을 통해 실존의 과제가 해결될 수도 있다. 그러나 신의 선물로 내게 다가온 이유 없는 고통과 시련이라면 그건 감당하는 수밖에 없다.

나의 고통과 타인의 고통에 어떻게 대응해야 할까? 동시에 관심을 가져야 한다. 나의 문제도 해결하지 못한 자니까 타인의 고통에 관심 가질 수 없는 것이 아니다. 나의 문제에 얽매여 있으면 평생 타인의 고통에는 무관심해야 하는가? 자기 고통과 타인의 고통을 함께 들여다보도록 노력한다면, 타인을 위한 행위가 나의 문제를 풀 열쇠가 되기도 한다.

시련과 고통. 나를 방문하는 이 손님을 어떻게 맞이할지는 각자의 몫이다. 그것이 나를 통과해가는 동안 내가 다른 차원의 세계를 경험하고 배웠길 바란다.

지금 당장 행복해지기

✶

'법륜스님의 즉문즉설'을 들었다. 유튜브를 열다가 얻어걸린 것인데, 이후 종종 듣는다. 저마다 곡절 많은 사연들을 풀어놓으면 스님은 즉석에서 유쾌 · 통쾌 · 상쾌한 해법을 내놓는다. 아픈 인생살이 문제가 몇 분 간의 대화로 '해결'된다. 각자에게 주어지는 처방전이 재미있고 웃기기까지 하다. 저절로 소리높여 웃게 된다. 사연의 당사자에게는 미안하지만 웃긴 걸 어쩌랴! 종종 질문자 본인도 마침내 눈물을 훔치고 헤벌쭉 웃는다. 스님의 해법은 간단하다. 바라보는 관점을 바꾸는 것이다. 듣는 사람도, 사연을 말하는 사람도 무거운 분위기에서 출발하지만, 스님의 답변이 시작되면 이젠 웃을 준비를 하면 된다.

내가 20대 후반 혹은 30대 초반쯤이었을까? 친구를 따라 서울 서대문구에 있는 정토법당에 간 적이 있다. 그때 웬 청년 스님이 설법을 했는데, 나는 설법보다 '저 청년은 어떻게 해서 스님이 됐을까? 스님이 된 것이 행복할까?' 하고 생각했다. 그 자리에는 박노해 시인도 있었다. 그도 강연했는데 내용은 기억에 없다. 다만 그들의 해사한 얼굴이 나를 슬프게 했다. 나보다는 연배가 위였는데 내 또래로 보였다. 나를 포함해서 당시의 청춘들이 측은하게 여겨졌다. 낡고 비좁고 삐걱거리는 계단을 한참 올라가서 들어간 그 법당의 풍경도 쓸쓸했다. 그 젊은 청년이 이제 노년의 얼굴로 웃고 계신다.

즉문즉설은 남편 문제, 자식 문제, 고부 갈등, 직장 갈등, 돈 문제 등을 스님께 풀어놓는 것으로 시작된다. 가령 이런 내용이다. 남편이 거의 매일 술을 퍼마시고, 집에 늦게 들어오고, 잔소리도 심하다. '나쁜 남편' 때문에 고민인 여성에게 스님은 "남편이 당신에게는 나쁠지 모르지만 술집 주인에게도 나쁠까요?" 하고 묻는다. 단골손님이고, 술을 많이 팔아주니까 술집 주인에게는 나쁜 사람이 아니라는 답변이 유도된다. "술 먹고 늦게 들어오는 그 행위만 놓고 보면 나쁜 것도 좋은 것도 아니다. 내가 그걸 나쁘게 보는 것일 뿐이다. 그리고 늦게라도 들어오니 감사하지 않은가? 숫제 안 들어오는 남편도 있지 않은가? 남편이 돈은 벌어다주는가?" 묻고, "생활비는 잘 준다"고 하면, "그런 남편이라도 있는 게 어디냐? 남편이 당장 죽어버리면 어떻겠냐?"고 묻는다. 고통을 호소하는 사람을 위무慰撫하려는 의도는 추호도 없다. 완전히 다른 시선으로 더 나쁜 패를 보여주면서 당사자를 머쓱하게 한다. 스님의 답변을 듣고 나면 '그 정도 고민은 아무 문제도 아니네' 싶다.

이런 내용도 있다. 어느 종가댁 여인은 도와달라는 일가친척들 때문에 골머리가 아프다고 이야기보따리를 풀어놓는다. 그러면 스님은 시원한 처방을 내린다. 안 도와줘도 되는 방법이 있다는 것이다. "어떤 묘책인가?" 물으면, "당신 남편 사업이 폭망하면 된다"는 것이다. 한바탕

웃게 된다. 말인즉 도와줄 여력이 있는 걸 감사히 여기며 기쁘게 살라는 주문이다.

결혼한 지 한 달 남짓 된 남성이 말했다. 대한민국의 35세 된 건강한 남성으로 얼마 전 결혼했다. 신혼여행 가서 천국의 기쁨을 느꼈으며 행복했다. 그런데 얼마 전 술 취한 아내와 다투었다. 밤에 자다가 일어나 보니 아내는 목을 매달고 자살했다. 술기운에 그렇게 한 것 같았다. 충격이 너무 커서 회사도 그만두고 정신과 치료를 받으며 살고 있다. 아무리 노력해도 괴로움이 가시지 않아서 스님의 즉문즉설에 참여하게 됐다고 했다. 어떻게 해야 할까?

가벼운 사랑싸움이라 생각했던 사람들이 모두 깜짝 놀랐다. 스님은 이 남성에게는 조심스럽게 말했다. "지금은 힘들지만 한 3년 지나면 조금 나아질 거 같은가?"라고 물었다. 한동안 말이 없던 남성은 그럴 것 같다고 했다. 스님은 1년 후엔 지금보다 좀 더 나아질 거고, 2년 후엔 좀 더, 3년 후엔 좀 더 나아질 거라는 결론을 끌어냈다. 물론 3년이 지나도, 10년이 흘러도 고통이 더 심해지는 경우도 드물게 있지만, 이런 경우는 정신병에 속한다고 했다. 이런 경우는 병원 가서 약을 처방받아 먹어야 한다는 것이다. 그러나 대부분은 시간이 지나면 조금씩 회복된다는 설명이다. 남성은 머뭇거렸지만 스님의 말에 동의했다.

즉, 3년이 지나면 지금보다 마음이 좀 안정될 것이다. 그땐 다른 여자를 만날 엄두도 낼 것이다. 그땐 새로운 직장도 알아볼 것이다. 그땐 지금보다는 회복될 것이라는 결론에 이른다. 이때 스님이 한마디 한다. "어차피 3년 지나면 잊고 다른 직장 알아보고 다른 여자도 만날 텐데, 꼭 3년까지 기다릴 필요가 있겠나? 꼭 3년 동안 아파할 필요가 있겠나?

지금 당장 그렇게 하라"고 조언한다. 사람들이 간간이 웃는다. 3년 후에 행복해지려 하지 말고, 지금 당장 행복하라는 것이다. 왜 3년 동안 애써 괴로워해야 하나? 지금 당장 다른 여자 만나고 행복해지라. 3년 후에 행복하기 위해 3년 동안 고통받고 살 필요가 없다는 것이다. 이미 떠난 사람은 더 이상 생각할 필요가 없다. 그에게 미안해할 필요도 없다. 그는 자기 길을 간 것이다. 살아있는 자는 행복할 권리가 있다는 것이다.

지금 당장 행복해지기! 그런데 그게 마음대로 되나? 누구나 당장 행복해지고 싶지만 안 되는 것이 문제다. 그러니 되게 해야 한다! 사람들은 말한다. 행복한 미래를 위해 오늘 열심히 사는 거라고. 그러나 그것은 틀렸다. 행복한 미래 따위는 없다. 지금 당장 행복해지는 것, 지금 당장 행복할 능력을 키우고 행복해야 한다. 문제는 쉽지 않다는 것이다. 존재가 총체적으로 변해야 가능한 일이기 때문이다. 신체 감각과 사유가 변해야 가능한 사건이다. 삶의 달인이 되는 경지일지 모른다. 존재의 밑바닥에 흐르는 해묵은 힘들의 배치를 바꾸고, 기운의 장場 바꾸기. 그런데 그게 쉬운가? 행복해지려는 생각만으로 감정과 신체가 변하지 않기 때문이다. 이것은 말하자면, 이편에 있던 종래의 삶이 즉시 저편으로 날아가버리는 도약이다. 몸을 괴롭히는 영혼(정신)이라는 감옥을 탈출하는 순간. 어떤 비약의 순간이다.

그러니까 당장 행복해지기는 외부와 나의 권력 배치를 바꾸는 일이다. 내가 당장 행복해지면 바깥의 상황은 힘을 잃는다. 지금 당장 행복해지는 것은 바깥의 권력에 주도권을 주지 않는 나의 힘 의지의 실현이다. 내가 행복해지는 순간 나를 에워싼 세계가 행복의 자장으로 끌려들어 온다. 즉시 권력관계를 바꾸는 것이다. 주도권을 내가 쥐면 바깥의 힘에 굴복하지 않는 주체가 탄생한다. 내가 당장 행복해지는 순간이란 나를 불행하게 하는 세계의 의지 소멸을 생산해낸 것에 다름 아니다. 불행들로 나를 에워싸는 끈질긴 세계의 힘을 행복으로 바꾼 사태. 그러니까 지금 당장 행복해진 나와 행복한 세계의 탄생은 동시적이다. 당장 행복해짐으로써 현실에서 넘어지지 않고 일어선 '나'라는 행복한 현실을 생산한 것이다. 삶의 주권을 불행과 고통에 넘겨주지 않는 결단이 행복해진 나를 생산한다.

그런데 어떻게? 거창한 묘수는 없다. 힘들더라도 실존을 살아내는 것이다. 여기다가 약간만 다른 실천을 해본다. 가령, 죽은 아내 때문에 괴롭지만 우선 방청소를 시작하는 것도 좋다. 이것은 괴로워서 자포자기했던 행위들에서 방향을 트는 것이다. 행위를 매일매일 조금씩 바꾸면 생각도 바뀌고, 몸의 감각도 바뀐다. 내 삶을 굳건히 지키면서 평소 하던 것과는 다른 실천들을 조금씩 하다 보면 습관이 바뀐다. 안 하던 짓을 해보는 거다. 그러면 업業이 바뀌고 업장이 소멸하기도 한다. 정신이라는 감옥이 나를 괴롭힐 때, 아무리 다르게 의미를 부여하고 다르게 생각하려 해도 안 될 때, 어제 했던 바로 그 행동과 다른 행동들을 시작하라. 이것은 매일매일 더 가벼워지는 연습이기도 하다. 도약이란 이런 작은 실천들이 모였을 때 가능하다. 작은 변화의 순간들이 모여 불현듯 나는 다른 지점으로 이동한다.

그러니까 하루치의 삶을 지켜내기가 중요하다! 자기를 내동댕이치고 술의 힘으로, 약물의 힘으로 살아간다면 괴로움에 주도권을 뺏긴 것이다. 일상을 변화시키는 것은 괴로움 따위가 근접하지 못하게 하면서 내가 일상에 권력을 행사하는 것이다. '권력'이라는 말이 거북하면 '힘'

이라는 말로 바꾸면 된다.

그래서 스님은 지금 당장 여자를 만나고, 일도 다시 시작하라고 주문하는 것일 테다. 나는 덧붙여서 지금 당장 맛있는 것도 먹고, 지금 당장 습관을 바꾸는 변화를 시작하라고 주문하고 싶다. 지금과는 다른 에너지의 장으로 나를 들여보내야 하기 때문이다. 그래야 지금과 다른 힘 관계 속으로 들어가 다른 것들과 관계 맺는 다른 감각이 가능해진다.

요컨대 지금 당장 행복해지려면 지금 당장 자신의 습관을 바꾸는 실험을 하라는 것이다. 이 간단하지만 쉽지 않은 시도가, 말하자면 실존에 새로운 전류를 흐르게 하고 다른 파장과 주파수의 세계를 창조한다.

스님은 종종 남편을 잃은 보살님들이 통곡하는 순간을 함께하기도 한다. 그런데 울면서 이들이 하는 말은 “스님, 이제 저는 어떻게 살까요?”란다. 죽은 남편이 불쌍해서가 아니라 살아있는 자신의 살 걱정 때문에 고통스러워한다는 설명이다. 남편의 사라짐 자체를 슬퍼하는 것보다 그의 부재가 가져올 내 손해를 괴로워한다. 그러니까 ‘당장 행복해지기’는 그의 부재가 내게 가져올 손해에 대한 두려움의 고통에서 ‘당장 해방되기’가 된다.

장자는 아내가 죽었을 때 술통을 두드리며 노래를 불렀다고 하지 않는가? 문상 온 친구 혜시가 연유를 물으니 “아내는 천지라는 커다란 방에 누워있는 것이니 슬퍼할 일이 아니다”라고 답변한다. 인간의 몸이란 결국 자연으로 돌아가지 않는가? 자기의 본향으로 돌아간 것은 슬퍼할 일이 아니라는 것이다. 장자는 즉시 깨닫고 즉시 노래하는 현자다.

지금 고통과 시련 속에 있는가? 참을 수 없는 모욕감을 느끼는가? 누군가가 죽이고 싶을 정도로 미운가? 삶이 만족스럽지 못한가? 부모에 대한 원망이 있는가? 열패감에 시달리는가? 해답은 하나다. 당장 행복해지자. 당장 그 사태에서 빠져나오자. 내가 만든 감옥이다! 행동을 바꾸면 다른 세상이 열린다. 감옥 안에 머물면서 끙끙대는 것은 나의 무능력을 웅변하는 것이다. "에이, 상황이 객관적으로 행복할 수 없는데, 사회 구조에 문제가 있는데, 배가 고픈데, 어떻게 행복해지나요?" 그래도 행복해질 수 있다! 만약 더 큰 가치를 위해 고통을 기꺼이 감당한다면 그런 행위도 행복이다! 그 고통이 그를 행복하게 해줄 것이기 때문이다.

당장 행복해지기는 '배부르고 등 따뜻한 행복'만을 말하는 것은 아니다. 고통을 행복으로 번역하고, 다른 행복들을 창조하는 능력, 행복들을 창조하고 발명하기 위해 고통들을 건너가는 능력까지를 포함한다. 행복이란 변화를 창조하고 다르게 사는 힘이다. 내가 변하지 않는 한, 내가 자유롭지 못한 한 세계를 변화시킬 힘 또한 단연코 없다. "당장 자신도 컨트롤하지 못하는 위인이 이 엄청나게 위압적이고 폭력적인 세상을 무슨 수로 바꾸겠는가?" 내게 해주고 싶은 말이기도 하다.

여가시간 갖기와 공부하기

기억이 가물가물하다. 외할머니댁이다. 나는 텅 빈 골방에서 대낮에 혼자 누워있었다. 누워서 천장과 벽 도배지의 알록달록한 도형들을 보고 있으면 도형들은 여러 가지 모양으로 변신한다. 별이 반짝이는가 하면, 나비가 날아오른다. 건물이나 궁전, 바닷가의 아름다운 집이 보이기도 했다. 밝은 핑크와 파랑과 노랑 등이 섞인 벽지의 문양이 만드는 세계는 이상하고 기이했다. 문양들은 천장에서, 각각의 벽면에서 서로 다른 세계를 만들어냈다. 외가에는 방이 여러 개 있었는데, 방마다 벽지의 문양이 조금씩 달랐다. 도형 문양의 방 외에 밝은 보라색 꽃들과 초록 이파리 벽지의 방, 분홍 계열의 꽃들과 꽃잎으로 이루어진 방, 가지각색의 크고 작은 동그라미 문양의 방 등.

나는 방학이면 서울 외가에서 보냈다. 친구 한 명 없는 외가에서 호랑이보다 무서운 할머니와 할아버지, 두 이모와 생활하기가 녹록지 않았다. 눈치가 보이고 행동이 부자연스러웠다. 식모라고 불리던 도우미 언니가 있었으나 어린 나의 상대는 아니었다. 심심한 나에게 벽지의 도형들과 꽃들이 친구가 된 셈이다.

그때 나는 방에서 무엇을 보았을까? 무언가를 보고 있었지만, 종종 아무것도 보지 않는 상태이기도 했다. 즉, 눈은 벽의 도형을 향하고 있지만 내 의식의 눈에 들어온 것은 아무것도 없었다. 그것을 도형이라고 인지한 것은 의식이 활동했다는 이야기다.

가령 나는 지금 거실에서 창밖을 주시하고 있으나, 창밖의 하늘이라든가 상가의 간판 등은 의식이 보는 것이다. 눈에 뭔가 스칠 때 그것을 자동차, 하늘, 사람이라고 규정하는 것은 의식의 작용이다. 눈앞에 감각자료들이 나타나도 의식하지 않는 한 눈에 나타나는 것은 없다. 본다는 것은 그러니까 의식의 작용이며, 뭔가를 보지 않는 선택이다. 다른 것이 아닌 하늘을 본다는 것은 창밖에 있는 다른 것을 배제하는 선택이다.

본다는 것은 나의 앎 안에서만 가능하다. 내가 하늘을 몰랐다면 나는 하늘을 볼 수 없다. 내가 자동차를 모른다면 자동차를 볼 수 없다. 본다는 것은 앎이 매개되지 않고는 불가능한 행위다. 태어난 지 한 달 된 어린 아기도 하늘을 보고 자동차를 보지만, 아기는 그것을 하늘로 인지하지 못한다. 아기 눈에는 하늘이 없다. 그냥 뭔가 훤한 것이 비칠 뿐이다. 그렇기 때문에 본다는 것은 자기 앎의 한계 내에서 보는 것이고, 자기의 시공간 내에서, 구성원들의 집단적 앎의 체계 내에서 이루어지는 행위다. 가령 아메리카 인디언은 자연 속에서 우리와 다른 것을 볼 것이다. 그들은 다른 앎의 체계에 있기 때문에 우리에게는 보이지 않는 것이 보인다. 반대로 그들이 문명의 도구들을 처음 접한다면, 괴물로 생각하고 두려워할지도 모른다.

"미개인이라고 불리는 사람들이 자연현상을 관찰 또는 해석할 때 나타내는 예리함을 이해하기 위해서 문명인은 이미 없어진 능력을 개발하거나 특별한 감수성을 끄집어낼 필요는 없다. 눈에 띄지 않을 만큼 작은 자취에서도 짐승이 지나간 흔적을 발견할 수 있는 아메리카 인디언이나 자기 집단 누구의 발자국이라도 서슴없이 알아맞힐 수 있는 오스트레일리아 원주민의 방법은, 우리가 자동차를 운전할 때 바퀴의 미세한 회전이나 엔진 속도의 변화에서, 또 상대의 눈빛에서 그 의도를 알아채고 이제 추월할 때라든가 지금 상대방의 차를 피할 때라고 신속히 판단을 내리는 방법과 조금도 다를 바가 없다."*

그러니까 '봄'은 '앎'에 매여 있다. 그래서 우리가 노력하지 않는다면 보는 행위는 앎에 갇히게 된다. 뭔가를 보고 있다는 것은 그것을 보고 있기 때문에 보지 못하는 것이 있다는 것, 내가 보고 있는 그것이 다른 많은 것을 보지 못하도록 막고 있는 사태를 가리킨다. 내가 보는 행위는 뭔가를 보지 않기로 한 의식적·무의식적 선택이다. 나의 앎의 내용이 달라질 때, 앎의 외연이 변화할 때, 안 보이던 것이 보이는 경우도 있다. 그렇기 때문에 본다는 것은 문화적인 것이며, 윤리적·정치적인 행위일 수 있다.

어린 시절 나는 벽지를 보며 심심하고 무료한 시간을 보냈으나 심심했기에 보이지 않던 것을 보게 되었다. 의미 없던 벽지의 문양들을 보며 동화책 속의 주인공이 되는 진귀한 경험을 했다. 벽지 속으로 뛰어다니

* 레비스트로스, 《야생의 사고》, 한길그레이트북스.

는 상상을 하며 꽃을 만나고 궁전의 왕자님을 만나고 해님이 속삭이는 소리를 들었다.

요즘은 다들 바쁘게 산다. 그러나 다들 바쁘다 보니 역으로 여가의 소중함을 알게 된다. 또 바쁜 가운데도 삶을 돌아보는 공부를 하는 사람들도 늘고 있다. 여가와 공부는 새로운 시선을 선물한다. 그래서 바쁠수록 '심심할 시간' 갖기와 공부하기가 현대인이나 고대인 모두에게 요청된다.

《주체의 해석학》에 따르면 세네카는 시칠리아의 지사로 가 있는 루킬리우스에게 직무 수행 중에도 여가와 면학을 강조했다. 면학이란 독서, 글쓰기 등 문예활동이다. 이것은 루킬리우스가 자신을 '총체적인 정치적 군주'로 착각하고 권력을 함부로 행사하지 않도록 하기 위함이다. 직무를 수행할 때 자신을 군주나 군주의 대리인인 양 경거망동하지 말고, 공무를 수행하는 일개 공무원임을 잊지 않도록 하기 위해서였다.

맹목적으로 자기의 사회적 지위에 빙의될 경우 인간은 자칫 자신과 직위를 동일시할 수 있다. 그래서 자신에게 주어진 권력을 규정에 따라 그 범위 내에서 행사하지 못한다. 보통 권력을 남용하지 말라고, 법을 넘어서 네 권한을 함부로 사용하지 말라고 충고하기는 쉽다. 그러나 이를 위한 방법을 제시하기는 쉽지 않다. 그런데 세네카는 구체적인 방법을 제시하고 있다. 그것이 바로 여가생활과 문예활동, 즉 심심할 시간 갖기와 공부하기다. 여가와 면학이 어떻게 자기 업무에 과도하게 집착하는 것을 멈추게 할까? 어떻게 자연인인 자기 자신과 사회적·직업적 자아와 거리두기를 가능하게 할까?

여가시간 갖기와 공부하기는 시선을 전환하도록 하기 때문이다. 일을 멈추고 자연인으로 돌아오면, 다른 각도에서 보이는 풍경들이 다른 이야기를 한다. 시야에 낯선 것들이 들어오는 순간이다. 일상을 멈추고 심심할 자유를 확보하고 공부해야 하는 이유가 여기에 있다. 시선을 돌린다는 것은 현재 과잉 몰두하고 있는 지점이 아닌 현재 등 돌리고 있는 지점을 바라보는 실천이다.

본다는 것은 항상 부당하게 본다는 사실을 전제한다. 인간은 신이 아니다. 인간의 시점이란 한 면만 보는 시점이다. 인간의 바라봄은 기본적으로 편파적인 바라봄이다. 말하자면 당파적인 선택이라는 것이다. 인간은 전지전능한 신의 시선으로 세상을 굽어볼 수 없는 존재이기 때문이다. "난 객관적으로 보는 거거든!"이라는 말은 그 자체로 부당한 진술이다. 인간은 주관적인 존재이며 자신의 주관적 시선으로 세상과 사물을 바라보기 때문에 나의 바라봄은 '부당한' 봄이라는 인식이 필요하다! 그래서 "나는 부당해!"라고 고백하는 자의 언술이야말로 좀 더 진실에 가깝다. 이때 여가와 면학은 시선을 변화시키는 훌륭한 도구가 된다.

세네카는 루킬리우스에게 시칠리아 지사직이 삶의 전부가 아니니 지사직에 매몰되지 말라고 주문하는 것이다. 지사직만이 아니라 자연이라는 거대한 텍스트를 바라보고, 자연이라는 텍스트를 독서하라고. 잠시 허리를 펴고 자신과 우주와 대화를 나누라고. 즉, 바라보는 방향과 대상을 바꾸고 바라봄의 스케일을 변화시키라고 주문하는 것이다.

인간이란 반성의 시간을 갖지 않으면 한 지점에 매이게 된다. 그러면 평생 자신이 보는 것만 보게 된다. 스쳐가는 많은 것을 놓치기 쉽다. "왜 꼭 봐야 하지? 안 보고 싶은 것은 안 볼 자유도 있잖아?"라고 할 수도 있겠다. 중요한 것은 "내가 전부라고 믿었던 모든 것은 장대한 우주에 비하면 먼지 같은 것이니 부디 집착을 내려놓기를. 너무 상심하지 않기를." 나에게, 여러분에게 주문한다.

어린 시절 나는 외가의 많은 방의 벽지에 그려진 꽃들이 깔깔거리는 웃음소리를 들은 것도 같다. 꽃들이 나누는 이야기가, 꽃들이 나에게 보내준 향기가 손에 잡히는 듯도 하다. 나는 꽃들의 심리를, 도형들의 생각을 알 수 있을 것 같았다. 엄격한 외가에서 어린 나는 규율을 내면화하며 홀로 놀았다. 심심할 시간, 즉 자신을 바라보는 시간을 갖는다는 것은 바쁜 직진 길에서 일단 멈춘 후, 그 단절 위에, 미지의 어딘가에 균열을 내어 새로운 문을 하나 만들며 노는 일이다. 휴식과 창조의 시간은 현실의 나와 거리두기를 할 때 가능해진다. 멈추고 바라보기, 공부하기는 다른 나를 창조하는 행위다.

기억 훈련과 습관을 혁명하기

코골이가 심한 남편은 건넌방에서 잔다. 결혼 후 3년이 된 시점부터 그랬다. 세월이 흘러 그 방에 남편은 자기만의 세상을 꾸며놓았다. 이사로 방의 배치가 조금씩 바뀌기는 했지만. 여러 대의 컴퓨터와 책상, 온갖 책들과 오래된 엘피판들, 먼지가 뽀얗게 쌓인 기타들 그리고 러닝머신과 1인용 독서실 공간까지. 퇴근한 남편은 자기만의 방에서 뒤늦은 꿈을 꾸며 자유를 만끽할까. 하루 동안 바깥세상에서 묻혀온 스트레스와 질병의 징후, 박탈감을 치유하는 의식을 치르는 걸까. 문제는 잔뜩 사다 놓을 뿐 딱 거기까지다. 드르릉드르릉 코 고는 소리만이 새어 나온다. 운동용 자전거도 거금을 들여 사다놓고 얌전히 모셔둔다. 없는 돈에 비싼 자전거는 한 대만도 충분히 짜증나는데, 딸아이 것까지 사 오셨다! 기백만 원씩 되는 그 비싼 자전거 두 대는 우리 아파트 현관과 시댁에 모셔두고 있다.

하루치의 삶을 치러내고 돌아온 남편들은, 아내들은 저녁이면 가정에서 남은 하루치의 집착과 사랑이라는 노동을 감당해야 한다. 그것도 기뻐하면서. 나는 생각했다. 남편이 집에 돌아와 뭘 하든지 놔두자. 딸아이도 제법 컸으니 괜찮다. 각자 또 같이 사는 거지. 내가 배려심이 많아서가 아니다. 집에서의 배역까지 마무리하라고 타박하고 싸우는 것을 포기한 것이다. 어쩔 수 없이.

그러다 보니 딸이랑 잠을 잔다. 이게 문제다. 처음에는 도란도란 나누던 이야기가 종종 산으로 간다. 시험공부를 왜 안 하냐로 시작된 잔소리는 장래에 대한 걱정, 완벽주의 성격을 고치라는 주문 등으로 이어진다. 아이가 자기주장을 시작하면 그 유치함과 어리석음에 화가 치민다. 어느 순간 딸은 쌔근쌔근 잠들어 있다. 어떤 날은 잠자는 아이를 깨워 잔소리하고 싶은 충동에 사로잡히기도 했다. 그러다가 생각했다. 이건 아니지! 생각을 바꾸니 말이 변했다. 중학생이 된 이후부터 딸은 자기 방에서 잔다. 세월이 참 빠르다.

피타고라스주의자들은 잠자리에서 낮 동안에 있었던 일들을 점검하고 정화하는 의식을 치르고 잠이 든다. 피타고라스주의의 자기배려 기술은 두 가지가 있다. 정화의식과 인내력 훈련. 이 중 정화의식은 로마까지 전통이 이어졌고, 스토아주의 등 다른 철학 학파들에 적극적으로 받아들여졌다.

피타고라스 단체에서 행해진 정화의식은 잠자기 전에 "음악을 듣고 향수 냄새를 맡으면서" 하루를 돌아보는 것이다. 낮 동안의 활동을 상기하면서 잘못된 행동이 있으면 정화하는 것이다. 이는 피타고라스주의 단체의 중요한 실천 목록이었다.

"저녁에 동료들이 수면을 준비할 때 그(피타고라스)는 아름다운 꿈으로 가득 차고 때로는 예언적인 꿈으로 가득 찬 평온한 수면을 그들로 하여금 취하게 함으로써 하루 동안의 그들의 고민과 동요를 제거하고 동요된 영혼을 정화시켰다."*

잠자기 전에 몸과 마음을 점검하는 정화의식은 낮 동안의 활동을 비판하는 것이 목적이 아니다. 낮의 활동을 상기하면서 평온한 수면에 방해가 되는 것들을 '제거'하여 평화롭게 잠들기 위한 목적이다. 감정의 잉여를 남기지 않는 의례라고 할까.

피타고라스는 또 아름다운 음악을 들려주고 '아름다운 형상'들을 보여주면서 감각을 통해 사람들을 치유했으며, 이로 인해 피타고라스 단체의 입문자들은 '성격과 정념상에서의 병들을 치료'할 수 있었고 "영혼의 소질들을 회복시켰다." 또 질병의 치료 수단들도 만들어냈다고 한다. 이 때문인지 이들은 무병장수한 것으로도 유명하다.

잠들기 전과 잠에서 깼을 때 자신을 성찰하는 정화의식은 후에 세네카와 에픽테토스도 실천한 자기배려의 기술 중 하나다. 세네카는 저녁 점검과 아침 점검을 실천했다. 이 중 아침 점검은 하루 동안 지켜야 할 원칙들과 행동 규칙들을 검토하는 것이다. 오늘 하루의 목표가 무엇인지, 예견되는 돌발상황에 어떻게 대처할지, 무엇을 유념해야 할지를 점검하는 것이다.

저녁 점검은 이와 다르다. 저녁 점검은 하루 동안 행한 것과 '유념해

---

* 《주체의 해석학》, 87쪽, 각주 8.

야 할 규칙'의 일치 여부를 점검한다. 이것은 자기 행위를 돌아보면서 '진실의 윤리적 주체'로서 자신이 어느 정도나 진실 가까이 있는지를 점검하는 것이다. 즉, "진실을 인식하는 주체와 곧은 행동의 주체를 내 안에 정확하게 일치시키는 작업"이다.* 이는 내가 설정한 규칙들과 원칙들을 상기하는 프로그램이다.

여기서 "내가 설정한 규칙들이나 원칙들"이라는 것이 중요하다. 이것들은 스승의 말씀이나 교훈, 경구, 시인과 현자, 철학자들의 진술, 독서 등을 통해 '스스로' 만든 것이다. 이것들은 진실, 진리들이면서 행동 규칙이며 품행의 원칙이 된다. 이 시대에 글쓰기가 중요했던 것은 이러한 진실, 진술을 잘 기억하기 위해서였다.

에픽테토스는 '바로 이 순간'에 사용할 수 있는 '행동 원칙'이나 '행동 규칙'을 항시 수중에 지니고 있기라는 원칙으로, 피타고라스 단체의 의식점검 원칙을 사용한다. 즉시 유용하게 사용하기 위해 금언들을 기억하는 것이다. 이 시기 사람들의 기억훈련이란 몸이 기억하는 것을 말한다.

자전거 타기나 수영을 생각해보자. 나는 고등학생 때 혼자 자전거 타기를 배웠다. 세월이 한참 흐른 어느 날, 가족과 공원에서 자전거를 빌려 타보았다. 설마 탈 수 있을까 싶었다. 그러나 처음에 조금 기우뚱하다가 곧 제대로 탈 수 있었다. 몸에 새기는 것은 잊히지 않는다. 언제 어느 때나 필요한 시점에 발현된다. 이 기억은 즉각 나타나 행동하는 방식, 처신하는 방식을 안내해준다.

---

* 《주체의 해석학》, 511쪽.

에픽테토스는 이렇게 말한다. "필요하다고 느껴지는 판단을 수중에 항시 지니고 있어야 한다. 요컨대 식탁에서는 식탁의 모든 것과 관련된 판단을 수중에 지니고 있어야 하고, 욕실에 있으면 욕실에서 행동하는 방식과 관련된 모든 판단을 수중에 지니고 있어야 하며, 침대에 있으면 침대에서 처신하는 방식과 관련된 모든 판단을 수중에 지니고 있어야 한다"* 고.

인간은 망각의 동물이다. 또한 습관의 동물이기도 하다. 고대인에게는 "인식 주체"와 "행동 주체"의 일치가 중요했다. 그러기 위해 행동 규칙과 원칙을 체화해야 했다. 그러지 않으면 몸 따로, 생각 따로인 사태가 벌어지기 쉽다. 의식점검은 "진실의 윤리적 주체를 구축하는 데 지속적인 지표이며 매일 저녁 재평가해야 하는" 자기 테크놀로지였다.

이것이 왜 중요한지는 생활에서 바로 나타난다. 가령 나는 '딸에게 분노하고 화내지 않을 거야!'라고 결심한다. 결심하면 생각 없이 사는 것보다는 낫다. 그러나 어떤 순간에는 흥분하고 만다. 아직 이 결심이 내 몸과 영혼에 각인되지 않은 것이다. 분노의 문제만이 아니다. 분노든, 생활규칙이든, 처신이든, 무엇이든 세운 목표를 거듭 기억하고, 매일 점검해야 한다.

이것은 망각을 이기는 훈련이지만, 동시에 몸에 밴 습관을 바꾸고 새로운 습관을 이식하는 훈련이기도 하다. 생의 국면에서 발생하는 각각의 사태에 능동적으로 대응하기 위해 새로운 습관을 구축하고 낡은 습관을 폐기하는 훈련이다. 즉 지금 이 순간에 안주하려는 나와 무수한 타

* 위의 책, 512쪽.

자들을 물리치고, 자기의 내적 질서를 자기에게 부여하는 행위다.

어떤 심리학 책의 연구 결과를 보면 35세 이상이 되면 95%의 사람들은 이미 모든 행위와 판단이 세팅된 상태라고 한다. 이 말은 우리가 의식적으로 살고 있지 않다는 이야기다. 몸에 밴 습習의 방향에 따라 떠밀리듯 산다는 것이다. 수련하지 않으면 평생 살던 식으로 살다 죽게 된다는 이야기다. 그래서 의지적인 자기돌봄이 중요해진다.

그래서 에픽테토스의 가르침이 재미있다. 감기 걸렸을 때 약을 먹듯이, 어떤 장소에서도 그 장소에 가장 필요한 판단을 수중에 지니고 있다가 바로 꺼내 사용할 수 있어야 한다는 생각. 분노가, 혹은 불안이 올라올 때 내 수중에 분노나 불안을 꺼버리는 도구가 있다면 바로 사용할 수 있다. 이렇게 매일 자신의 '도구'를 점검하게 되면, 어느 순간 이 도구는 내 안에 살아 움직인다. 말하자면 뇌 신경세포의 시냅스 연결 패턴망이 변한 것이다! 의식적인 노력이 뇌의 인지 배선망을 바꾼다는 것은 현대 뇌과학을 통해 밝혀진 사실이다.

습관을 고치기도 망각을 막기도 어렵다. 망각은 필요하지만, 기억해야 할 것은 습관이 되도록 훈련할 것, 수시로 습관을 혁명할 것, 매 사태마다 새로운 습관을 구성할 것. 그것은 매일의 실천이 모여야 가능하다. 크고 작은 구도求道의 행위들, 즉 자기 테크놀로지들을 통해 존재는 도약한다.

그러니까 자기배려의 삶이란 현재의 나에게 도전하는 삶이다. 나와 타자들의 관계의 장場인 사회에 대한 도전이기도 하다. 현재의 나에게 새로운 내적 질서를 부여하는 자기 에토스의 구축은 타자와의 관계도 변화시킨다. 또 사회 전체에도 변화를 가져온다.

한 가지 더! 밥 먹는 사람은 건드리지 말라는 말이 있다. 잠자려는 사람도 건드리지 말자! 잠자려는 사람은 불멸을 향해 나아가는 것이니. '의식을 정화하고' 단정한 모습으로 행복한 불멸 안으로 들어가자. 이 시간은 모든 것이 가능한 시간이며 존재가 변모하는 시간이다.

모욕 권하는 자에게 대처하는 방법

✶

자기의 주권 확립하기

딸의 방에서 갑자기 큰 웃음소리가 났다. 궁금해서 들어가봤더니 〈지붕 뚫고 하이킥〉이라는 오래된 시트콤 동영상을 보는 중이다. 딸들이 엄마(선우용녀)를 괴롭히는 엄마 친구에게 대응하는 방법을 가르쳐주고 있다. 엄마에겐 단짝 친구 3명이 있는데, 그중 선우용녀의 천적이 있다. 선우용녀는 웬일인지 이 친구에게는 꼼짝 못 한다. 그 친구는 선우용녀만 갈군다. 집에 돌아오면 선우용녀는 분해서 어쩔 줄 모른다. "그때 받아쳤어야 했는데 어이구 분해라!" 급기야 딸들이 나선다. 그 아줌마가 만약 "야, 니 사위 지금도 놀고 있냐?"라고 말하면, "야, 니 사위는 어쩌고저쩌고, 니 남편은 어쩌고저쩌고…" 바로 대응하도록 훈련시킨다. 오죽 분하면 딸들의 도움을 받으면서까지 모욕을 되갚으려 할까? 연습하는 상황이 배꼽을 잡게 한다. 실전의 날이 밝았다. 선우용녀는 친구 3명을 집으로 초대한다. 식사 후 차를 마시는 자리. 이 천적 친구, 부드럽게 선우용녀에게 한 방 먹인다. 처가에 빌붙어 사는 사위의 안부를 묻는 것으로. 선우용녀도 당하지 않는다. 조금 말을 더듬었지만, 딸들과 연습한 내용으로 응전한다. 천적 친구는 당황했으나 곧 다시 선우용녀에게 잽을 날린다. 니 남편 어쩌고저쩌고… 절치부심 며칠 동안 밤새 방어연습을 한 선우용녀 아닌가. 바로 냅다 훅을 날린다. 니 남편은 어쩌고저쩌고… 니 딸은 어쩌고저쩌고…. 이렇게 계속 응수해주자 친구는 불같이 화를 내며 가버린다. 남은 친구들과 차를 마시고 헤어진 후, 선우용녀는 딸들과 만세를 부른다. 만세! 만세! 와! 시원하다!

그 친구는 처음에는 별생각 없이 내뱉었을 수 있다. 그런데 그게 먹힌다! 그러면 습관이 된다. 혹은 얕잡아보고 하는 수도 있다. 다른 이에게 당한 것을 되갚는 것일 수도 있다. 어쨌거나 상대를 '괴롭히는' 자는 당하는 자 못지않게 아픈 자다. 건강한 사람은 타인을 갈굴 필요를 느끼지 않는다. 재미있는 현상은 이런 부류가 정말로 있다는 것이다. 눈여겨보아야 할 점은 '먹히는' 경우에만 한다는 것이다. 받아주지 않거나 그 행위가 되레 자기에게 피해가 되면 멈춘다. 누울 자리 보고 다리 뻗는 것이다. 말로든 행위로든 '괴롭히는' 자들은 문제 있는 자가 맞다.

물론 대단히 문제성 인물은 아니다. 어쩌면 거개의 우리는 이런 자에 속할지 모른다. 그냥 꼰대 짓 한번 무심코 하는 것이다. 그런데 받아주니까 또 무심코 하는 것이다. 마구잡이로 아무에게나 꼰대 짓 했다가는 큰코다친다. 이들은 어리석지 않다. 뒤탈 없는 자에게, 맞장구쳐줄 사람이 있는 경우에 '말폭탄'을 슬쩍 던진다. 물론 의도하지 않은 경우도 있다. 습관성인 경우도 있다. 그러나 어쨌든 상대방은 상처를 입는다. 처음에는 무덤덤하게 넘길 수도 있으나 계속되면 문제가 된다. 그러니까 말이든, 행동이든 약한 자를 골라서 갈구는 자들이 있다. 이런 행위가 극단화된 것이 왕따, 집단 괴롭힘 등이다.

나를 모욕하거나 괴롭히는 자에게 어떻게 대응해야 할까? 대처법을 알려주는 자기계발서들도 있는 것 같다. 그러나 아무리 책을 읽어도 안 되는 사람이 있다. 그것은 단순한 앎의 영역이 아니기 때문이다. 어떤 사람과는 문제없는데 어떤 사람에게는 계속 당하기도 한다. 혹은 조금씩 여러 사람에게 당하는 사람도 있을 것이다. 그루밍이나 가스라이팅은 '관심과 사랑'이라는 거짓 옷을 입고 시작되지만, 저항이 어렵다는 점에서는 '괴롭힘 당하는' 자의 처지와 유사하다.

세네카는 "현자는 어떤 모욕에도 흔들리지 않는다"고 말한다. 어떤 해코지도 그에게는 해코지가 되지 못하는 것이다. 그는 어떤 악한 힘에도 굴복하지 않으며, "아무리 많은 창이 그를 노리고 던져도 그를 뚫을 수 없다"고. 어떻게 이런 현자가 될까? 세상을 굽어보며 모욕 따위에 끄떡도 하지 않는, 오히려 나를 모욕하려 한 자를 부끄럽게 만드는. 그것은 지식이나 정보의 양과는 관계가 없다. 몸의 문제이기 때문이다.

앞서 말했듯이 초보자가 자전거를 타려면 수차례 몸으로 익혀서 몸의 리듬과 운동성이 변화된 이후에나 가능하다. 이때 비로소 균형을 잡고 안정적으로 달릴 수 있는 것과 같은 이치다. 이것은 삶의 어떤 기술이다. 아무튼 이와 관련한 삶의 기예를 몸이 터득하는 것. 이는 가해자를 위해서도 필요하다. 상대의 비윤리적인 삶을 멈추게 하는 것이니.

이것을 인식의 영역을 넘어서는 문제라고 생각하는 순간, 해결 방법을 찾게 된다. 문제가 있다면 해법을 찾아야 하지 않겠는가. 선우용녀처럼 미리 상황을 시뮬레이션해서 소리 내어 연습하는 것, 이것이 필요하다! 머리가 알고 있어도 막상 상황이 닥치면 잊는다.

나는 이 사소한 문제의 해결이 엄청난 자기변혁 행위라고 본다. 살다 보면 무수한 사건이 내게 덮쳐온다. 나를 모욕하려는 자가 있고, 나를 이용하려는 자가 있고, 내가 모욕하려는 자가 있고, 내가 이용하려는 자도 있겠다. 혹은 매 사건마다 시시콜콜 상처받는 사람도 있다. 인간은 살면서 수많은 사건을 만난다.

각 사건의 계열을 만날 때 그동안 몰랐던 행위를 발명하는 것은 습과 업을 바꾸는 일이다. 이는 모욕을 권하는 자와 다르게 관계 맺는 법을 실행하는 것이라 하겠다. 그를 모욕을 권하지 않는 자로 변화시키는 힘이 내게 있다! 그런데 그와 다르게 관계하기 위해서는 내가 나와 다르게 관계 맺는 법을 터득해야 한다. 말하자면 내가 나를 피해자로 설정하고, 피해자로 관계 맺으면 나는 피해자가 된다. 내가 나와 어떤 관계를 설정할지가 중요하다. 내가 나를 승리자로, 모욕을 권하지 않으며, 모욕을 당하지 않는 자로 설정하고 미리 연습하는 것. 이 수련이 필요하다. 될 때까지 거듭 훈련해야 한다.

내 삶의 주인이 될 때 타인과의 관계에서도 주인이 된다. 주인은 자기의 주인이면서 타인 역시 그 삶의 주인임을 인정하는 자다.

만약 내가 누군가에게 자주 상처받는다면, 나를 돌아보아야 한다. 내가 나의 주인이 되지 못했기에 타인과의 관계에서도 주인이 되지 못하는 것이다. 자신과 맺은 관계를 점검하고 자기의 통치자가 되면, 타인의 도발 따위는 얼씬할 수 없다. 자기를 통치할 수 있어야 타인을 통치할 수 있다. 타인통치란 타인이 그의 삶의 주인으로 살도록 돕는 행위다. 타인의 입장에서 남에게 상처 주는 삶을 산다면 그 역시 자기통치를 제대로 하지 못하는 것이기 때문이다. 그러니까 나는 나를 변화시킴으로써 타자도 변화시킬 수 있다. 또 타자에 의해 나도 변화될 수 있다. 세상 만물은 힘 관계로 살아간다. 모두가 자기주도권을 가지고 힘을 펼쳐내려 한다. 힘 관계는 역전 가능하고 가역적이다. 때문에 지배나 피지배, 상처나 모욕, 예속과 강제에 있지 않도록 관계를 돌보아야 한다. 상호 존중하며 상승하도록.

핵심은 나와 제대로 관계 맺기다. 내가 내 행위와 의지의 주인이 되는 것이 필요하다. 타인은 나를 넘볼 수도, 모욕할 수도 없다. 내가 나를 넘보고 모욕할 수 있을 뿐이다! 타인이 나를 넘보고 모욕한다면, 내가 나를 넘보고 모욕하는 삶을 살고 있는 증거라고 생각하시길 바란다. 나를 바꾸어야 한다.

세네카의 문장이다.

> "그러므로 모욕에 흔들리는 자는 스스로 자기 내부에 아무 사려도 자신감도 없는 것을 폭로하는 것이다. 자기가 경멸당하고 있다고 곧 믿어버리는데, 이 아픔은 스스로 억눌러 비하하는 굴욕의 감정 없이는 생기지 않기 때문이다. 그러나 현자는 누구에게도 경멸당하지 않는다. 자기의 위대함을 알고 자기에게 그런 태도를 취하는 것을 아무에게도 허락하지 않기로 다짐하기 때문에 그런 마음의 아픔이나 불유쾌하다고 할 감정 따위는 극복은커녕 느끼지조차 않는다."*

---

* 《세네카의 인생철학 이야기》, '현자의 항심에 대하여', 96-97쪽.

삶을 길게 사는 방법

소크라테스와 피타고라스, 허준 만나기

흔히 "요즘 너무 바쁘네"라는 말은 "지금 일이 잘 풀리고 있어"의 동의어로 쓰이곤 한다. 또 "요즘 많이 바쁘지?"라는 말은 "너 요즘 잘나가고 있구나?"라는 의미로 봐도 무방하다. 한가한 사람에 대한 인식은 부정적이기 십상이다. 한가한 사람이란 백수이거나 뭔가 부족한 삶을 사는 사람이다. 이들은 언젠가 '바쁜' 날이 오기를 기대하며 살고 있는지도 모른다.

바쁜 사람들에게는 하루가, 일주일이 후딱 지나가지만 한가한 사람에게 시간은 물처럼 유유히 흐른다. 현대인에게는 바쁘게 사는 삶이 '정상'으로 비친다. 또 바쁜 사람들이 현재 잘나가는 사람이라고 해도 틀린 말은 아닐 것이다. 물론 영양가 없이 바쁘기만 한 사람이 있겠으나 이런 사람은 하수下手다. 지금 이 시대의 관점에서 보면 그렇다는 말이다. 바쁘다는 것은 실리, 즉 화폐로 환원 가능한 무엇이 그의 인생의 바쁨과 계속 교환되고 있는 것이다.

어떻게 살까? 잘사는 것이란 무엇일까? 탁월한 삶이란 무엇일까? 등의 문제는 인류의 오래된 화두다. 누구나 '잘살고' 싶다. 그래서 "어떻게 살아야 할까? 어떤 삶이 잘사는 것일까?" 하는 질문을 시작했다. 잘살기 위해 세계에 대해 알아야 하고 인간에 대해 알아야 했다. 해서 존재론적 물음이 시작됐다. 여기서 철학이 발생했을 것이다.

철학 하기란 지금 당장 꺼내 사용할 수 있는 삶의 기술 갖기로 이해되던 시기가 있었다. 이 시기가 고대 그리스와 헬레니즘·로마 시대였다는 것이 미셸 푸코의《주체의 해석학》의 주요 논지다. 푸코의《주체의 해석학》에 자주 등장하는 세네카의 단편들에는 삶의 중요한 기술들이 담겨있다. 국내에 번역된《세네카의 인생철학이야기》중 '삶의 짧음에 대하여'는 말하자면 삶을 길게 사는 법에 대해 이야기하고 있는데 흥미롭다.

어떻게 보면 하루 24시간을 쪼개고 쪼개서 바쁘게 사는 것이 한가한 사람보다 삶을 길게 사는 방법일 것 같은데, 세네카는 다른 주장을 펼친다.

> "실제로 바쁜 사람일수록 사는 일, 곧 잘사는 것이 가장 드물다. 사는 것을 배우는 일만큼 어려운 것도 없다. (…) 훌륭한 인물, 즉 인간이 저지르는 온갖 잘못을 뛰어넘는 인물은 자신의 시간에서 무엇 하나도 잃기를 허락하지 않는다. 그러므로 이 삶은 매우 길다. 쓸 수 있는 가장 큰 시간을 조금도 헛되이 씀 없이 자기 자신을 위해 활용하기 때문이다. 그리하여 어떤 시간

도 하는 일 없이 안일하게 보내는 일이 없고, 다른 사람의 자유에 맡기는 법도 없다. 그는 시간의 가장 인색한 보호자로서, 자신의 귀중한 시간과 맞바꿀만한 가치가 있는 것은 아무것도 발견할 수 없기 때문이다. 따라서 이런 사람에게는 시간이 충분한 셈이다."*

세네카에 따르면 삶을 길게 사는 사람이란 "자신의 생활 중 많은 부분을 대중에게 빼기거나" "공적인 일에 끼어들어 삶을 앞으로 앞으로 재촉하며 안달"하는 사람이 아니다. 이런 삶이란 길게 사는 삶과는 반대다. 화폐와 교환하는 일이나 겉치레 명예를 위해 시간을 쏟는 것은 삶을 길게 사는 것이 아니다.

말하자면 한가한 것이 삶을 길게 사는 것이다. 이 시간은 자신과 더불어 사는 시간이다. 그러나 모든 한가한 삶이 다 그렇지는 않다. 할 일이 없어서 시간을 죽이는 것도 어찌 보면 한가한 삶이라 할 수 있겠다. 세네카의 입장에서는 하는 일 없이 안일하게 보내거나 헛되이 보내서는 안 된다. 한가한 그 시간이 자기 자신의 성장에 도움이 될 때, 그것이 삶을 길게 사는 것이다.

에피쿠로스 식으로 말하면 정신의 평정(아타락시아ataraxia)과 몸의 평정(아포니아aponia)이 이루어져 지고의 쾌락 상태에 있는 사람, 그는 삶을 길게 사는 사람이다. 달리 말하면 온전히 평화롭게 자신과 함께하는 자의 삶이라 할 수 있다. 혹은 깊은 깨달음을 얻거나 희열을 느끼는 삶일 수도 있겠다. 나 아닌 무엇이 나를 대신해서 점거 중인 삶은 길게 사는

---

* 《세네카의 인생철학 이야기》, 동서문화사, 349-350쪽.

삶이 아니다. 이는 자기 삶을 무언가에게 뺏기는 삶이라는 설명이다.

그리스 세계의 시간 관념을 다시 떠올려보자. 그리스 사람들의 시간에는 우선 연대기적인 시간이 있다. 크로노스Chronos의 시간이다. 이 시간은 시계 속의 시간이다. 이와 함께 아이온Aion의 시간, 즉 주관적인 시간이 있다. 아이온의 시간은 사람마다 상황마다 다르게 인지된다. 예를 들면 하기 싫은 일을 하며 버티는 1시간과 연인과 함께하는 1시간은 그 시간의 길이가 완전히 다르게 감각된다. 돈벌이로 일하는 1시간은 길게 느껴지지만, 좋은 사람과의 1시간은 찰나처럼 짧다. 그러나 이 찰나의 시간은 영원처럼 내 안에 긴 시간으로 남는다. 이 사랑의 시간을 사는 것이 말하자면 삶을 길게 사는 방법이다. 내 삶에 영원히 도래하는 시간이 되도록 삶의 시간 만들기.

> "그러므로 누군가가 머리가 하얗다고, 주름이 많다고 해서 그 사람이 오래 살았다고 생각할 이유는 되지 않는다. 그는 오래 산 것이 아니고, 오래 존재한 것에 지나지 않는다. 예를 들면 어떤 사람이 항구를 떠나자마자 매우 심한 태풍을 만나 여기저기 떠다니며, 곳곳에서 불어 닥친 바람의 풍향 변화에 따라 같은 해역을 빙빙 돌아다녔다고 하면, 그것을 가지고 긴 항해를 했다고 생각할 수는 없을 것이다. 이 사람은 긴 항해를 한 것이 아니라, 긴 농락을 당한 데 지나지 않는다."*

재미있지 않은가? 머리가 희끗희끗하고 주름이 많은 노인이 반드시

---

* 위의 책.

오래 살았다고 할 수 없다는 것. 아무리 긴 물리적인 시간 동안 생존했다고 해도 그가 태풍을 만나 방금 떠나온 항구 주위를 빙빙 맴돌면서 시간을 보냈다면 긴 항해를 했다고 할 수 없는 것처럼. 그러니까 한가한 사람이란 역설적이게도 시간을 허투루 쓰지 않는 사람이다. 그렇기 때문에 그는 한가하다. 자기가 향유할 수 있는 시간이 많으니. 우리는 흔히 돈 벌기 위해 열심히 일한 시간을 허투루 쓴 시간이라고 말하지 않는다. 그러나 세네카에게는 돈벌이를 위해 열중한 것은 시간을 허투루 쓴 것이다. 그것은 삶을 길게 사는 방식이 아니다.

자신의 시간을 타인의 자유에 맡기지 않는 "시간의 가장 인색한 보호자"야말로 삶을 길게 사는 사람이며, 한가한 사람이라는 것이다. 때문에 이들은 자신에게 주어진 과거라는 "신성하고 특별히 구분된" 시간 속으로 자유롭게 유영하는 자다. 이 시간은 "운명의 지배에서 벗어난 부분으로" 어떤 "결핍에도 공포에도 질병의 습격에도 위협받지 않는" 자유로운 시간이다. 세네카의 이야기를 들어보자.

> "과거는 교란을 당하지도 않고 빼앗을 수도 없다. 그것은 영원하고 불안이 없는 소유물인 것이다. 지금 있는 현재는 하루하루를 말하고, 그 하루도 찰나의 순간으로 이루어진다. 그러나 지나간 나날은 명령만 하기만 하면 눈앞에 나타나서 마음대로 들여다볼 수도, 가로막는 것도 가능하다. 그러나 무엇인가에 바쁜 사람에게는 그럴 만한 여유가 없다. 걱정이 없는 평온한 정신은, 그 삶의 모든 부분을 여기저기 뛰어 돌아다닐 수가 있다. 그런데 바쁜 사람들의 마음은 마치 멍에라도 짊어진 듯, 목을 돌릴 수도 뒤를 돌아볼

수도 없다. 이렇듯 그들은 생활의 깊은 수렁으로 빠져들고 만다."*

나를 위해 시간을 사용하는 삶, 과거를 여기저기 돌아다니는 삶이 길게 사는 삶이라는 주장이 재미있다. 세네카는 '게으른 바쁜' 자들 또한 문제성 인간이라고 지적한다. 이들은 끼리끼리 모여서 하하호호 수다 떨고 잘난체하는 자들이다. 또는 여기저기 애경사에 쫓아다니는 자들, 투기장 같은 곳에 가서 승부를 즐기는 자들이다. 이들은 한가한 자들이 아니라고. 또 이발관에서 오래 시간을 보내면서 외모에 시간을 소비하는 자들 역시 "게으른 분주한 자"들이라고 일갈한다. 이 시대에도 외모를 가꾸는 일이 중요했던가 보다.

남자들이 이발관에 앉아 외모 치장으로 허비하는 시간을 세네카는 비난한다. 수염을 다듬고 곱슬머리를 손질하고 마음에 들지 않으면 이발사에게 분노하는 행태를 꼬집는다. 이렇게 외모에 시간을 쏟고, 외부에 관심을 집중하는 자들은 게으른 바쁜 자들이다. 이들은 자기돌봄을 게을리하면서 시간을 죽이니 게으름에 바쁜 것이다. 얼굴의 수염과 머리털을 다듬느라 시간을 버리고, 자기 집에 사람들을 끌어들여 잔치를 벌이면서 가세를 뽐내는 것은 모두 겉치레에 집중하는 것이다. 이 한가한 바쁜 자들은 죽음의 시간이 다가왔을 때, 변변치 못한 삶을 산 것을 후회하며 죽음을 거부하려 한다. 그러나 이들은 곧 삶에서 끌려 나와 죽음 쪽으로 던져진다. 그러나 제대로 잘산 자들은 죽음이 다가왔을 때 머뭇거리지 않는다.

---

* 위의 책.

그러니까 맛집 순례를 하거나 환담하고 술을 마시며, 외부에 휩쓸려 시간을 흘려보내는 것은 한가한 삶과 거리가 멀다. 자신의 현재와 과거와 미래와 함께하는 자, 자기의 과거 안을 자유롭게 돌아다니는 자, 그는 과거의 자산을 향유하며 현재와 미래의 불안이나 위협에 끄떡하지 않는다. 그래서 "한가한 사람이란 자기가 한가한 시간을 누리고 있다고 자각하는"* 사람이다.

여기서 세네카는 재미있는 말을 한다. 예지를 지닌 사람만이 한가함을 누리는 사람이라는 것이다. 그들은 말하자면 과거의 현자들에게 배우는 자들이다. 과거의 현자들이란 소크라테스나 아리스토텔레스, 피타고라스, 데모크리토스, 에피쿠로스 같은 자들인데, 이들은 아름다운 앎의 세계로 인간을 인도한다는 것이다. 이들과 함께 시간을 나누는 것보다 아름다운 일이 없다고. 이들은 우리가 누구든 만나줄 것이고, 우리를 "빈손"으로 떠나보내지 않는다. 더 행복하게 만들고, 자기를 사랑하게 만들며, 지혜로운 자가 되도록 한다. 그들은 자신들과 대화하는 자를 위험에 빠뜨리지 않는다. 누구와도 우정을 나누고, 크든 작든 온갖 문제를 상담해준다. 그래서 과거를 만나라고 세네카는 힘주어 주장하는 듯싶다. 이것이야말로 짧은 삶을 길게 사는 방식이다.

삶을 길게 사는 방법이 마음에 드시는가? 소크라테스나 아리스토텔레스, 피타고라스를 만나실 의향이 있으신가? 노자나 왕양명, 장자나 공자도 좋다! 나는 요즘 《동의보감》을 읽고 있다. 허준을 만나고 있다. 허준, 참 멋지다! 의학서가 철학서이며 자기수양서이며 양생의 가르침

* 위의 책, 358쪽.

을 담고 있다! 새삼 선조가 놀랍다. 자기수양을 우선으로 해서 흩어져 있는 의학서를 통합한 의서를 쓰라고 허준에게 명한 것이다. 그의 한마디가《동의보감》이라는 걸출한 작품을 탄생시켰다.

걸출한 위인들을 만나는 것은 그들의 삶을 다시 함께 살아내는 것이 아닐까. 이것은 삶을 길게 사는, 다양한 삶을 살아보는 시험이며 전율이다. 동양의학의 기氣의 세계가 놀랍다. 보이지 않는 기의 세계는 나에게 빛과 에너지의 비밀을 알려준다. 그것은 다른 세상을, 몰랐던 다른 바라봄의 방식을 선물해준다. 과거의 모든 위인은 우리에게 경이驚異를 선사한다. 세네카도 이 기쁨을 느꼈으리라!

죽음 명상하기

엊그제 일 같다. 대학 신입생 시절, 누군가는 나에게 복사꽃 같다고 했고, 누군가는 목련 같다고 띄워주었다. 흰 피부 외에는 평균을 한참 밑도는 이목구비의 소유자인 나. 그러나 빛나는 젊음의 후광 아래 누구나 한 번쯤은 아름다웠다. 그 환한 봄에 강의실에서 만난 교수님의 말씀이 느닷없었다. "여러분 인생에서 지금이 가장 아름다운 시간이에요. 하지만 이 시간은 순식간에 지나갑니다. 눈 깜짝할 사이에 졸업하고 결혼하고 아기엄마 됩니다."

왜 저런 말을 하는 거지? 40대로 보이는 교수님은 엄마 같은 마음이었을 것이다. 짧은 대학 시절을 알차게 보내라는 훈수였을 텐데, 감흥이 없었다. 나는 시선을 창밖으로 돌렸다. 쏟아지는 햇살과 초록색 잔디, 막 물을 머금은 잎사귀들. 이 모든 것이 "나 좀 봐줘요, 나 좀 봐줘요!" 하는 것 같았다. 잔디밭에 한 무리씩 모여 환담하는 청춘들, 그들에게 푸른 하늘이 자외선을 쏘아대며 훼방을 놓는다. 장난꾸러기 태양. 교수님은 '빠르게 도망치는 인생을 잘사는 법'에 대해 이야기하는 듯했으나 더 큰 한 방이 있었다. "죽음이 가까이 있다는 것을 잊지 마세요!" 겨우 스무 살 초입의 신입생들에게 해도 너무 하시네! 죽음을 잊지 말라고? 왜?

강의가 끝났을 때 후다닥, 친구와 자판기 커피를 뽑아 들고 교정으로 나왔다. 우리는 커피를 마시며 웃고 태양을 보고 웃고 시끄럽게 떠들며 웃었다. 중성적인 용모의 단짝 친구가 내 마음에 쏙 들었다. 여성인데 남성 같은 그 아이의 웃는 모습이 웃겨서 나는 자꾸 웃었다. 특히 내가 한마디만 하면 얼굴을 일그러뜨리며 폭소하는 모습이 아주 매력적이었다. 청춘의 특권이랄까? 순수하고 순정한 마음으로 서로를 좋아할 수 있는 것. 그녀를 좋아한 것은 예뻐서도, 돈이 많아서도, 성격이 좋아서도, 공부를 잘해서도 아니었다. 그냥 좋다. 웃는 얼굴이 웃겨서 좋고, 우수에 찬 모습도 좋고, 그 아이가 멘 싸구려 가방이 좋았다. 멋진 음악이 또르르 흘러나올 것 같은 그 가방, 그리고 그 아이의 걸음걸이.

개성 강하고, 한 성미 할 듯한 외모로 그 친구가 나의 '사랑'을 받았다면, 반대로 나의 '착해 보이는' 외모는 그 아이의 마음을 끌었다. 나는 어느 집단에서나 있는 듯 없는 듯 '존재감이 없는' 존재였다(물론 착하지는 않았다). 한 친구가 나의 단짝에게 호감을 표하며, 그 아이에 대해 묻곤 했다. 나는 그때마다 자랑스럽게, 실제보다 추켜세워서 친구의 일화를 들려주었다. 여성들끼리든 남성들끼리든 누군가를 좋아하고 관심을 갖는 것은 자연스러운 현상이다. 단짝 친구가 다른 친구와 놀면 질투심을 느끼기도 한다.

암튼 우리는 자주 수업에 들어가지 않고 캠퍼스를 순례하며 세상과 조우했다. 그리고 무한의 우주가 우리에게 들려주는 소리가 황당하다는 듯 일없이 웃었다. 웃고 웃고 웃고. 물론 웃기만 할 수 없는 상황들이 이후 자주 도래했다. 시대가 그러했으니. 또한 가난한 대학생이라 돈 때문에 고통을 겪었다. 그러나 나와 친구는 세상이 오래오래 지금처럼 우리에게 관대할 것 같았다. 오래오래 지금처럼 젊고 건강할 것 같았다. 시간은 우리를 관통하지 않을 것이며 우리와 무관한 흐름이라 믿었을까? 서른 살, 마흔 살, 쉰 살… 나이를 먹으면서 쭈글쭈글해지는 피부와 삐걱거리는 관절과 움푹한 눈과 축축 처지는 얼굴과 뱃살들. 이 '아름답지 못한' 것들이 순식간에 '나의 몸'이 될 줄은 몰랐다. 그야말로 눈 깜짝할 사이에 오십 줄을 넘고 보니, 그때 교수님의 말씀이 떠오른다. "시간은 눈 깜짝할 사이에 지나갑니다. 죽음을 잊지 마세요."

시간이란 무엇일까? 지금, 창밖에는 함박눈이 소복소복 내려 쌓이고 있다. 서해안 지역인 이 지방에는 눈과 안개가 자주 출몰한다. 펑펑 내리는 함박눈을 보니 조금 행복해진다. 우울한 마음이 누그러진다. 이 깊은 밤, 눈이 내린다. 자연의 장엄함이 새삼스럽다. 눈이 저렇게 푹푹 내리는데, 이 밤을 그냥 보낼 순 없지! 맥주라도 한잔 하자! 눈 내리는 밤은 추억들이 저절로 굴러온다. 그땐 그랬지! 나 그때 참 괜찮은 사람이었어! 혼자서 흐뭇해진다. 비가 오면 더 좋고, 눈이 오면 더더 좋고 바람이 불면 무섭다. 바람이 불면 지붕이 날아가고, 건물의 간판이 날아가고, 내 마음 안도 모든 것이 마구 날아가고, 넘어지고, 부서질 것 같아서. 바람 부는 날은 가만가만 마음을 붙잡아주고, 어서 바람이 잦아들어서 세상이 잠잠해지기를 바란다. 눈과 비가 좋은 것은 나무에, 자동차에, 지붕 위에, 도로에, 사람들의 마음에 조용조용 내려 젖어들기 때문이다.

그러나 이 조용조용 다가온 부드러운 것들도 모이고 쌓이면 큰일을 내기도 한다. 큰일을 내는 것은 거친 바람만의 몫은 아니다.

지금 눈이 내린다. 이렇게 어수선한 글을 쓰고 있는 건 눈이 내려서 그렇다. 그러니 용서하시라! 눈이 내리는 날에는 용서하는 마음을 내시라. 나에게, 당신에게, 세상과 우주의 우주들에게. 부디 맺힌 것 있으면 용서하자. 나를 용서하고 누군가를 용서하자.

시간에 대해 말하려고 긴 사설을 늘어놓았구나. 시간이란 것이 뭘까? 시간은 우윳빛 스무 살 청춘을 쭈그렁 여인으로 만들어놓았다. 도대체 시간이란 것이 무얼까?

왜 먼저 태어난 사람은 먼저 늙고 늦게 태어난 사람은 늦게 늙는 걸까? 뭐가 사람을 늙게 할까? 뭐가 물체를 변하고 사라지게 하는 걸까? 시간이 뭔데 존재하는 모든 것을 차츰 소멸시키는 걸까? 시간은 자기 혼자 존재할 수 있을까? 만약에 물체가 없다면 그때도 시간은 이런 방식으로 흐를까? 인간을 비롯해 물질세계가 존재하지 않는다면 '시간'도 없는 것이 아닐까? 시간은 물리적인 세계와 함께할 때만 시간이며, 존재자들이 모두 사라지면 시간이라는 것도 사라지는 개념이 아닐까?

현대 과학은 138억 년 전 빅뱅으로 시간과 공간이 함께 탄생했다는 가설을 세우고 있다. 우주의 탄생을 가져온 빅뱅 이전에는 물질이 존재하지 않았다면, 대폭발 이전에는 뭐가 있었을까? 시간이나 공간의 첫 시작이 있다면, 시간이 시작되기 전에는 시간이 없었다는 것일까? 시간은 흐름인데 연속적인 흐름에 시작이고 말고가 있을까? 그러나 분명한 것은 물질이 없는 한 시간도 존재할 수 없다는 것이다. 그러니까 시간 개념은 물질과 함께 있어서 시간이다. 물질이 사라진다면 시간이라는 개념을 규정할 방법도 없다.

그러나 생명체인 인간에게는 시간이 중요하다. 인간이란 시간 제약적인 존재니까. 우리는 곧 사라질 존재라는 것. 이 사실을 상기하면 이 시간이, 하루가, 이 밤이, 이 자유가 더없이 소중하다.

'죽음을 잊지 말라'고 한 교수님의 깊은 뜻을 이제 알 것 같다. 아직 젊은 교수님이 스무 살 학생들에게 할 말은 아니라고 시큰둥하게 넘겼던 '죽음을 잊지 마라!'를 생각해본다.

'죽음 명상하기'는 플라톤과 피타고라스주의자들을 비롯해 헬레니즘·로마 시대 자기수양의 중요한 도구로 등장한다. 이들은 왜 죽음을 명상하고 죽음을 가까이하는 훈련을 한 걸까?

푸코의 이야기를 들어보자.

> "죽음에 대한 명상은 개인으로 하여금 두 가지 방식으로 자신을 지각할 수 있게 해주기 때문에 죽음에 대한 명상과 이런 종류의 수련은 특수한 의미와 중요성을 갖습니다. 첫째로 이 수련은 현재에 대해 일종의 굽어보는 즉각적인 시선을 갖게 해주며, 또 생의 지속과 행동의 흐름 그리고 표상의 흐름을 사유를 통해 절단하게 해줍니다. 현재 살고 있는 순간, 혹은 현재 살고 있는 날이 마지막이라고 생각하며, 말하자면 즉각적인 바 내에 현재를 고정시킵니다. 바로 그 순간부터 죽음의 정지 속에 굳어진 현재, 현순간 혹은 하루는 그 현실을 드러내 보일 것이고 더 정확히 말해 그 가치의 현실을 드러낼 것입니다. 내가 하고 있는 바의 가치, 내 사유의 가치, 내 행동의 가치는 내가 그것들을 마지막인 것으로 생각하고 있을 경우 드러나게 됩니다. (…) 죽음이 자기에게 허용하는 두 번째 시선의 가능성과 형태는 (…) 인생

전반에 대한 회고적 시선입니다."*

죽음을 명상하는 것은 '현재'를 바라보는 객관적 거리를 확보해준다. 또 일상에 대한 표상을 절단한다. 때묻고, 오류로 가득한, 낡은 기호 체계 속에서 우리는 살고 있다. 낯익은 의미의 사슬 속에서 천년만년 살 것처럼 살고 있다. 이때 괴물 같은 죽음이라는 낯선 언표가 느닷없이 평온한 일상을 덮치면서 나타나면 우리는 충격으로 전율한다. 죽음이라는 불길한 단어는 그 즉시 한 번도 경험해보지 못한 표상들로 우리를 낚아챈다. 다시 말해 죽음이라는 이 '불가능성'이 나를 파고들어 오는 순간, 안온한 생의 흐름이 멈춘다. 그것은 가령 이런 식이 아닐까? 평온한 날 산에 가면 나무를 만나고, 새를 만나고, 운동기구를 만나고, 사람들을 만난다. 거리에 나가면 자동차를 만나고, 버스를 만나고, 상점들을 만난다. 집에서 키우는 고양이를 만나고, 텔레비전, 침대, 따뜻한 내 방, 평화로운 오후, 한잔의 커피를 만나고, 햇살을 만나고, 저녁을 만난다. 그런데 죽음이라는 이질적인 것이 출현하는 순간, 일상은 뒤엉키고 뒤죽박죽이 된다. 익숙한 정겨움을 잃은 세계는 두려움의 대상이 된다. 이 세계는 내가 모르는 세계다. 죽음이라는 단어가 발화되는 순간, 더 이상 나의 집, 따뜻한 커피와 고양이, 저녁밥과 침대, 금고의 돈과 지갑, 휴대폰과 텔레비전에서 흘러나오는 홈쇼핑의 광고들은 의미를 상실한다. 나와 무관한 것처럼 그것들은 나를 스쳐 지나가버린다. 죽음이라는 언표 가족들이 들어오는 순간, 일상은 암전暗轉된다. 죽음은 모든 것을 무

---

* 《주체의 해석학》, 심세광 역, 동문선, 504-506쪽.

화해버린다. 모든 것을 리셋한다. 아귀다툼하던 이전의 삶들에 커다란 물음표를 던진다. 나를 충격과 공포로 몰아넣는다. 현재의 가치관, 현재의 관점, 현재 행동들의 표상을 다르게 바라보는 거리를 확보하게 해준다.

어느 날 나는 길을 걷다가 생각했다. 이 길에서 내가 만나는 모든 것은 의미로 가득한 세계다. 이 길에서 내가 만나는 모든 것은 친숙한 의미들의 체계다. 그러나 만약 이 거리, 자동차, 떨어진 휴짓조각, 이 돌멩이, 저 강아지, 저 아저씨, 저 아가씨… 이 모든 것의 의미가 탈각돼버린 지점에 내가 서 있다면? 이 거리의 모든 것이 '날것'으로 나를 덮칠 것이고 나는 공포에 휩싸일 것이다. 지금 이 거리가 무섭지 않은 것은, 내가 혼자 마트에 가는 것은, 혼자 도서관에 가는 것은, 혼자 산에 가는 것은 그것들이 나에게 친숙한 의미들의 세계이기 때문이다. 그러나 이 표상들이 일거에 제거된 세계와 마주한다면 나는 단 한 걸음도 떼지 못할지 모른다. 이 땅바닥이 의미를 벗어버린 날것이 되는 순간, 나는 이 땅바닥이 무엇을 의미하는지 모른다. 그렇기 때문에 이 땅바닥에 대한 두려움으로 걸음을 내디딜 때마다 전율할 것이다. 죽음을 명상한다는 것은 낯선 세계를 기꺼이 감당하고 대면하는 것이다. 그때 인간은 변한다.

죽음이라는 언표와 연관된 무수한 기호가 나의 삶으로 쳐들어오는 순간, 카오스가 시작된다. 죽음을 명상하는 수련이란 이런 것이다.

그래서 나는 스무 살 시절의 오만과 무지를 반성한다. 누구보다 더 젊은이들이 죽음을 명상하는 훈련을 해야 한다. "살 날이 창창한 스무 살 신입생들에게 '죽음 명상' 운운하다니!"가 아니다. 스무 살 청춘이기에 죽음 명상을 해야 한다. 영겁의 우주와 비교하면 100년도 못 사는 인간의 수명이지만, 그 찰나의 숫자를 놓고 젊은이와 늙은이를 구별하는 것이 무의미하지만 그래도 젊은이들이 죽음을 명상하는 것이 필요하다. 물론 누구에게나 필요하다! 그러나 젊은이들은 물리적 시간이 더 많이 남아 있고 더 많은 가능성에 열려 있으므로 세계를 더 총체적으로 조망해야 한다.

하이데거에 따르면 이런 자들이야말로 역설적이게도 "자신들의 현실적 수명으로부터 벗어나 있는 광대하게 열린 시간 속에서 살아가는 인간들"* 이다.

죽음 명상을 자주 하다 보면 인간은 결단하게 된다. "이렇게 살아서는 안 돼!"

---

* 하이데거, 《니체 1》, 길출판.

당신, 잘살고 계신가?

서둘러 노년에 이르러야 하는 이유

노년 하면 무엇이 떠오르는가? 굽은 잔등, 쭈그렁 얼굴, 노쇠한 팔다리, 초점 잃은 눈, 그 위에 흰 눈이 덮이듯 흘러 쌓이는 시간들. 시간과 함께 더 좁아지는 마음, 슬픔, 병고, 추물, 죽음… 노년은 외형의 변화, 체력의 저하, 심리적 위축에 더해 사회경제적 유용성까지 의심받는다. 노년은 잉여를 산출하지 못하는 존재들이다. 잉여는 고사하고 의료보험 기금만 축낸다고 비난받는다. 그러나 누구나 노년을 예약해놓고 있다. 그 때문일까? 사람들은 늙지 않으려고 몸부림친다. '동안童顔'이라는 말보다 좋은 칭찬이 없다. 그러니 안티에이징anti-aging 사업이 번창한다. 이것은 나의 변화를 받아들이지 않겠다는 의지의 표현이다. 내 안에서 생성 중인 타자를 거부하는 것이다.

한마디로 늙은 나를 상상할 수 없고, 그 흉함을 거부하는 것이다. 자신의 이질성을 받아들이지 못하니 외부와의 소통은 더욱 어렵다. 이래저래 고립되고 비루해지는 시기가 노년이다. 노년과 죽음과 병고는 보편적이지만, 그로 인한 고통은 절대적 차원을 갖는다.

자식들이 잘 보살핀다고 해서 우울감과 박탈감이 사라질 리 없다. 홀로 안고 가야 하는 것이 노년의 고통이다. 노년의 고통뿐이랴. 인간은 혼자 감당할 수밖에 없는 실존적 차원의 문제가 있다. 아무리 말해도 누구도 나의 말을 알아듣지 못하며, 나의 고통과 우울감을 다 말하지 못한다. 아무리 아프다고 소리치고 하소연해도 사람들은 모른다. 그들은 말할 뿐이다. 병원에 가보시라! 심리치료를 받아보시라! 그러나 병원과 심리치료사들이 고통을 해결해주는가? 수술과 약과 심리상담으로도 해결되지 않는, 어떤 말로도 위로가 불가능한 무엇이 있다. 물론 괴로움과 고통은 그 원인을 직시하고, 달리 해석함으로써 극복되기도 한다. 그러나 아무리 해석을 바꾸고, 거리두기를 해도 잔여물처럼 스멀스멀 올라오는 '그 무엇'이 있다. 스멀스멀 올라온 잉여는 우리에게 말한다. "나는 너의 것이야. 너는 나한테서 도망칠 수 없을걸. 난 어디든 너와 함께 하니까."

사업실패, 이별, 누군가의 죽음, 어떤 패배의 경험, 병마의 고통, 노년의 고통, 중년의 고통, 젊음의 고통, 삶이라는 총체적 고통… 삶이 고해다. 이 고해를 넘기 위해 가족과 이웃과 사회의 도움이 필요하다. 그러나 아무도 해결해줄 수 없는 그 무엇이 있다. 그것은 겪어내야 한다고 말한다. 그것에 대해서는 모두가 다르게 발화하지만, 그 발화된 기호를 타자들은 발화자의 의도대로 알아들을 수 없다. 공허한 메아리 같은 것. 그것은 적확하게 언어의 영역으로 끌어내어 햇볕 아래 내놓을 수 없는 무엇이다. "넌 내 마음 몰라! 넌 아무리 해도 나를 이해하지 못해! 네가 내 고통을 알아? 당신은 벽창호야! 도대체 말귀를 못 알아먹는다니까!" 그렇다. 이 영역에서는 아무도 당신의 말귀를 알아먹지 못한다. 그것이 인생이다. 이 영역은 말할 수 없는 영역이다. 그걸 감히 어떻게 타인이 알 수 있는가? 외관상 그럴듯해 보이는 사람들이 힘들어 죽겠다고 심리상담소를 찾아다니고, 잘나가던 사람이 자살하면 우리는 단 한마디로 정리한다. "그 사람 우울증이 심했대!" 우리가 타자의 고통에 대해 할 수 있는 유일한 사회적 소통의 언어가 "우울증이 심했대!"이다.

개인이 홀로 직면하고 처리해야 할 무엇은 각자 해결해야 한다. 우리는 이를 잊으려고 행복하다는 주문을 외면서 사는지도 모른다. 오늘도 인스타, 페이스북, 카톡 등 소셜미디어에는 행복이 넘쳐난다. 행복을 전시하는 여행 사진들과 먹방 사진들, 근육을 자랑하는 운동 사진들. 사진 안에서 웃고 있는 얼굴들은 "난 행복해요!"라고 소리친다. 그건 달리 말하면 "난 힘들어 죽겠다니까요. 근데 당신은 내 말을 왜 못 알아듣냐고요?"라는 아우성으로 보면 어떨까? 그래도 젊은 시절과 중·장년기는 그럭저럭 바쁘게 살 수 있다. 바쁘게 살면 '그 무엇'이 사라진 것 같다. 정신없이 살면 '그 무엇'이 보내는 신호를 적당히 무시할 수 있다. 사람마다 다르지만, 이것의 신호가 너무 강렬해서 존재를 파괴할 정도라면 병원을 찾아야 한다. 그러나 병원에서도 해결하지 못하는 몫의 고해가 있다.

노년이 되면 그것은 다시 나타난다. 그것은 신체의 고통이라는 문제로, 정신적 외로움이라는 얼굴로 노년의 나를 휘몰아친다. 나름대로 잘 살아왔다고 자부하는 사람들도 이 노년의 '보편적인' 고통 앞에서 자유롭지 못하다. 자본주의가 고도화되고, 신자유주의가 오래전에 뿌리내린 디지털 정보 시대, 화려한 IT공화국에서 노년은 갈수록 초라해지고 고독해진다. 나이 들수록 누추한 자신의 존재감에 의기소침해진다. 그래서 사람들은 늙는 것만큼 서러운 것이 없다고 말한다. 생물학적인 나이야 어떻든, 늙지 않으려고 온갖 기행을 한다. 그러나 발버둥 쳐도 자연은 당신의 발버둥을 보고 웃을 뿐이다. 우리는 늙는 것이 두렵다!

그런데 《주체의 해석학》에 따르면 헬레니즘·로마 시대에는 재미있는 현상이 발견된다. 세네카는 사람들에게 서둘러 노년으로 가라고 주문할 정도였다. 고대문화에서 노년은 영예로운 것이었다. 물론 노년의 신체적인 특징인 노쇠함과 허약함은 인정했다. 그러니까 이 시기의 노년은 "지혜이며 쇠약"으로 대표될 수 있겠다. 이 시기의 노년은 조언해주는 자이며 현자 같은 존재였다. 요즘 우리가 노년 하면 꼰대, 꼰대 하면 '라떼'와 연결하는 사고와는 사뭇 다르다. 이들은 노년의 경험을 중요하게 여겼다. 그래서 비극작가 소포클레스는 늙는 것을 희망하고 기뻐했으며, 욕망과 정욕에서 해방된 상태를 자랑한다. 고대 그리스·로마에서 노년은 "긍정의 시기, 완결의 시기"다.

젊은 시절, 자기를 내기에 걸 정도로 수련에 정진한 자는 노년이라는 최고의 순간에 도달하게 된다. 고행의 실천을 통해 정점에 도달한 노년은 "자기 자신에 대해 지고한 자", "자기 자신에 대해 전적으로 만족하는 자"다. 육체적 쾌락이나 야망에서 놓여나 자신에게 완전한 기쁨을 느끼며 자족하는 시기가 노년기다. 더 이상 어떤 것도, 그가 허락하지 않는 한 그를 기쁘거나 슬프게 하지 못한다.

때문에 세네카가 노년을 향해 서둘러 가라고, 늙기 위해 살라고 주문한 말의 의미를 알 수 있다. 세네카에게 노년은 '너의 완전한 포만 상태'에 이른 지점이다. 이 말은 완숙하고 완결된 존재에 도달한 상태를 지칭한다. 자기관계의 완결성에 도달한 자가 바로 노년이다. 그러니까 이 시기에 노년이란 비유적으로도 매우 긍정적이었다. 지금 당신에게 누가 "너 어서 노년이 되어라. 늙기 위해 살아라. 빨리 노인이 되길 바란다"고 말한다면, "뭐라고?" 하며 언성을 높일 것이다. 우리에게 늙음이란 가치 없음의 대명사로 여겨지기 때문이다. "어서 늙거라! 거기가 네가 가야 할 은신처다"라고 말하면 저주로 들린다.

죽음이 오기 전에 서둘러 노년으로 가서 삶을 마무리하라는 것은 노년이 되기도 전에 죽음이 오는 사태를 막으라는 것이다. 즉, 노년이 되기 전이란 자기완성 상태에 도달하기 전이라는 의미다. 삶을 완결했으므로 죽음이 오더라도 두려울 것도, 더 완성할 것도 없는 완숙한 시기가 노년이다.

앞서 말한 고통의 문제는 그 내용이 무엇이든 그 문제에 얽매여 있는 한 그가 노년이라 해도 세네카가 의미하는 노년이 아니다. 생물학적으로는 노년이지만, 그는 여전히 미성숙한 존재다. 그래서 자기에게 도달한 존재가 되기 위해 젊은이든 노인이든 몸과 마음의 수련을 게을리해서는 안 된다. 세네카는 노년에는 이런 문제가 이미 해결됐다고 보는 것이다. 특히 스토아철학의 학풍에서 노년에 이른 자라면 완성에 이른 자라 할 수 있다. 이때 노년은 현자이고 조언해주는 자이며 롤모델이다.

그러나 현대에서 와서 노년은 현자도, 스승도, 롤모델도 아니다. 경제성장에 기여하지 못하고 막대한 복지 예산을 쓰는 잉여의 인간이다. 그가 입을 열어 한마디 훈시를 할라치면, 혹은 과거를 추억할라치면 즉각 꼰대의 '라떼'라고 조롱받는다. 지금의 노년이란 닥치고 있어야 하는 존재다. 이런 현상에 대해 우리 사회의 노년층은 스스로 물어야 한다. 노년의 완결에 이른 품위와 완성을 향해 살아왔는지. 다른 한편 젊은이들은 자신들 역시 머지않아 지금의 노년 같은 신세가 된다는 점을 잊지 말아야 한다.

잘 살아온 자의 노년은 아름답다. 자기 내부에서 만족과 완전한 기쁨에 도달한 상태. 그에게는 자기 고유의 실존 문제 따위는 없다. 그는 생로병사生老病死와 탐진치貪瞋痴의 문제를 진작 해결했다. 그는 '돌아오지 않는 화살'이 되어 이편 너머로 가버린, 이편에 살고 있는 자者다. 그는 이제 타자의 고苦를 바라보는 존재가 된다. 그 고통을 해결해주고 싶어 자기를 개방하는 존재다. 아리스토텔레스는 인간의 삶의 목적을 최상의 좋음, 즉 '행복'이라고 했다. 이때의 행복이 외적인 조건을 갖춘 통념적인 행복이기보다 신적인 존재, 완전한 존재가 되는 것이라고 본다면, 노년은 행복한 현자의 시기다. 그는 완전한 자기 덕의 탁월성을 발휘하며, 가르침을 주고 도움을 주는 자이므로. 그래서 아리스토텔레스는 청년은 현자가 되기 어렵다고 말한다. 현자는 시간과 경험을 필요로 하기 때문이다.

'꼰대'라는 비속어가 생기고 '라떼'라는 말이 유행하는 현상을 반성하자. 잘못 살았으므로 젊은 세대에게 비아냥을 듣는 것이라고 생각하자. 그리고 지금부터라도 변하자. 한편, 젊은이와 중·장년층들은 자기 완성에 대해 생각하자. 인간이 사는 목적은 자기를 작품으로 만들기 위한 것이라고 소리높여 주장하자. '얼마나 돈을 많이 벌까?' 대신 '얼마나 좋은 인간이 될까?', '얼마나 높은 경지의 현자가 될까?'를 경쟁하자. 이것은 특정 종교인만의 의무가 아니다.

오늘 나의 안부를 묻자. "잘살고 계신가?"

내가 세상의 중심이 아니야

✶

법륜스님의 책에서 읽은 이야기다. 수행자의 품에 비둘기 한 마리가 날아든다. 뒤쫓아온 매가 비둘기를 내놓으라 하지만 수행자는 거절한다. 자신은 중생을 구제하는 부처가 되려고 서원했기에. 이에 매는 "중생 중에 비둘기는 포함되고 나는 안 포함되냐?"고 따진다. "왜 내 먹이를 빼앗아 나를 굶어 죽게 하는가?" 그러자 수행자는 비둘기 무게만큼 자기 살을 잘라주기로 한다. 저울을 가져와서 한쪽에 비둘기를 얹고 다른 쪽에 자신의 허벅지살을 베어 올렸다. 비둘기가 훨씬 무겁다. 다른 쪽 허벅지살을 또 얹었다. 역시 비둘기가 더 무거웠다. 수행자는 엉덩이와 양다리, 양팔 등을 다 베어 얹었다. 그래도 비둘기가 무거웠다. 마침내 수행자는 자신의 온몸을 저울에 올려놓았다. 비로소 균형이 맞았다.

놀랍다. 비둘기의 살이 얼마나 된다고 인간의 무게와 동일하다는 거지? 경전은 모든 생명의 무게는 동일하다고 말하는 것이다. 아무리 작은 미물도 생명은 동일하게 소중하고 가치 있다. 생명에는 우위가 없다.

수행자는 비둘기 살이 얼마 안 될 거라고 생각한 것이다. 자신의 허벅지살을 몽땅 베어주면 무게가 얼추 비슷할 거라고. 수행자는 곧 참회한다. 비둘기가 수행자 자신과 동일한 존재의 무게를 지닌 생명체라는 사실을 깨달은 것이다. 즉, 비둘기의 생명을 구하려면 자기 생명을 버려야 함을. 그는 목숨을 버려 비둘기를 구한다. 생명의 값은 이렇게 평등하고 존귀하다.

중생 구원의 서원은 수행자 자신의 희생과 고통을 전제한다. 종종 우리는 "남을 위해 사는 것은 말도 안 돼!"라고 말한다. 하지만 수행이란 남을 위해 사는 것이 곧 나를 위해 사는 것이고, 나를 위해 사는 것이 남을 위해 사는 것이라는 인식, 즉 아我와 타他의 분별심 없음을 향해 가는 것이다. '너의 행복이 나의 행복'이라는 인식이 쉽지는 않다. 그러나 조물주가 인간 세상을 바라본다면 빙그레 웃으며 고개를 끄덕일 것이다.

우리는 코로나와 인류가 얽혀있는 경험을 했다. 코로나가 주춤해지자 마스크를 벗었다. 거대한 광학으로 보면 인간과 자연과 우주, 너와 나의 구별은 의미가 없다. 파도에 의해 나타난 물방울들이 다른 물방울들과 차이가 없어 보이는 것처럼. 파도로 생긴 물방울들은 무수히 나타났다가 사라지고, 다시 나타나는 물방울들이다. 그들 간에 상하좌우 위계도 없고, 나와 너의 구별도 모호하다. 인간 역시 그런 존재라는 것이 불교의 인식론이다. 인간의 눈으로 보면 비둘기보다 수행자가, 개나 고양이보다 인간이 가치 있는 듯 보인다. 그러나 개나 고양이 입장에서는 자신들의 개체수 보존이 중요할 것이다. 우주의 관점으로 볼 때 인간은 인간과 구별되지 않으며, 인간과 세상 만물은 동등한 무게를 지닌다.

인간이나 짐승뿐이랴. 식물이나 사물이나 광물이나 모두 우주를 이루는 존재다. 광물이나 지붕, 건물이나 돌, 휴지통이나 인간이 모두 같다고? 너무 비약이 심한가? 세상 만물은 다 자기의 무게를 감당하며 존재하는 것이다. 저 돌이 저렇게 존재하는 것은 존재하는 힘을 내부에 지니고 있기 때문이다. 저 돌도 자기의 힘 의지를 자기에게 구현하며 현존하는 것이다. 스피노자의 용어로 말하면 존재 지속의 역량, 즉 코나투스 conatus를 발휘하고 있다.

우주에는 인간만이 존재하는 것이 아니다. 때문에 내가 세상의 중심이 아니라는 사실을 인정해야 한다. 나는 세상의 중심이 아니다. 나는 찰나의 존재일 뿐이다. 그러나 내 삶의 주인공은 맞다. 태양이 지구의 주위를 도는 것이 아니다. 지구는 태양의 중력 때문에 태양 주위를 도는 많은 행성 중의 하나일 뿐이다. 내 생명의 무게, 존재의 무게는 비둘기 한 마리, 지렁이 한 마리, 저 들판의 꽃 한 송이 무게처럼 가볍다. 이런 겸손한 마음을 품고 살자. 그러면 나의 렌즈로 울퉁불퉁 조작되어 있는 만물의 물태가 다른 양상으로 나타난다. 나는 가볍다. 작은 조가비나 물새처럼. 나는 그들의 무게 이상이 아니다. 그들과 나를 등가의 가치로 바라보는 연습을 하자. 나는 저 강아지의 아장아장 걷는 눈빛과 꼬리의 의식처럼 작고 가볍다. 나는 종량제 봉투에 버려진 쓰레기들의 의식처럼, 저 가로등 불빛의 의식처럼, 불빛을 따라 도는 하루살이 벌레의 의식처럼 작고 가볍다. 나는 저 건물의 의식이며 저 하늘의 의식이며 저 송전선과 전봇대와 흩날리는 벚꽃의 의식과 그다지 다르지 않다.

내가 세상의 중심이라고 착각하지 말자. 다만 나는 내 삶의 주인공이다. 저 흙도, 저 개망초꽃도 자기 삶의 주인공이다. 우리의 삶이란 저 노루궁뎅이버섯의 고군분투와 하등 다를 바 없다. 그러므로 노루궁뎅이

버섯도 가치 있고 눈물겹다. 존재하는 모든 것이 그렇다.

모든 존재가 각자에게 소중하다. 세상에 중심 따위는 없다. 누구나 변방이다. 중심이라는 개념은 인간이 만든 도그마다. 뭐가 중심이란 말인가? 돈 많은 자가 중심인가? 권력자가 중심인가? 중심이라는 착각이 있을 뿐. 인간이 만든 개념이다. 태양이 중심인가? 우리 은하가 중심인가? 우주에는 우리 은하 같은 은하가 무수하다고 하지 않나? 과학자들은 이 무한한 우주들이 무한하게 존재한다고 말하고 있다. 우주의 우주들이 무한한 이 우주에서 도대체 무엇이 중심인가? 인위적으로 만들어낸 유한이나 전체라는 형이상학적 관념 속에서만 중심이라는 조작된 개념이 기능한다.

위 수행자는 전생의 붓다라고 한다. 나의 목숨과 비둘기나 모기의 목숨이 동일하다는 이 가벼운 인식은 인식의 실천을 요구한다. 고통을 요구한다. 그게 아니라면 인식이란 장난이거나 사기다. 내가 세상의 주변부일 뿐이라는 인식은 타자와 나를 동일하게 대접하는 실천을 요구한다. 내가 모기나 파리, 풀과 같은 존재의 무게를 지닌다면 그들의 생명을 가벼이 해서는 안 된다. 시공간에 대해서도, 사물에 대해서도 그렇다. 실천이다!

푸코는 이 실천이 사라진 이유를 《비판, 자기수양》*에서 네 가지 정도로 들고 있다. 우선 기독교의 영향인데, 기독교는 자기배려가 아니라 자기포기를 종용한다. 두 번째로 자기배려 테크놀로지의 대부분이 오늘날에는 "교육과 교습 테크닉, 의료와 심리학적 테크닉에 통합되어버

---

* 오트르망(심세광·전혜리) 역, 동녘.

렸기" 때문이다. 즉 "자기기술들이 권위와 규율체제에 통합되었거나 여론, 대중매체, 여론조사 기술"에 흡수되어 이것들이 타자와 자기에 대한 태도의 준거가 되었기 때문이다. 셋째로 실천이 아니라 '인식', 즉 지식만 강조하는 인간과학의 영향. 네 번째로는 자기인식의 강조 때문으로 본다. 즉 "사람들이 해야 할 바가 자기 자신의 숨겨진 현실의 베일을 벗기고 해방시키고 발굴"하는 것으로 생각되기 때문이다. 오늘날의 심리학이나 정신분석학을 보시라! 자기인식이 지상 과제다! 자기를 알아야 '병'이 낫는다! 이는 심리학만의 문제는 아니다. 이 자기인식은 그 기원에 그리스도교의 '고백'의 실천이 있다. 신부님에게 나의 정념과 육욕, 나쁜 생각이나 죄를 모두 고백해야 했다. 이 고백의 성사를 심리학과 정신분석학이 차용한 것이다. 이제 우리는 자기를 아는 것만이 중요한 시대에 살고 있다. 소크라테스의 "너 자신을 알라!"는 자기배려를 위한 것이었지만, 그리스도교와 근대를 거치면서 자기배려가 소거되고 자기인식만 강조하는 사태로 진행됐다는 것이다.

말로만, 머리로만 아는 것이 지금 우리의 문제다. 그래서 푸코는 자기란 "역사를 통해 발전해온 자기 테크놀로지들의 상관물"* 이라고 말한다. 즉, 지금의 자기란 지금 이 시대의 상관물이라는 것이다. 시대마다 다른 주체화가 있었다. 그리스·로마의 자기주체화, 그리스도교의 주체화, 근대의 자기주체화 등 시대마다 상이한 주체화의 양식이! 문제는 "새로운 유형, 새로운 종류의 자기관계를 만들어"내는 것이다.

---

* 위의 책, 93쪽.

영성, 당신의 창조성과 접속하라

자기수련, 혹은 봉기와 대항품행으로서의 영성

마음이 무겁고 우울하다. 딱 떨어지는 이유는 모른다. 이런 상황을 권태롭다고 말하는 사람도 있다.

카렌 암스트롱의《신의 전쟁》을 읽고 있다. 카렌의 책들은 기묘하다. 확 끌린다. 사실 대부분 철학자들의 사유는 기묘하다. 기묘하다는 것은 일상적인 자아에 충격을 준다는 말이다. 카렌 암스트롱의 책은 어렵지도 않으면서 기묘하고, 기묘함의 강도가 세다. '영성'이라는 테마를 강조하기 때문인 것 같다. 전에는 영성에 대해 생각하지 않았다. 영성이라는 말이 종교적 테마로만 들렸기 때문이다. 지금 나는 영성을 해방, 자유, 풀려남, 창조성의 실천 정도로 해석한다. 푸코는《주체의 해석학》에서 영성을 진실에 접근하기 위해 주체가 자기를 변형시키는 실천의 형식으로 본다.

여하튼 나는 카렌의 화두인 영성에 끌린 것이다. 언급했듯 나는 영성을 '풀려남'으로 정의한다. 카렌의 책들이 이 전망을 보여주기 때문일까? 아니면 '풀려나고' 싶은 욕망에 엄청나게 시달리는 것일까? 그 전망을, 풀려나고 싶은 욕망의 가능성을 카렌의 책에서 본 걸까? 우리는 누구나 풀려나고 싶다. 삶이 권태롭다는 것은, 지금 마음이 우울하고 무겁다는 것은 묶여있어서가 아닐까? 어디에 묶여있는 걸까?

전쟁에 대한 카렌의 인식은 매우 흥미롭다. 《신의 전쟁》* 에서 그는 인간이 전쟁터로 나가는 무수한 동기 중 첫째가 일상의 권태와 무의미라고 말한다. 이 권태와 무의미가 어떤 사람에게는 수도자의 길을 가도록 하는 것처럼. 구석기 이후 현재까지 인류의 문명사와 분리불가능한 궤적을 걸어온 전쟁을 고찰하는 그의 책은 첫 장을 읽자마자 시선을 잡아챈다. 수렵 · 채집인, 즉 구석기 시대 인간은 사냥에 나가 짐승을 잡아 죽이는 행동 자체에서 흥분과 강렬한 환희를 느꼈을 것이라고 한다. 이런 폭력적인 행동을 이들은 "자연스러운 종교적 활동"으로 인식했다. 물론 구석기인은 잉여가 산출되기 시작한 신석기인보다 평등한 공동체를 꾸려왔다. 또 동물을 친구로 대하고, 감사함과 미안한 마음을 항상 가지고 있었다. 그래서 공동체에 먹잇감으로 자기를 내준 동물들에게 경의를 표했다. 그럼에도 항상 짐승을 '매우 적극적으로' '온 힘을 다해' 죽였다. 이는 모순적인 인간의 역설이다. 어쨌든 이들은 인간의 삶이 다른 짐승을 죽이는 것과 엮여있다는 사실을 인정하고 감당했다. 여기서 등장하는 것이 종교적 제의다. 이때 종교란 "이 불가해한 딜레마와 직

---

* 정영목 역, 교양인.

면하도록 돕는 데 활용"되었다. 그러니까 나는 이들의 종교활동을 폭력을 정당화하는 행위로 보지만, 카렌은 정당화가 필요 없다고 말한다. 즉, 그들은 이런 "폭력적인 일을 종교적 활동"으로 인식했다는 것이다.*

뭐라고? 짐승을 도살하는 행위의 쾌감을 종교적 활동이라고 생각했다고? '그렇다'고 그는 말한다. 카렌에 따르면 짐승을 잡아 죽였을 때 신경전달물질인 세로토닌이 넘치게 되는데, 이 세로토닌은 "종교적 경험 일부와 연결 짓는 환희의 감각을 담당하는 물질"이다. 이런 사냥을 통해 이들은 공동체 동료들과 긴밀한 유대를 맺고, 동료를 위해 죽을 수도 있는 이타주의 등 강렬한 느낌에 도취된다. 폭력적인 활동, 즉 전쟁이나 사냥을 종교적인 활동으로 인식했다는 것이 놀라운 관점이라서 잠시 읽기를 멈추고 있다.

종교란 세속의 삶과 유리된 초월적이고 고양된 무엇을 제공하는 영역 아닌가? 비폭력은 물론, 미움과 시기와 욕망이 사라지는 영역이 아닌가? 그것은 사랑과 자비와 연민을 주장하지 않는가? 그러나 종교를 정의하는 나의 이런 관점은 한방에 날아간다. 종교를 이처럼 규정하는 것이 보편적이지 않다는 말이다. 아마 종교에 대한 나의 표상은 근대 이후 형성된 서양인의 종교관에 가까운 것 같다.

아랍권에서 종교(딘din)라는 말은 "삶의 방식 전체"를 의미했다고 한다. 우리가 잘 알고 있는 불교의 다르마dharma는 "번역 불가능한 총체적 개념"이다. 우리는 다르마를 법, 정의, 의무, 도덕 등 "사회생활 전체를 포괄하는 것"으로 이해한다. 그리스어나 라틴어에는 영어의 종교religion

* 위의 책, 21쪽.

에 해당하는 단어가 없다. 카렌은 "개인적이고 체계적인 활동으로서 종교"라는 관념은 고대 그리스, 일본, 이집트, 메소포타미아, 이란, 중국, 인도에서는 전혀 찾아볼 수 없다"고 말한다. 이런 종교활동은 우리 한국에서는 아주 강도 높게 진행되고 있다. 한국 기독교의 발전상을 보시라! 나는 천주교 신자다. 요즘 성당에 잘 안 나가는데 죄책감을 종종 느낀다. 그러니까 카렌에 따르면 '종교'는 근대 이전 세계에서는 삶에 속속들이 스며 있는 무엇이었다.

> "근대 이전 세계에서 종교는 삶의 모든 면에 스며 있었다. 벌채, 수렵, 축구 시합, 주사위 놀이, 천문학, 농사, 국가 건설, 줄다리기, 도시계획, 상업, 음주 그리고 특히 전쟁. 지금은 세속적으로 여겨지는 이런 수많은 활동이 매우 신성한 것으로 경험되었다는 사실을 앞으로 보게 될 것이다. 옛사람들은 어디에서 종교가 끝나고 정치가 시작되는지 알 수 없다고 생각했을 것이다. 그들이 이런 구분을 이해하지 못할 만큼 어리석었기 때문이 아니라 자신들이 하는 모든 일에 궁극적 가치를 부여하고 싶어 했기 때문이다."*

즉 예전에는 종교란 삶의 방식 전체이며, 인간 삶의 활동 모두를 신성한 것으로 경험했다. 그러니까 전쟁 역시 종교적 활동의 일부였으며, 사나운 짐승과 죽을 각오로 싸워 죽이는 행위 자체가 종교적인 활동이었다. 그것은 자기와 공동체를 먹고살게 해주는 신성한 활동이었으니까. 또 자기 목숨을 담보로 해서 얻은 것이니 그 활동은 그들에게 환희

---

* 위의 책, 15쪽.

의 감각을 일깨운다. 종교적인 경험인 환희심은 짐승과의 전쟁에서 짐승을 살육할 때도 발생한다. 그러니까 종교라는 것은 뭔가 이데아적인 경험이기보다는 공동체의 생활방식 전체에 관계한다. 사실 종교나 전쟁에 대해 말하려는 것이 아니다. 다만 종교와 전쟁이 분리불가능한 표상이었다는 사실이 재미있다. 수렵인 등 고대 인류에게 신성한 무엇은 현실 밖에 있는 것이 아니라 이 현실의 삶 바로 그 자체였다는 것이 요지다. 그런데 왜 이 현실에서 나는 무겁고 우울해질까? 사람들은 왜 권태롭다고 말할까? 어떤 사람들은 왜 한달음에 전쟁터로 달려가는가? 최근 우리나라의 한 청년이 참전하기 위해 몰래 우크라이나로 들어간 뉴스를 본 적이 있다. 그의 부모가 된 느낌에 잠시 멍했다.

나로서는 이해가 안 되는 지점이었다. 자발적으로 전쟁에 나가는 사람이 있을까? 없을 거야! 국가의 명령에 죽지 못해 나가는 거지. 이래죽어도 저래죽어도 마찬가지니까. 그런데 예외가 존재한다는 것이다. 전쟁에서는 합법적으로 사람을 살육할 권리가 보장된다. 억눌렸던 본능과 미친 에너지를 대놓고 마구잡이로 발산할 수 있다. 다른 한편 '국가와 민족을 위해 나는 죽어도 좋아!'라는 이 강렬하고도 이타적인 감정은 인간을 용감하고 숭고하게 만든다. 그동안 참으로 찌질하게 살아왔다! 함부로 타인을 모욕해서도 안 되고, 함부로 감정을 노출해서도 안 된다. 법에 묶이고 규범이라는 촘촘한 통제와 감시망에 우리는 매일 쪼그라드는 삶을 살고 있다. 뭘 하려고 해도 막고 나서는 가족과 세상의 눈들, 내 안의 검열관의 가시권 내에서 삶은 규격화되고 도식화된다.

자기배려로서의 영성이란 무엇인가?

절실하고 뜨거운 에너지 따위는 모두 사라진 지 오래다. 사람들은 한 끼 밥을 위해, 살아야 하니까 회사에 간다. 고된 노동을 화폐로 교환하면서 화폐로 살 수 있는 찌질한 것들을 향유한다. 술을 마시고 클럽에 가서 춤을 추고 노래방에 간다(술 마시기, 노래 부르기 등이 가치 없다는 것이 아니다!). 이렇게 해서 스트레스를 풀었다고 생각한다. 그러나 돌아서면 역겨운 현실이 기다린다. 인간은 위축되고 찌그러든다. 말하자면 태초에 내가 놀던 초원과 태양, 강렬한 삶과 죽음의 에너지를 모두 잃어버렸다. 상사 눈치, 돈 눈치, 남편과 아내 눈치, 부모 눈치 보며 비루한 삶을 연명한다. 그러니 우울하고 무겁다. 그렇지 않은가? 나는 이런 삶을 원한 적이 없다. 하지만 모든 것이 나의 행동반경을 가로막고 나선다. 세상의 도덕규범과 타자의 희망사항을 나의 것으로 오독誤讀하며 살고 있다. 나는 망아지처럼 뛰어놀고 싶고, 푸른 하늘 끝까지 달려가보고 싶다. 이대로 늙어 초라한 인생을 마감하고 싶지 않은데, 세상은 허용된 연기만 하라고 한다.

묶여있어서 그렇다. 여기서 나가고 싶은데 탈출 방법을 모른다. 잘못하면 비정상인으로 낙인찍힌다. 손가락질 받는다. 도태된다. 그러니 조심조심 소심하게 날것의 에너지를 눌러버리는 삶을 사는 것이다.

그래서 내가 카렌의 책에 열광하는 것일까? 그의 책을 읽으면서 풀려날 가능성을 본 것일까? 그래서 자발적으로 전쟁터로 달려가는 사람들이 생기는 걸까? 그 전쟁에 참전하는 것이 숭고한 의미가 있다고 판단하는 순간, 사람들은 용감해진다. '죽어도 좋아!' 저 탐욕스러운 러시

아놈을 때려잡아서 불쌍한 우크라이나인을 살려내자! 이 성스러운 이타심에 그는 강렬하게 매료된다(참전자 본인 입장에서는 그렇다는 것이다). 이 자극적인 기쁨은 인간이기에 가능하다. 자기 행위에 의미를 부여할 능력 때문에. 겁쟁이인 나 같은 사람도 젊은 날 비슷한 생각을 했다.

그때 나의 활동이란 마르크스 책 몇 권 읽은 것이 전부였는데, 속으로 혼자 호들갑을 떤 것이다. '고통받는 민중을 위해서라면 죽어도 좋아!'라고. 즉, 인간은 옳다고 믿는 것을 위해 목숨을 내놓을 수 있는 존재들이란 이야기다. 전쟁에서 구석기인이 강렬한 엑스터시ecstasy를 느꼈던 것처럼, 현대인도 전쟁에서 이런 쾌감을 느끼기도 한다. 물론 전쟁이 끝난 다음 외상후스트레스증후군에 시달리고 온갖 트라우마를 겪는 사람들도 보고되고 있다. 카렌의 통계에 따르면 제2차 세계대전 참전용사 가운데 15~20%만이 적을 향해 총을 겨누어 쏘았을 뿐, 80%는 총 겨누는 것을 거부하거나 방향을 바꾸었다. 여기에 대해서는 여러 의견이 있을 수 있다. 구석기인은 짐승을 죽여야만 내가 사는 절체절명의 상황이었을 것이다. 그러나 사회적 코드에 익숙해진 현대인이 전쟁을 대하는 방식은 좀 다를 것이다

아무튼 내가 하고자 하는 말은 우리는 지금 삶에 묶여있다는 것이다. 그래서 이 순치된 삶, 형해화된 생활에서 풀려나고 싶어 한다. 이 욕망이 전쟁터에 나가게 하고, 종교활동을 하게 하고, 예술활동에 진력하게 한다. 명품중독, 알코올중독, 마약중독을 초래하기도 한다. 때문에 나는 영성에 이끌린 것 같다.

위에서 밝혔듯이 나는 영성을 '풀려남의 실천'으로 정의한다. 영성은 해방이며 풀려남이고, 인간은 풀려나고자 하는 욕망의 존재다. 어떻게

풀려날까? 전쟁에 나갈까? 아니면 종교활동? 종교활동은 다시 나를 가두는 질곡이 되기도 한다. 성당에 자주 안 나가자 구역장은 내가 이사할 때까지 계속 문자를 보냈다. 참 착한 분이다. 성당은 그나마 서로 좀 무관심하다. 나는 이 무관심이 감사하다. 개신교 교회는 좀 더 집요하다. 결국 풀려나기란 자기답게 살고 싶은 욕망이 아닐까? 이것을 니체는 "힘에의 의지"라고 말한다. 인간은 자기의 힘에의 의지를 펼치며 사는 삶을 욕망한다. 그런데 세상은 "안 돼, 안 돼, 안 된다니까"라고 소리친다. 풀려남은 꾹꾹 눌러두어 막혀버린 나의 에너지 발산이다. 이 에너지는 나를 살게 하는 힘이다. 풀려난 에너지는 창조성과 연결되는 에너지이기도 하다. 창조하는 에너지는 전쟁에 나가 타인을 죽이는 에너지이기도 하다. 또 자기 목숨을 버릴 만큼 강렬한 무엇이다. 그 에너지는 숭고하고 완전한 삶을 위해서라면 때로 물불 가리지 않는다. 그러니까 이 에너지에 접속하는 순간, 힘이 넘치고 뜨거워진다. 살고 싶은 욕망을 자극한다. 죽고 싶은 욕망을 자극한다. 삶이 고통스러워 우울증으로 죽고 싶은 것과는 차원이 다른 죽음이다.

이 에너지의 가장 손쉬운 예시는 사랑의 순간이다. 사랑하게 되면 목숨도 버릴 수 있다! 그래서 동서고금 할 것 없이 사랑이 그토록 찬양되는 것이다. 그러나 요즘 거개의 우리는 계산기 두드려서 '순리에 맞게' 결혼하고 자식 낳아 가정을 일군다. 결혼한 사람이 다른 사람과 불같은 사랑을 하는 것은 위험한 일이다. 그 행위는 가정을 파괴하고 주변 사람을 고통으로 몰고 간다. 그래도 이혼을 감행하는 것이 요즘 세태이기도 하다. 이혼이 일상적인 풍경이 된 것을 보면 안다. 싫으면 이혼하고, 새 사람과 다시 한번 불타고 싶다. 이혼을 결정하고 나오는 법정에서 가슴이 설렜다는 지인의 말이 떠오른다.

인간은 누구나 자기 힘 의지를 발휘하며 살고 싶어 한다. 사람들은 묶인 채 살아간다. 풀려나고 싶은 이 에너지는 말하자면 창조의 힘이라고 할 수 있다. 세상이 꽁꽁 묶고 있는 에너지의 '풀어냄'에 대해 생각하고 연구해야 한다. 그것이 자기돌봄이다. 그 에너지는 어마어마한 파괴력을 지니고 있지만, 거꾸로 엄청난 창조력을 지닌다. 창조한다는 것은 파괴한다는 말이기도 하다. 그래서 창조한다는 것은 위험한 것이다. 창조한다는 것은 없는 것을 만들어내는 것이기 때문이다. 풀려남은 나의 창조력의 방출이다. 그 창조력을 어디에 어떻게 사용할지를 생각해야 한다. 묶어두지 말고 풀어내서 자기 길을 가도록 하는 것이 자기배려다.

이 에너지를 제대로 사용한 사람들이 많다. 우리가 잘 알고 있는 화가들, 음악가들, 작가들 등. 자발적 일중독에 빠져 사는 사람들도 이 부류에 속하지만, 이들 또한 풀려나야 한다.

그러니까 풀어냄은 온전한 나와 접속하는 것이며, 묶인 원초적인 강렬한 힘이 자기 길을 가도록 배려하기다. 묶인 자들은 이 에너지를 제대로 방출하지 못하기에 엽기적인 방식으로 이 에너지를 사용한다. 온갖 살인사건이 벌어지고 전쟁과 갈등, 싸움과 증오가 발생한다.

우울한가? 사는 것이 권태로운가? 무언가에 중독되어 있는가? 누군가가 미친 듯이 미우신가? 묶여있어서 그렇다. 풀려남의 영성을 생각해보자.

요즘 내가 우울했던 것은 글을 쓰지 않았기 때문이라는 생각을 문득 했다. 이 글은 갑자기 썼다. 점심 먹는 것을 잊고. 누구에게나 이런 미친 에너지가 있다. 묶여있는 내 에너지들에 일어나 나와도 좋다고 말하자.

무언가 할 일이 있을 거라고 말해주시라. 일단 묶여있는지 안 묶여 있는지조차 알 수 없고, 분노가 불쑥불쑥 터져 나온다면, 사는 것이 권태롭다면, 한숨이 자꾸 새어 나온다면, 자꾸 '행복해, 행복해 죽겠어'라고 자기에게 주문을 걸고 행복한 증거를 찾으려고 애를 쓴다면 묶여있는 거다. 나를 방면해주어라! 방법을 찾아보라! 내가 가장 기뻤던 일을 떠올려본 후 그것을 해보라! 위험한 일을 한 가지 해보라! 어렸을 때 하고 싶었는데 포기한 것이 있다면 작게라도 해보라! 억눌린 창조성이 무섭게 솟구쳐서 인생의 다른 전환을 맞을지 누가 알겠는가? 거창하게 말한다면 내 안에 갇힌 에너지를 '잘' 방면하기가 21세기를 사는 우리의 과제다.

영성, 저항과 봉기를 가능하게 하는 힘

앞서 말했듯이 푸코에게 영성은 진실에 접근하기 위한 자기수련이다. 집단적 차원에서 영성은 저항과 봉기를 가능하게 하는 실천으로도 인식된다. 푸코는 1968년 튀니지 학생 파업과 1978년 이란혁명 등을 통해 근대 서양의 식민침탈에 저항하는 이슬람의 영성을 발견한다. 서양 근대 세력에 대항해서 이슬람 지역에서 발생한 정치적 봉기를 영적 차원의 결집으로 본 것이다. 푸코가 보기에 이슬람의 영성은 서양 근대라는 타자의 강제에 봉기의 형태를 띠고 발현된다. 그러니까 이슬람권 저항의 힘은 자신들의 주체화 스타일에 '폭력적으로 난입해서' 근대화를 강요하는 서양인의 탐욕과 잔학성에서 기인한다. 푸코는 이 봉기가 영적 차원에서 비롯된 것에 주목한 것이다. 서양인이 이슬람권에 서양 근대의 가치를 이식하려는 술수에 이슬람권은 '영성'으로 대응한다는 것. 서양인은 이 사실을 이해하지 못한다고 푸코는 말한다. 《안전, 영토, 인구》에 소개된 미셸 세넬라르의 《강의 정황》에 인용된 푸코의 글을 옮겨본다.

> "[이란인들이] 자신들의 생명을 걸고 정치적 영성(우리가 르네상스, 그리스도교의 대위기 이래로 그 가능성을 잊고 있었던 것)을 추구하는 것은 어떤 의미일까? 나에게는 이미 프랑스인들의 웃음소리가 들린다. 하지만 나는 그들(프랑스인—필자 부기)이 틀렸다는 것을 알고 있다."*

왜 저들은 계몽과 자유와 근대적 가치인 인권을 거부하는가? 이를 이해하지 못하는 프랑스인은 웃는다. 그러나 번지르르한 이런 가치는 서양인에게만 적용되는 것임을 이슬람권은 사무치게 경험했다. 때문에 이란혁명이 보여주듯 인민은 '샤'라는 통치자의 서양 근대화 이식정책에 저항한다. 이란혁명은 많은 사상자를 냈지만, 끝까지 비폭력을 견지하며 민중의 승리로 막을 내린다. 망명했던 종교지도자 호메이니가 돌아오고, 이란은 이슬람의 가치를 이어가기 위해 다시 혼란에 빠져든다. 호메이니의 손을 들어주었던 푸코는 이후 국내외 좌·우익에게 동시에 비난받는다. 호메이니가 현실정치의 룰을 계승해서, 말하자면 공포정치를 했기 때문이다. 어쨌든 서양인의 입장에서는 이슬람권 사람들이

* 《안전, 영토, 인구》, 505쪽.

정치와 종교의 분리, 자유와 인권 등 계몽의 근대를 끝까지 거부하는 것이 의아하다. 그러나 푸코는 충분히 그럴만하다고 본다. 봉기의 형태로 분출한 이슬람인의 영성이란 폭력적인 내·외부 거대 권력의 개입에 단락을 만들고, 자발적인 주체성의 차원을 기입하는 힘이다. 이 반란의 힘을 가능케 한 기제로서의 영성은 "논리적이며 정치적 주체화와 불가분의 관계가" 있다.* 이것이 푸코가 이란혁명을 찬성한 이유다. 혁명 이후 호메이니의 통치는 비판받았으나, 이란혁명은 영성과 비폭력적인 방법으로 이룬 혁명의 모델이 된다. "반란의 힘을 발생시키는 기제로서의 영성은 예속화된 개인이 아니라 권력에 맞서는 저항 속에 긍정되는 특이성을 지시하게 된다".** 영성은 대항품행의 한 형태다.

그런데 영성은 타자의 지배에 봉기하는 힘이 되기도 하지만, 자기에게 저항하고 봉기하는 힘이기도 하다. 이 풀려나고자 실천하는 에너지, 영성은 때문에 종종 극렬한 형태로 발현되기도 한다. 이슬람권이나 기독교인의 순교를 생각해보시라. 이들은 종교를 포기한다고 하면 목숨을 구할 수 있는데도 순교를 선택한다. 더 이상 이렇게 살고 싶지는 않아! 나는 당신들의 지배에 예속된 자로 살고 싶지 않아!라는 이 간명한 욕망이 엄청난 에너지로 그들을 추동한다. 영성, 이 풀려나고자 하는 욕망은 타자에게 봉기하는 그 에너지만큼 찌질하게 사는 나에게 봉기하는 저항의 힘이 되기도 한다.

삶의 매 순간 적극적으로 영성을 사유해야 하는 이유가 여기 있다. 자기와 타자에 대한 저항과 봉기, 그런데 이 자기와 타자에 대한 저항과

* 위의 책, 507쪽.
** 위의 책, 507쪽.

봉기는 자기와 타자의 공생을 위한 계속적인 자기해체에 다름 아니다. 우리는 상호의존적인 세계에 살고 있으므로 이질적인 차이들의 공생과 탈중심화가 필요하다.

자성을 향한 이끌림에 대한 자발적인 봉기는 결국 나를 겨냥한 영성의 의례로 나아간다. 그러니까 거대한 지배세력에 대한 저항은 나에 대한 저항과 동시적으로 진행되어야 하며, 결과적으로 이러한 주체화 과정은 나와 타인, 세계의 모든 미물의 해방과 공존의 전망으로 간다. 나를 다르게 주체화하는 거듭되는 시도는 차이들의 생산 과정이며, 이질적인 차이들의 해방이며, 차이들과 기쁘게 연합하는 관계적 삶을 모색하는 창조의 시작이다. 이것은 찌질함에서 온전함으로의 풀려남이다.

에필로그: 뱀 이야기 그리고 붓다 되기

✶

자기 바꾸기와 세상 바꾸기

이제 글을 마무리할 시점이다. 이 순간, 오래전 나의 글쓰기 강좌에 참여한 70대 여성분의 글이 떠오른다.

이 강좌에서는 선정된 책을 분량만큼 읽고, 관련해서 매주 자유롭게 에세이를 써오는 과제가 참여자들에게 주어졌다. 이분의 글은 문장은 손 볼 곳이 많았다. 공책에 쓴 글을 복사하여 나눠주었는데, 맞춤법이 많이 틀리지는 않았으나 끊어쓰기가 되지 않았다. 대부분 만연체 문장이었다. 그러나 내용이 뭐랄까, 충격적이었다. 대강만 요약한다.

어느 정오, 점심을 먹고 집 앞 둔덕에 올라갔다. 초여름의 푸른 잎사귀들과 싱그러운 산들바람이 환한 햇살과 함께 세상을 빛나게 했다. 야트막한 둔덕의 작은 오솔길로 들어섰다. 풀향기가 가득했다. 살아온 날들이 감사했다. 순간 뭔가 부스럭 소리가 났다. 바라보니 발 앞에 굵은 뱀 한 마리가 꿈틀거리고 있었다. 나는 뱀을 가만히 바라보았다. 뱀도 나를 보고 있었다. 마음이 평온해졌다. 한동안 무심히 뱀을 보고 있었다. 평화롭고 고요한 순간이었다. 시간을 잊은 것처럼 나는 뱀을 보고 있었다. 나를 한참 바라보던 뱀은 천천히 풀숲으로 사라졌다. 사라지는 뱀을 오래 바라보았다. 신비하고 깊은 행복감이 밀려왔다.

기억에 의존해 줄거리만을 재구성한 것이다. 적어놓고 보니 혹시 원문을 왜곡한 것이 아닐까 걱정되었다. 그래서 집안을 뒤져서 그분이 당시 제출한 원고를 찾았으나 허사였다. 원본을 열심히 찾은 건 또 다른 이유가 있다. 나는 분명히 그의 글에서 위의 내용을 읽었다고 생각하지만, 아닐 수도 있다. 여러 가지 책을 마구잡이로 읽는 내가 잘못 알고 있는 것은 아닐까? 혹시 있을지 모를 기억의 오류까지 걱정하면서 원본을 찾은 건 놀라움 때문이다. 이 외에도 가족이 함께 식사하는 이야기도 써오셨는데 역시 놀라웠다. 그런데 그 내용은 통째로 기억에서 사라졌다. 건망증이 문제다. 여하튼 원문을 계속 찾아볼 작정이다.

내가 놀란 것은 뱀을 보고 마음이 평온해졌다는 구절 때문이다. 나라면 이렇게 썼을 것이다. "발 앞에 뱀이 꿈틀거리고 있었다. 나는 소스라치게 놀랐다." 그게 나에게는 진실이니까. 그런데 그분은 가만히 뱀을 바라보았다. 뱀도 그를 바라보았고, 서로 가만히 바라보다가 뱀은 사라진다. 이 순간을 그는 평화롭고 행복했다고 말한다. 손으로 삐뚤빼뚤 쓴 글에서 고요함이 느껴졌다.

통상 뱀이라는 감각 데이터가 느닷없이 눈앞에 나타났을 때, 몸의 반응은 놀람과 오싹함, 두려움과 공포일 가능성이 크다. 물론 이 반응은 문화의 산물이기도 하다. 불교 경전《숫타니파타》에서 뱀은 깨달음에 이르게 하는 동물로, 니체에게는 영리한 동물로 나타난다. 또 인디언 어떤 부족에게 뱀은 친구다. 뱀은 부족의 축제에 참여해 춤추는 이들의 어깨와 몸 위를 자유롭게 기어 다니며 함께 놀다가 숲으로 들어간다. 그러나 뱀에 대한 우리 문화의 일반적 이미지는 '오싹하고 끔찍하다'로 요약된다. 실제로 독뱀에 물려 죽을 수도 있지 않은가?

즉, 내 입장에서 뱀은 평화와 고요가 아니다. 갑자기 길을 막고 있는 뱀을 보고 마음의 동요가 없었다는 것이 놀라웠다. 그분이 멋진 글을 쓰려고 거짓말을 한 것이 아니라면 말이다.

맹금류를 만나거나 두려운 상황에 직면했을 때 평상심을 유지하는 것이 어떻게 가능할까? 감각 대상에 따라 정동이 요동하지 않는 경지라니! 그렇게 느꼈으므로 그런 글을 썼을 것이다. 나라면 "평화롭던 마음, 신비롭던 마음이 일순간 사라지고 허둥지둥 둔덕을 내려왔다"고 썼을 것이다. 글은 그의 삶을 반영한다.

공포나 두려움이 아닌 평화와 고요로 뱀을 표상한 그분은 다른 지각의 창문을 가진 것이다. 다른 감각으로 사물을 바라보면 동일한 뱀도 다르게 다가온다. 나는 의문이 든다. 그러다가 독뱀에 물려 죽으면 어쩌지요? 아마도 독뱀에 물려 죽는다 해도 그분은 개의치 않았을 것이다. 그것은 그가 죽음조차 크게 두려워하지 않는 존재가 됐다는 말이기도 하다. 나이 70이 넘었으니 그럴 수 있겠다 싶다. 그러나 꼭 나이 문제만은 아니다. 나이 많을수록 편협해지거나 고집불통이 되고 죽음에 의연하지 못한 경우도 있기 때문이다.

내가 이렇게 비일상적인 감각과 정념을 펼쳐내면, 타자 역시 평화롭고 고요한 에너지장으로 들어온다. 그 힘에 즉시 영향받는다. 가령 뱀을 보고 놀라 심장이 곤두서고 저 뱀을 때려죽일까, 도망갈까 마음이 널뛰기한다면 미물인 뱀에게도 이 살의의 파동이 전해질 것이다. 때문에 감관을 제어하는 역량은 그 존재의 위상과 관계하는 것이지 싶다. 그런데 마음처럼 되지 않는다. 숲에서 뱀을 만나도, 호랑이나 멧돼지를 만나도 침착해야지 다짐하지만 잘 안 된다. 이것은 수행을 요구한다. 몸과 마음의 역능을 강화하는 훈련.

그분이 어떤 훈련을 한 것일까? 알 수 없다. 글쓰기를 막 시작했다는 정도만 알고 있다. 젊었을 때 쓰고 싶었으나 바쁘게 살면서 잊고 있었다고 했다.

다시 말하지만, 누구나 유사하게 인식하는 데이터에서 다른 느낌을 출력하는 능력이 미물인 뱀 또한 변화시킨다. 나의 평화로운 에너지장이 뱀에게 전해지는 것이다. 모든 존재하는 것은 고유한 주파수와 파장을 지닌다. 존재하는 모든 것은 진동하고 있다. 그리고 존재하는 모든 것은 이 진동에 반응한다. 동물은 고사하고 식물들도 화내는 인간의 거친 음파와 평화로운 음악을 감지한다. 식물들끼리도, 식물과 동물끼리도 감각으로 대화를 나눈다고 하지 않는가? 식물은 다양한 향기 메시지를 방출하며 의사소통한다. 이처럼 미물들도 떨림과 울림으로 소통한다. 뱀도 생명체인데 그 고요를 왜 모르겠는가?

어쨌든 감각 방식이 변하면 존재 방식이 변한다. 인도에서는 감각을 수련하는 고행이 성자의 가장 중요한 덕목이었다. 고행을 거친 성자는 신들도 꼼짝 못 한다. 고행, 즉 자기수련(아스케시스)은 인간을 다른 존재로 변모시킨다. 지독한 수련을 통과한 인도 신화의 여러 성자가 신통력을 부리는 것을 판타지로만 볼 수 없다는 이야기다. 붓다 역시 신통력을 자랑했다. 인도 신화에는 수행으로 성자가 된 이들에게 신들이 '실례'를 범했다가 큰코다친 사례가 흔하다.

인도의 2대 서사시 중 하나인 《라마야나》에 나오는 이야기다. 창조신 브라흐마는 아할야라는 아름다운 여자를 만든다. '아할야'는 '완전무결'이라는 뜻이다. 브라흐마는 이 여인을 성자 가우타마에게 맡기고, 나중에 둘이 결혼하도록 한다. 한편 신들의 왕 인드라는 아할야의 아름다움에 사로잡혀 가우타마의 암자에 접근해서 아할야를 엿보며 기회를 노린다. 어느 날 인드라는 가우타마의 모습으로 변신한 후 오두막으로 가서 아할야와 사랑을 나눈다. 가우타마는 두 남녀를 보게 된다. 인드라는 이때 고양이로 변신하지만, 가우타마는 이자가 인드라임을 안다.

> "고양아, 나는 너를 안다. 여자에게 집착하는 것이 네 파멸의 원인이지. 네 몸은 천 개의 여자 성기로 뒤덮일 것이다. 그러면 어느 세상에서나 사람들은 네 마음속에 정말로 존재하는 게 무엇인지 알 수 있겠지."*

인드라의 몸이 여자의 성기로 뒤덮이자 천상에서 웃음거리가 되었다. 그런데 문제가 생겼다. 여자의 성기로 뒤덮인 인드라가 더 이상 자신의 임무들을 수행할 수 없게 된 것이다. 신들의 신 브라흐마는 가우타마에게 간청했고, 가우타마는 성기 대신 천 개의 눈을 인드라의 몸뚱이

* R. K. 나라얀, 《라마야나》, 김석희 역, 아시아, 48쪽.

에 붙였다. 이후 인드라는 천 개의 눈을 가진 신이 되었다.

신들의 신인 브라흐마도 인드라에게 내려진 저주를 풀 수는 없다. 오직 성자 가우타마만이 할 수 있는 일이다. 그래서 브라흐마는 가우타마를 찾아가서 '간청'한 것이다. 인도 사유에서는 신들도, 신들의 신인 브라흐마나 비슈누, 시바 등도 수행으로 성자의 반열에 오른 인간 현자에게 함부로 명령할 수 없다. 매 경우마다 달라지긴 하지만 수행자가 신들, 즉 신들의 왕 인드라나 신들의 신들보다 힘빨이 더 세다. 이것은 인도에서 수행의 힘이 얼마나 중요한가를 나타낸다. 인간이든 아수라든 야차든 이들이 수행을 통해 경지에 도달하면 신들조차 이들에게 굴욕을 당하는 이야기는 다반사다. 불교에서 제석천이나 범천이 붓다의 수호신인 것만 봐도 그렇다. 인간 붓다를 수행하는 보디가드가 범천인 브라흐마이며 제석천(인드라)이다.

특히 위 인도 서사시《라마야나》는 내용 자체가 고행으로 엄청난 능력을 얻게 된 '라바나'(아수라왕)와 신들의 신 비슈누(라마)가 대결하는 이야기다. 무시무시한 힘을 얻게 된 라바나가 온갖 폭정을 일삼은 것이다. 창조신 브라흐마도 고행으로 얻은 라바나의 힘을 회수할 수는 없으니 보통 일이 아니다. 그런데 라바나는 고행과 기도를 할 때 인간으로부터 보호해달라고 요청한 적은 없었으므로 비슈누는 '라마'라는 인간으로 환생한다.《라마야나》는 비슈누의 화신, 인간 라마가 라바나를 물리치는 이야기다. 엄청난 신통력을 얻게 되었으면 조용히 살 일이지 아수라왕 라바나는 자기 힘에 취해 타락해버린 것이다.

요컨대 인도에서 수행을 통해 성자가 된다는 것은 신을 능가하는 존재가 된다는 뜻이다. 고타마 싯다르타가 '붓다'가 되는 순간이기도 하다. 그러나 '붓다'가 되었으니 이제 끝났다고 보면 안 된다. 죽을 때까지 정진하고 공부해야 한다. 수행은 어느 순간 완성되거나 끝나는 것이 아니다. 신통력을 얻은 후라도 끝없이 수행해야 한다.

자기수련이란 자기의 감각과 의지를 자유롭게 조절하는 존재, 정념의 노예가 되지 않는 존재 되기다. 때문에 인도에서는 자기를 조절·통제해서 경지에 오른 성자라면 세상과 타자들에 대해서도 자재롭게 힘을 행사할 수 있다고 보는 듯하다. 인간이란 세상 만물들과 신들과 연결되어 있는 존재이니 자기의 일부인 타자에게도 자유를 행사할 수 있는 것이다. 그러니까 신통력은 논리적이고 정합적이다. 특히 이들의 윤회관을 생각하면 재미있다. 인간은 천상계와 지상계 등을 끝없이 윤회한다. 그러니 하늘의 신들은 인도에서는 지상이 아닌 하늘에 사는 귀족일 뿐이다. 공덕을 조금 더 쌓은 자가 하늘에서 태어나는 것이다. 지상이냐, 하늘이냐가 중요하지 않다. 자기를 제어하는 자는 신들에게도 힘을 행사할 수 있다.

고개를 끄덕이게 된다. 자신을 완벽하게 조절하는 자유로운 존재란 과장해서 말하자면 신통술을 부리는 존재다. 붓다는 여섯 가지 신통력을 가지고 있다. 이것을 과장된 허구로만 생각할 수는 없다. 자기수련은 인간을 지고의 존재로 만든다. 당장 사소한 습관 하나를 바꾸는 것도 어려운 것이 인간이다! 당장 담배를 끊어보라! 술을 끊어보라! 며칠만 단식해보라!

"의지와 지식의 체계적인 훈련을 통하여 도달할 수 없는 삶의 영역이나 마음의 영역이 있을 수 없다는 것을 믿었다. 몸과 마음의 긴밀한 관계를 인정하였으며, 텔레파시나 투시와 같은 심리적인 경험들은 결코 예외적인 기적으로 간주되지 않았다. 그러한 경험은 정신 이상 혹은 신으로부터 오는 영감에서 기인되는 것이 아니라, 철저하게 단련된 상태에서 인간 정신이 충분히 나타내 보일 수 있는 능력이다."*

다르게 산다는 것은 다른 존재의 위엄과 힘을 얻기 위한 일련의 수행이다. 행위를 바꾸고 습관을 바꾸는 것은 운명을 바꾸는 행위다. 이것이 붓다나 인도 성자의 경지다. 그래서 내가 조금이라도 달라진 것은 엄청난 사건이다. 감각에 따르던 어떤 행위를 바꾸면 뇌의 인지 시스템도 바뀐다. 고정된 인지 시스템에 다른 시냅스의 연결통로를 만드는 것이다. 이것은 지금처럼 협소한 인지구조를 넘어서 다르게 상상하고, 지금 발명하지 않은 인지들과 환경을 만드는 방법이기도 하다. 물론 이 말은 매우 상상적이다. 그러나 이런 시도들, 즉 무디어진 여러 감각을 되살려내거나, 새로운 감각의 창을 내거나, 다른 감각을 익히는 것은 다른 인지 시스템을 실험하는 방법이 될 수 있다. 인지과학의 최근 경향은 인지를 "감각 운동 능력을 지닌 신체를 통해 나타나는 경험에 의존하는 것"으로 보고 "신체화된 인지 이론"** 을 제안하고 있다. 이는 국내에도 번역된《앎의 나무》***의 공동 저자인 움베르또 마뚜라나와 프란시스코 바렐라 등에 의해 적극 연구되고 있으며, 기존의 인지론cognitivism을 빠르게 대체하고 있다. 마음은 "신체를 통해 체현된 것"이며, 따라서 마음속

---

* 라다크리슈난,《인도철학사 1》, 이기룡 역, 한길사, 52쪽.

** 프란시스코 바렐라 외,《몸의 인지과학》, 석봉래 역, 김영사, 13쪽.

*** 최호영 역, 갈무리.

에 몸이 있고 몸속에 마음이 있으며, 우리는 몸으로 생각한다는 것이다. 이들은 앎이나 지각이란 곧 행동이라고 설명한다. 그러니까 "근본적 가정은 모든 형태의 행동과 경험에 대해 (대략적으로 말해) 특정한 두뇌 구조가 연결된다는 것이다. 그리고 역으로 두뇌 구조의 변화는 행동적 경험적 변화를 통해 나타날 수 있다".*

> "우리는 인지가 체화된 행위며 우리가 살아온 생물학적 역사에 말할 수 없을 정도로 밀접하게 연결되어 있을 뿐 아니라, 나아가 이 역사 자체도 자연부동으로서의 진화의 결과라는 점을 알게 되었다. 결국 인간의 체화와 연합의 역사에 의해 '발제된 세계'는 진화의 가능한 여러 경로들 중에서 하나만을 반영하는 세계다."**

이들이 주장하는 발제주의enactivism라는 개념이 흥미롭다. 발제주의는 인지란 이미 주어진 세계를 거울 비추듯이 표상하는 것이 아니라 "한 존재가 행하는 다양한 행위의 역사에 기반을 두고 마음과 세계가 만들어내는 것"(42쪽)이다. 즉, 이미 주어진 실체로서의 세계 따위는 없다. 지금 이런 환경의 세계란 유기체와 환경의 구조연합에 의해 진화한 결과라는 것이다. 때문에 이들은 세계의 무근거성을 주장하는 니체 이래 서양 생성의 철학자들, 들뢰즈나 푸코, 데리다와 연결되며, 《지각의 현상학》의 저자 모리스 메를로 퐁티의 사유를 생물학적으로 계승한다. 또한 바렐라는 이 연구를 대승불교의 중관론과 연결한다. 서양 형이상

* 《몸의 인지과학》, 43쪽.
** 위의 책, 343쪽.

학자들이 오랜 세월 찾아 헤맨, 믿을 만한 근거를 갖는 (미리 주어진) 객관 세계라는 것은 없다며 세계의 무근거성을 주장한다. 이들이 주장하는 발제주의가 매우 중요한 것은 이것이《앎의 나무》에 등장하는 '구조접속'과 직결되는 개념이기 때문이다. 구조접속이란 "개체와 환경의 재귀적 상호작용"에 따라 "환경의 구조는 자기생성 개체의 구조에 변화를 유발할 뿐"이라는 것이다. 즉, 환경은 개체의 변화를 결정하거나 명령하지 않는다. '유발'할 뿐이다. 반대로 개체 역시 환경에 대해 환경이 개체에 하듯이 동일한 변화를 '유발'한다. 다시 말해 개체와 환경이 서로 순환적으로 상호작용함으로써 환경과 개체 양측 모두 변화한다는 것이다.

이 말은 우리의 환경은 진화의 여러 경로 중 하나일 뿐이며, 다른 진화의 세계를 우리가 창발할 수 있다는 것이다. 인간의 세계란 다른 가능성에 열려 있는 세계라는 말이다. 여기서 바렐라는 발제주의의 세계에 대한 하나의 전망으로 불교의 지관止觀명상을 제시한다. 그는 불교의 '무아'라는 개념을 받아들이며, 지관명상 수행을 통해 우리의 불안과 탐심, 습관적 집착이나 갈등의 패턴을 멈추게 할 수 있다고 본다. 이런 명상 수행이 지금까지의 삶을 바꿀 수 있다는 것이다.

우리가 무지와 집착으로 만들어놓은 이 문명은 지구촌을 빠르게 황폐화시키고, 그 안에 살고 있는 유기체의 진화를 그러한 방식으로 몰고 간다. 때문에 의지적 행동이나 수행이 중요해진다. 고행을 통한 수행이든, 마음을 관찰하고 지관하여 지금까지의 경험을 변형하는 수행이든 모두 몸이라는 장소를 통해 이루어진다. 우리는 환경과 상호섭동reziproke perturbationen함으로써 새로운 세계의 진화와 '창조'에 간여할 수 있는 존재들이다!

그렇다. 수행이다! 수행이란 자기와 소외되지 않고, 타자로부터 고립되지 않도록 마음을 열고, 자기를 작품으로 만드는 평생의 실천이다. 다정하고 고요해지는 역량 키우기다. 신자유주의 경쟁사회의 동일화 압력을 거부하고 충만함과 평화로움 생산하기다. 그런데 쉽지 않다. 현대인은 자아라는 감옥 안에 고립되어 고통받으며 살고 있다. 나도 그렇다. 자기를 탈바꿈하려는 의지의 요체가 수행이다. 그것이 세상을 바꾼다. 결국 자기수양이다!

자기수양의 네 가지 의미

푸코는 '수양'을 네 가지 의미로 사용하고 있다. 이는 1983년 캘리포니아대학교 버클리캠퍼스에서 한 강연으로, 《비판, 자기수양》*에 소개되어 있다. 우선 자기수양(자기수련)이란 "자기자신과의 특정한 관계들의 형성을 의미"한다. 이런 자기형성이 그리스·로마문화에서는 자기통제와 자기주권 형태로 나타난다. 둘째로 자기수양은 자기수양을 위한 기술들의 총체이기도 하다. 특정한 주체로 주체화하려는 실천의 기술들이다. 글쓰기, 명상, 책 읽기, 경청, 표상 점검, 편지쓰기 등으로 제3부에서 소개했다. 요가나 산책, 운동, 텃밭 가꾸기, 음식물쓰레기 버리기, 청소하기, 생태학적 실천 등 평소 하지 않던 신체활동을 하는 것도

* 오토르망(심세광·전혜리) 역, 동녘.

좋다. 우리는 이런 실천 기술들을 얼마든지 만들어낼 수 있다. 무엇이든 적절한 것을 찾아서 훈련하는 것이 필요하다. 셋째, 이러한 수양과 수양 기술들은 "구체적인 경험을 내포하거나 경험을 생산하거나" 나를 어떤 방향으로 끌고 간다. 마지막으로 (이것이 중요한데) 자기와의 관계는 "단지 사적이고 개인적인 어떤 것"이 아니라는 점이다.

자기수련이란 "사회적 활동"이라는 것이다. 말하자면 홀로 청정하게 산에 들어가서 수행하는 것이 자기수행이 아니다. 자기를 수정해서 다른 존재로 구축하는 자유란 다르게 사회적 활동을 하는 존재의 구축이다. 자기관계란 타인과의 관계이고 이것은 사회적 활동이다. 때문에 이 책 앞부분에서도 말했듯이 자기를 구축하는 윤리적 행위는 정치적 행위가 되는 것이다. 자기를 변형시키는 일련의 수행이란 자기와 관계하는 타자와 사회의 변형을 가져오는 정치적 선택이 된다. 또한 타인에 의해 내가 변화되는 능동적인 수행 행위이기도 하다.

그러니까 푸코가 "수양이라는 말을 사용하는 이유는 자기수양이 단지 철학적 이념에 그치는 것이 아니라 실질적인 실천"이기 때문이다. 그것은 "개념인 동시에 테크닉의 총체이며, 어떤 종류의 경험이면서 사회적 활동"이다. 그러나 이는 어디까지나 개인의 자유로운 선택이고 개인의 몫이다.

이제 우리는 선택해야 한다. 맹목적 증식과 탐욕이 지구촌을 빠르게 멸망의 길로 인도하고 있다. 극복된 듯 보이는 코로나19는 정말로 극복된 걸까? 다시 말하지만 내 삶의 예술가 되기는 실천을 요청한다. 그 실천이란 재독 철학자 한병철이 말한 "가축으로 만족하는 삶"을 거부하는 저항이다. 자기라는 기업의 경영인으로 성과를 강요하는 성과사회의 품행을 거부하는 것이다. 하루의 작은 시간만이라도 휴대폰에서 풀려나기, 무엇이든 자기만의 리추얼(의례) 만들어보기, 자연의 거대한 순환과 결합하는 시간 갖기, 자기를 닦달하지 않기, 직진의 달음질에서 궤도를 이탈하여 자꾸만 옆길로 새기, 마음챙김의 명상하기.

무엇이든 고착된 일상에서 벗어나려는 시도가 중요하다. 그래야 무한 질주의 궤도에서 풀려난다. 이 순간이 해탈이다. 고타마 싯다르타가 붓다가 된 순간이란 이런 순간들을 무한히 만들어가는 행위일지 모른다. 대자유 얻기란 매 순간 벌어지는 것이다.

고타마, 49일간 해탈의 기쁨 누려

고타마는 사성제와 팔정도, 12연기를 깨닫고 붓다가 된다. 이 순간 붓다는 반얀나무에서 7일 동안 선정에 들어 기쁨을 느낀다. 그 기쁨이 얼마나 컸던 걸까? 붓다는 자리를 옮겨 다시 7일 동안 해탈의 기쁨을 누리며 선정에 든다. 이렇게 7일씩 총 일곱 번 49일간 해탈의 기쁨을 누리며 자신이 깨달은 진리를 복습한다. 여기서 깨달음이란 고타마가 붓다가 되는 사태다. 이전의 내 이름을 버리고 다른 이름의 존재 되기다. 이전에 방치했던 실존을 예술작품으로 만들기가 고통과 위험으로 인지될 수 있다. 이름을 바꾸고 존재를 바꾸고 다른 역량을 증득하는 것이니. 고타마처럼 일시적으로 완벽하게 변신하지 않을지도 모른다. 그러나 어떤 사소한 변화도 사소한 것이 아니다. 그것이 나와 세상을 바꾼다. 그 도정을 함께할 친구들을 만나자.

이 글은 내가 조금이라도 바뀐 경험을 바탕으로 쓰였다. 삶이 전보다 편안하다. 그러나 마음은 오랜 업의 방향을 향하는 관성이 있기에 예전의 습으로 돌아가곤 한다. 하지만 다시 돌아오면 된다. 삶을 작품으로 만들기! 실존의 성자 되기는 감각 역량을 키우고 마음의 용량을 넓히고 타자와 나의 연결성을 일깨우는 삶이다. 그것은 나와 세상에 큰 변화를 선물한다. 그 선물이 무한증식을 향한 탐진치를 능가한다는 것을 깨달을 때, 고타마에서 붓다로 훌쩍 건너가게 될 것이다. 물론 나는 아직 멀었다. 그러나 매 순간 노력한다! 유치하고 분위기 파악 못 하고, 둔하고 머리도 나쁜 내가 행복해지고 있다. 당신 또한 시작했으며 그 길로 가는 중이다. 우리 만나자!

참고도서 목록

니체. 《유고, 니체 전집 19》. 이진우 역. 책세상, 2020.

______. 《유고, 니체 전집 20》. 백승연 역. 책세상, 2020.

다케다 히로나리. 《푸코의 미학》. 김상운 역. 현실문화, 2020.

디디에 에리봉. 《미셸푸코, 1926-1984》. 박정자 역. 그린비, 2018.

라다크리슈난. 《인도철학사 1》. 이거룡 역. 한길사, 2021.

레비스트로스. 《야생의 사고》. 안정남 역. 한길사, 2019.

《마누법전》. 이재숙 · 이광수 역. 한길사, 1999.

마르틴 하이데거. 《니체 1》. 박찬국 역. 도서출판 길, 2019.

미셸 푸코. 《감시와 처벌, 감옥의 탄생》. 오생근 역, 나남출판, 2018.

______. 《광기의 역사》. 이규현 역. 나남, 2015.

______. 《담론의 질서》. 허경 역. 세창출판사, 2020.

______. 《말과 사물》. 이규현 역. 민음사, 2016.

______. 《비판이란 무엇인가: 자기수양》. 오트르망(심세광 · 전혜리) 역. 동녘, 2017.

______. 《사회를 보호해야 한다: 콜레주드프랑스 강의 1975-76년》. 김상운 역. 난장, 2018.

______. 《상당한 위험》. 허경 역. 그린비, 2021.

______. 《생명관리정치의 탄생: 콜레주드프랑스 강의 1978~79년》. 오트르망(심세광 · 전혜리 · 조성은) 역. 난장, 2014.

______. 《성의 역사 1: 지식의 의지》. 이규현 역, 나남출판, 2020.

______. 《성의 역사 2: 쾌락의 활용》. 문경자 · 신은영 역. 나남출판, 2019.

______. 《성의 역사 3: 자기배려》. 이혜숙 · 이영목 역. 나남출판, 2020.

______. 《안전, 영토, 인구: 콜레주드프랑스 강의 1977~78년》. 오트르망(심세광 · 전혜리 · 조성은) 역. 난장, 2016.

______. 《육체의 고백: 성의 역사 4》. 오생근 역. 나남출판, 2019.

______. 《임상의학의 탄생》. 여인석 번역 최종본, 필로버스 가편집본, 2022.

______. 《주체의 해석학: 1981-1982, 콜레주 드 프랑스에서의 강의》. 심세광 역. 동문선, 2007.

법륜. 《인간 붓다》. 정토출판, 2019.

불전간행회. 《본생경》. 민족사, 2014.

사라 밀스. 《현재의 역사가 미셸 푸코》. 임경규 역. 앨피, 2016.

사토 요시유키. 《권력과 저항: 푸코, 들뢰즈, 데리다, 알튀세르》. 김상운 역. 난장, 2017.

세네카. 《세네카 인생철학이야기》. 김현창 역. 동서문화사, 2016.
아리스토텔레스. 《니코마코스 윤리학》. 강상진 · 김재홍 · 이창우 역. 도서출판 길, 2018.
앙리 베르그손. 《물질과 기억》. 박종원 역. 아카넷, 2022.
에피쿠로스. 《쾌락》. 오유석 역. 문학과지성사, 2019.
에픽테토스. 《에픽테토스의 인생을 바라보는 지혜》. 강현규 엮음. 메이트북스, 2020.
움베르또 마뚜라나, 프란시스코 바렐라. 《앎의 나무》. 최호영 역. 갈무리, 2020.
장자크 루소. 《인간 불평등 기원론》. 주경복 · 고봉만 역. 책세상, 2020.
전재성. 《숫타니파타》. 한국빠알리성전협회, 2020.
______. 《우다나-감흥어린 시구》. 한국빠알리성전협회, 2021.
질 들뢰즈. 《들뢰즈가 만든 철학사》. 박정태 역. 이학사, 2019.
______. 《푸코》. 허경 역. 그린비, 2019.
카렌 암스트롱. 《성스러운 폭력의 역사, 신의 전쟁》. 정영목 역. 교양인, 2021.
파드마삼바바. 《티벳사자의 서》. 류시화 역. 정신세계사, 2019.
폴 벤느. 《푸코, 사유와 인간》. 이상길 역. 산책자, 2010.
프란시스코 바렐라 외. 《몸의 인지과학》. 석봉래 역. 김영사, 2023.
한병철. 《피로사회》. 문학과지성사, 2020.
허경. 《미셸 푸코의 광기의 역사 읽기》. 세창미디어, 2018.
R. K. 나라얀. 《라마야나》. 김석희 역. 아시아, 2020.